JAN PHILIP ROHLIN

Interstellare Reisen

Sachbuch

Das Relative an der Zeit ist,
dass wir sie als relativ empfinden.

Wie lange ist ein Moment?
Wie lange ist er, wenn er schön ist,
Wie lange, wenn er Schmerzen bereitet?

Wie lange ist eine Stunde sinnlosen Wartens?
Wie lang ist der Tag eines Kindes?
Wie lang ist der Tag eines Menschen,
am Ende seines Lebens?

Wie lang ist für mich ein Tag, ein Monat, ein Jahr,
hundert Jahre, Millionen Jahre?

Ab wann sind Zeiträume nicht mehr vorstellbar?

Vorwort

Die Vorstellung, diese Welt, unsere Erde, zu verlassen, klingt fantastisch und scheint weit näher an Science Fiction, als an möglicher Realität.

Doch was uns heute als Science Fiction erscheint, ist allzu oft eine Frage der Epoche. Zu Zeiten von Jules Verne galt ein Unterseeboot, wie die Nautilus, oder eine Reise zum Mond als absolute Science Fiction.

Nun, die Reise zum Mond hatte 2019 ihr 50. Jubiläum. Sie ist schon so lange Geschichte, dass es Menschen gibt, die es als weit im Gestern liegend betrachten. Und nicht wenige wissen nicht einmal, dass Menschen schon einmal auf dem Trabanten der Erde standen.

Was in 50 Jahren alles möglich sein wird, wissen wir nicht. Werden wir in einer sozial aktiven und gerechten Welt leben? Oder werden wir uns nach neuen Ufern sehnen?
In der Hoffnung eines Neuanfangs?
In der Hoffnung, alles besser machen zu können?

Von der Konstruktion her ist der menschliche Körper dazu gemacht, weite Strecken zurückzulegen. Was wir reichlich getan haben. Keine andere Spezies hat sich derart weit und erfolgreich über den gesamten Planeten hinweg ausgebreitet. Kein Tier kann solange ununterbrochen laufen, wie ein Mensch, der das volle Potential seines Körpers pflegt und nutzt.

Wir Menschen sind zum Gehen gemacht. Sowohl im physischen Sinn, als auch im spirituellen. Stehenbleiben ist nicht unsere Art. Weitergehen ist unsere Bestimmung. Und wir werden ihr folgen, wohin sie uns auch bringen mag.
Wohin auch immer, ob ins Verderben oder zu den Sternen….

Bibliographische Information der deutschen Nationalbibliothek:
Die deutsche Nationalbibliothek verzeichnet diese Publikation in der
deutschen Nationalbibliografie, detaillierte bibliografische Daten sind im
Internet über http/dnb.dnb.de abrufbar.

Interstellare Reisen ist ein Sachbuch, das sich mit den technischen und
sozialen Anforderungen interstellarer Reisen beschäftigt. Ähnlichkeiten
zu real lebenden Personen, Orten oder Geschehnissen oder bereits
existierenden Abhandlungen zum Thema sind rein zufällig.

&

Jan Philip Rohlin, 2020

Idee, Bilder und Illustrationen: J. P. Rohlin

Erstveröffentlichung: 05.2020

©2020
Herstellung und Verlag
BoD - Books on Demand, Norderstedt

ISBN: 978-3-7519-2337-8

MIX
Papier aus verantwortungsvollen Quellen
Paper from responsible sources
FSC® C105338
FSC
www.fsc.org

Kapitelübersicht

Kapitelübersicht

"Würde man sein Leben opfern, für ein Ziel,
das man sich sehnlich wünscht,
aber selbst nicht erreichen kann?

Kapitel 1: Warum

Warum es notwendig ist, die Erde zu verlassen.

Die Erde ist unsere Heimat. Die Welt, die uns geboren hat. Welchen Grund sollte es geben, die Heimat zu verlassen?
Ein einziger, nur ein einziger, Grund kann uns treiben, diese Welt zu verlassen. Es ist ein maximaler Grund. Unerbittlich und unwiderruflich wird er uns gebracht werden. Durch niemand anderen, als die Zeit selbst.

Die Erde ist in etwa 4,5 Milliarden Jahre alt. Leben gibt es seit etwa 3 Milliarden Jahren. Die Menschheit, jedenfalls das, was wir gerne als modernen Mensch bezeichnen, existiert seit wenig mehr als 200.000 Jahren.

Obwohl für uns 100 Jahre als eine kleine Ewigkeit erscheinen, so ist die Menschheit in Wahrheit eben erst auf diesem Planeten erschienen. Die Frage ist, wie lange dürfen wir bleiben? Diese Frage ist verbunden mit der Frage, wie alt die Erde wird, oder besser gesagt, wie lange sie uns eine lebensfähige Umwelt bieten kann.

Wenn wir nun glauben, dass wir diesen Planeten unbewohnbar machen können, so täuschen wir uns. Denn nichts, was der Mensch kann, wird dazu führen, dass die Natur der Erde vollständig vernichtet wird.

Allerdings kann die Umwelt einen Zustand annehmen, dass die Menschen, zumindest in ihrer derzeitigen Zahl von fast 8 Milliarden, nicht mehr versorgt werden können.

Aber anzunehmen, dass eine Menschheit, die ernsthaft darüber nachdenkt, dauerhaft überlebensfähige und sich autonom versorgende Stationen auf dem Mars einzurichten, aufgrund von irdischen Umweltbedingungen ausstirbt, ist abwegig.

Solange die Erde existiert, kann der Mensch, durch die Nutzung seiner technischen Fähigkeiten, überleben. Ob gut oder schlecht, und in welcher Zahl, ist hierbei nicht relevant. Allein die Frage nach der Fortführung der Existenz, der Erhaltung der Art, ist das, was letztlich zählt.

Aber wie lange wird die Erde noch existieren?
Einfach ausgedrückt, bis sie vernichtet wird.
Das ist jetzt der Moment, wo wir in Richtung der Sonne blicken dürfen. Der Heimatstern der Erde ist ein gelber Zwergstern von 1,4 Millionen Kilometer Durchmesser und befindet sich etwas unterhalb der Hälfte seiner "Lebenserwartung".

Begrenzt wird die "Lebenserwartung" der Sonne durch den Vorrat an Wasserstoff. Dieses Element, das die Basis der Kernfusion aller Sterne ist, wird von der Sonne in ihrem Kern in Helium verwandelt. Das heißt, die Sonne erzeugt mittels Kernfusion neue Elemente. Ein Prozess, bei dem Energie entsteht, die als Licht und Wärme abgestrahlt wird. Die Sonne verliert also beständig an Masse. Man könnte nun glauben, dass sie schrumpfen müsste.

Dies wird aber leider nicht der Fall sein. Stattdessen wird sich die Dichte verändern und ebenso der Strahlungsdruck und letztlich wird die Sonne wachsen. Aus einem kleinen gelben Zwergstern wird ein roter Riesenstern werden. Statt 1,4 Millionen Kilometer werden es 250 Millionen oder mehr sein. Auch wenn diese Veränderung nur sehr langsam geschehen wird und überdies erst in einigen Milliarden Jahren beginnt, so wird sie letztlich die Erde auf die ein oder andere Weise vernichten.

Spätestens wenn unsere Sonne zur Nova wird, wenn ihr Kern implodiert und die äußere Gashülle explosionsartig abgestoßen wird, wird die Erde dies nicht überstehen.

Auch wenn die Sonne nicht zur Supernova wird, weil ihr hierzu die Masse fehlt, wird von den inneren Planeten nicht viel übrig bleiben. Und die Sonne selbst wird nur noch ein blass leuchtender Rest eines Sterns seins.

Falls zu dieser Zeit noch Menschen auf der Erde leben, werden sie mit ihr untergehen. Die Heimat der Menschen wird ihr Ende sein. Und wenn die Menschheit das Ende der Erde überstehen möchte, dann gibt es hierzu nur einen Weg.

Und der führt zu den Sternen!

Das ist keine Frage, ob wir es wollen. Keine Frage einer unbezähmbaren Neugier. Keine von Entdeckerlust. Kein Eroberungsdrang. Keine Sucht nach Profit. Sondern einzig eine Frage des Überlebens.

Aber wie viel Sinn macht es, sie jetzt zu stellen? Denn selbst wenn wir wüssten, dass in 20, 30 Jahren ein Asteroid, groß wie ein Zwergplanet, mit der Erde kollidieren würde, was mit Sicherheit alles Leben auslöschen und den Planeten für Millionen Jahre unbewohnbar machen würde, wäre es sinnlos, eine Auswanderung zu planen.

Unser physikalisches Wissen und unsere technischen Möglichkeiten sind bei weitem noch nicht ausreichend, um ein Projekt, wie eine interstellare Reise es ist, anzugehen.

Warum tun wir es dann eigentlich?

Warum träumen wir von interstellaren Raumschiffen?

Warum planen wir das Aussehen solcher Raumschiffe und beschäftigen uns mit der Frage, wie sie funktionieren müssten, für den Flug zwischen den Sternen?

Die Antwort ist einfach.

Wir träumen es, weil wir es träumen können. Weil es keinen Apfel gibt, der so hoch hängt, dass wir nicht mal darüber nachdenken, wie wir ihn pflücken könnten.
So sind wir. So ist unsere Mentalität. Und sie ist so, weil das Leben selbst uns so gemacht hat. Wir tun es, weil wir dazu bestimmt sind. Und daher ist es richtig, es zu tun.

Jede Treppe beginnt mit der ersten Stufe, jede Leiter mit der ersten Sprosse und jeder Traum, den wir träumen, mit dem allerersten Gedanken. Und je inniger der Traum ist, je mehr wir ihn denken, desto größer ist die Möglichkeit, dass er real wird. Ob wir, die ihn träumen, ihn jemals erleben werden?

Für die Evolution stellt sich diese Frage nicht. Die Evolution will nur, dass die Menschheit überlebt, dass sie erhalten bleibt. Der Wert des Einzelnen ist da nur ein Wert für die Geschichte. Und das Gefühl, etwas bewirkt zu haben, zu etwas Besonderem beigetragen zu haben, das muss genügen, wenn die Möglichkeit des realen Erlebens, eines wahr gewordenen Traums, nicht besteht.

Ein Gefühl als eine Art von Lohn?

Als eine Form von Trost spendender Zufriedenheit?

Wir wären keine Menschen, wenn wir anders wären.
Irgendwann wird die Menschheit zu anderen Welten aufbrechen. Oder sie wird mit ihrer Heimatwelt untergehen.
Aber wie wird es sein, wenn Menschen, unter dem Licht einer fremden Sonne, den Boden einer neuen Welt betreten?

Werden sie glücklich sein?

Werden sie ehrfürchtig sein?

Werden sie es zu würdigen wissen?

Und wie werden sie mit dieser neuen Welt umgehen?
Werden sie die Ressourcen dieser Welt mit Bedacht nutzen oder werden sie sie ausbeuten? Werden sie Raubbau treiben, voll Gier und Rücksichtslosigkeit, in dem Wissen, dass dort draußen noch weitere Welten sind?

Nur die Zukunft wird zeigen, wie die zukünftige Menschheit sein wird. Welchem Glauben, welchen Vorstellungen, welcher Art des Lebens man folgen wird. Und welche Moral und Ethik gelten wird. Die Zukunft weiß es. Es liegt an uns, die Zukunft zu erreichen.

1.1 Exoplaneten

Was sind Exoplaneten?
Und wann lohnt sich der Blick auf sie?

Sie können so exotisch sein, wie der Beginn des Wortes es leicht glauben machen kann.

Doch mit Exoplaneten sind extrasolare Planeten gemeint. Also Welten, die nicht Bestandteil unseres heimatlichen Sonnensystems sind. Welten, die um fremde Sonnen kreisen.

Noch Mitte des 20. Jahrhunderts wurde von vielen Wissenschaftlern ernsthaft bestritten, dass es Exoplaneten überhaupt gibt. Sicher, man hat die Sterne untersucht und korrekt als Sonnen, ähnlich der unseren, erkannt.

Aber Planeten sind viel zu klein und werden zudem vom Licht ihrer Sonne fast vollständig überdeckt. Mit den im 20. Jahrhundert verfügbaren Teleskopen war es praktisch unmöglich, Exoplaneten visuell zu entdecken. Zudem gab es Astronomen, die Argumente dafür fanden, dass unser Sonnensystem in der Galaxis einzigartig ist.

Als schließlich die ersten Anzeichen für Exoplaneten entdeckt wurden, da war es zwar vorbei mit der Einzigartigkeit unseres Sonnensystems, dafür wurde nun aber propagiert, dass das Leben auf der Erde eine Einzigartigkeit darstellt. Wenn aber die Erde der einzige Planet sein soll, auf dem Leben möglich ist, dann brauchen wir nicht darüber nachzudenken, zu einem Exoplaneten auszuwandern, um dort eine Kolonie zu gründen.

Da wir aber im Fall vom Mars über dessen Kolonisierung, trotz seiner, mal gelinde ausgedrückt, schwierigen Lebensbedingungen, nachdenken, dürfen wir glauben, dass das auch im Fall von Planeten möglich ist, die nicht zu unserem Sonnensystem gehören. Und davon, so wissen wir mittlerweile, gibt es viele. Nahezu unendlich viele. Allein die Frage, sie zu erreichen, zählt noch.

Doch wie hat man die Exoplaneten überhaupt entdeckt?

Hierzu gibt es zwei Methoden.

Die eine wird als Transit-Methode bezeichnet. Die funktioniert jedoch nur, wenn ein Planet, von uns aus gesehen, vor seiner Sonne vorbeizieht. Also zwischen der Erde und seiner Sonne steht. Dabei wird das Licht seiner Sonne um eine Winzigkeit verdeckt. Und dies genügt, um zumindest zu "sehen", dass dort ein Planet sein muss.

Die zweite Methode funktioniert auf Basis der Gravitation. Zwar umkreisen Planeten ihre Sonne, weil diese eine weitaus stärkere Anziehungskraft hat, als der Planet, jedoch ist dies immer ein Spiel zweier Kräfte.

Sicher, die Gravitation eines Planeten ist im Vergleich zu seiner Sonne eher schwach, doch sie genügt, um zu bewirken, dass seine Sonne nicht präzise um ihren Mittelpunkt rotieren kann. Salopp ausgedrückt, sie eiert, und dies führt zu Abweichungen in ihrem Spektrum. Was bedeutet, dass das Licht mal bläulicher, mal rötlicher erscheint.

Und je stärker die Abweichung ist, desto stärker ist die Wirkung des umkreisenden Planeten. Daraus lässt sich dessen Masse und die Entfernung zu seiner Sonne berechnen. Wir haben also zwei Methoden, mit denen wir Exoplaneten nachweisen können.

Was wir aber noch nicht können, ist, deren Beschaffenheit im Detail zu ermitteln. Zwar können wir in vielen Fällen die Größe und die Entfernung recht genau ermitteln, aber wie der Planet tatsächlich aussieht, das können wir derzeit (Stand: 2019) noch nicht sehen. So sind wir auf die messbaren Daten beschränkt. Und die sagen uns, ob es ein Gasplanet ist oder ob er, so wie Erde und Mars, eine feste, felsige Oberfläche hat.

Bei der Frage nach flüssigem Wasser wird es schon weitaus schwieriger. Ein direkter Nachweis ist noch nicht möglich. Wir können es nur vermuten. Und zwar in allen Fällen, in denen der Planet seine Sonne in der sogenannten habitablen Zone umkreist.

Als habitable Zone wird der Abstand zu einer Sonne bezeichnet, in der ihre Strahlungsenergie ausreicht, um auf einem Planeten Temperaturen zu erzeugen, die flüssiges Wasser ermöglichen.

Und flüssiges Wasser gilt als die Voraussetzung für die Entstehung von Leben. Wobei hiermit höheres Leben gemeint ist. Was bedeutet, dass die Temperaturen regelmäßig über 0 Grad Celsius steigen müssen. Allerdings dürfen sie auch nicht über den Siedepunkt steigen. Es ist diese Temperaturspanne, die den minimalen und maximalen Abstand eines Planeten zu seiner Sonne als habitable Zone definiert.

Leider reicht eine Umlaufbahn in der habitablen Zone alleine nicht aus. Deutlich wird dies am Beispiel der Venus. Diese liegt im inneren Bereich der habitablen Zone unserer Sonne.

Allerdings hat die Venus eine derart dichte Atmosphäre, dass sie ähnlich wirkt wie ein Treibhaus. Nur leider ist dieses Treibhaus so wirksam, dass die Temperaturen auf der Venus auf über 400 Grad Celsius steigen.

Somit ist die Beschaffenheit der Atmosphäre eines Planeten ein wesentliches Merkmal bei der Frage nach einer lebensfähigen Umwelt. Nur macht ein Exoplanet alleine aber noch kein Sonnensystem. Ein Sonnensystem besteht aus mindestens einer Sonne und einem oder mehreren, diese umkreisenden, Himmelskörper. Und Sonne ist auch nicht gleich Sonne. Es gibt Sonnen verschiedener Größen und Spektralklassen. Dies hat nicht nur Auswirkungen auf die Menge an Licht und Wärme, die sie ausstrahlen, sondern auch auf ihre "Lebensdauer".

So liegt die Lebensdauer eines Roten Zwergsterns zwischen 20 und 100 Milliarden Jahren, während sie bei Blauen Überriesen wenige 100 Millionen Jahre beträgt.

Unsere eigene Sonne hat mit etwas über 10 Milliarden Jahren eine mittlere "Lebenserwartung", die, zumindest im Fall der Erde, ausgereicht hat, Leben zu ermöglichen.

Bei Sonnen, die eine Lebenserwartung von kaum mehr als 2 Milliarden Jahren haben, bleibt zu wenig Zeit für die Entwicklung von Leben. Insbesondere wenn wir von intelligentem Leben sprechen.

Bei Roten Zwergsternen, bei denen man bisher die meisten erdähnlichen Planeten entdeckt hat, liegt der Fall etwas anders. Zwar haben Rote Zwergsterne eine hohe Lebenserwartung, was für die Entwicklung von Leben mehr als genug Zeit bietet, jedoch finden wir hier ein besonderes Problem.

Um dies zu verdeutlichen, werfen wir einen Blick auf den Mond. Dieser zeigt der Erde immer die gleiche Seite, was bedeutet, dass die Rotationsgeschwindigkeit des Mondes identisch ist mit seiner Umlaufzeit. Astronomen sprechen hier von einer gebundenen Rotation. Eine gebundene Rotation ist immer dann gegeben, wenn ein kleinerer Himmelskörper einen größeren in relativer Nähe umkreist.

Und im Fall von Roten Zwergsternen liegt die habitable Zone so nah am Stern, dass alle dort kreisenden Planeten eine gebundene Rotation haben. Sie zeigen ihrer Sonne also immer die gleiche Seite. Ewiger Tag auf der einen, ewige Nacht auf der anderen Seite. Dies hat gravierende Temperaturunterschiede zur Folge, die in den Übergangsbereichen von der Tagseite zur Nachtseite für Turbulenzen sorgen dürften. Man kann hier mit sehr starken Konvektionsströmungen rechnen. Kurz gesagt, stürmisch und unwirtlich.

Ein weiteres Problem sind mögliche Strahlungsausbrüche, bis hin zu koronaren Massenauswürfen. Wenn also Magnetfelder des Sterns eine Konstellation und Stärke erreichen, die hoch genug ist, um Materie von der Oberfläche in den interplanetaren Raum zu schleudern. Je näher ein Planet seiner Sonne ist, desto größer ist auch die Gefahr, von derartigen Strahlungsausbrüchen getroffen zu werden.

So hoch die Zahl an Planeten im Universum auch sein mag, damit ein Planet eine lebenswerte Umwelt entwickelt, benötigt es mehr, als nur irgendeinen Planeten, der um irgendeine Sonne kreist.

Wenn wir also die wirklich erdähnlichen Planeten finden wollen, dann müssen wir bei den Sonnen nachsehen, die der unseren am ähnlichsten sind. Diese Sonnen dürfen nicht zu klein, zu groß, zu kalt oder zu heiß sein. Und sie müssen im richtigen Alter sein. Und sie sollten sich auch nicht in einem Doppelsternsystem befinden. Auch die galaktische Position ist von Bedeutung. Zu nahe am Zentrum der Galaxis existiert zu viel Strahlung. Zu weit am Rand der Galaxis gibt es hingegen nicht genug schwere Elemente. Fast könnte man sagen, dass auch eine Galaxis eine habitable Zone hat. Allerdings darf man hier Ausnahmen nicht ausschließen.

Doch kommen wir zurück zu Sternen in unserer näheren Nachbarschaft. Ein Blick auf Sirius zeigt uns einen hellen Stern, der, oberflächlich betrachtet, unserer Sonne gleicht. Betrachten wir jedoch die Daten, stellen wir fest, dass Sirius ein recht heißer Stern der Spektralklasse A ist. Zwar ist er ähnlich groß, wie unsere Sonne, doch nur wenig mehr als 200 Millionen Jahre alt. Das bedeutet, dass sich etwaige dort befindliche Planeten noch in einer sehr frühen Entstehungsphase befinden. Also, dass sie gerade erst dabei sind, ihre endgültige Größe zu erreichen und eine feste Oberfläche zu bilden. Bei Sonnen, wie Sirius, nach erdähnlichen Planeten zu suchen, wäre also wenig erfolgversprechend. Wenn es also Siriusianer gibt, dann definitiv woanders.

Warum die meisten erdähnlichen Planeten bisher bei Roten Zwergsternen gefunden wurden, liegt daran, dass man bei dieser Sternklasse Planeten leichter entdecken kann, als bei sonnenähnlichen Sternen.

Zwar suchen wir bereits seit gut 30 Jahren nach Planeten, doch im Grunde genommen sind wir vergleichbar mit Galileo Galilei und dessen Blick durch sein erstes, selbstgebautes Teleskop. Er entdeckte damit die Monde des Jupiters, aber mehr als verschwommene Lichtpunkte, die nahe bei einem deutlich größeren verschwommenen Lichtpunkt standen, war mit dieser Technik nicht zu sehen. Und so gut unsere Technik im Jahr 2019 auch sein mag. Um fremde Planeten visuell wahrnehmen zu können, dafür reicht sie noch nicht. Was nicht heißt, dass sich dies in naher Zukunft nicht ändern wird. Mit Bildern von Wolken, Meeren und Kontinenten sollte man jedoch nicht rechnen.

Richtig kompliziert wird die Angelegenheit übrigens bei Mehrfachsternsystemen. Wenn also zwei oder mehr Sonnen so dicht zusammenstehen, dass sie sich umkreisen und somit ein gemeinsames Sonnensystem bilden. Planeten, die sich in einem solchen System befinden, bekommen nicht nur das Licht von mehreren Sonnen, sondern werden auch von deren Gravitation beeinflusst.

Das Wichtigste, für einen erdähnlichen Planeten, ist eine stabile Umlaufbahn um seine Sonne. Nur sie garantiert, dass es einigermaßen stabile Temperaturen gibt. In einem Mehrfachsternsystem besteht aber die Gefahr, dass die Gravitation der beiden Sonnen dauerhaft stabile Planetenbahnen nicht zulässt. Jedenfalls nicht über große Zeiträume hinweg.

Ob hier nicht trotzdem die Entwicklung von Leben möglich ist, ist eine Frage, die sich, zumindest von hier aus, nicht beantworten lässt. Nur sollte man auf keinen Fall damit rechnen, dass ein solcher Planet ein dauerhaftes Heim für die Menschheit sein könnte.

Leider begrenzt all dies die Anzahl der Sonnensysteme, in denen es erdähnliche Planeten geben könnte, erheblich. Und im Umkreis von 20 Lichtjahren lassen sich nur 2 Sonnensysteme finden, bei denen sich ein genauerer Blick lohnt.

Um das Thema Exoplaneten abzurunden, sei erwähnt, dass es sogar singuläre Planeten geben kann. Planeten, die, ohne zu einer Sonne zu gehören, für sich allein die Galaxis durchstreifen. Die gängigste Theorie besagt, dass es sich um Planeten handelt, die durch die Gravitation eines anderen Planeten oder durch die Einwirkung einer anderen Sonne, zum Beispiel der eines Mehrfachsternsystems, aus der stabilen Bahn um die eigene Sonne herauskatapultiert wurden.

Theoretisch könnten sich solche Planeten aber auch aus Gas- und Staubwolken bilden, deren Masse für das Entstehen einer Sonne nicht ausreicht.

Hinweis:
Bei Sonnensystemen, bei denen die Ekliptik nicht direkt zur Erde zeigt, ist die Entdeckung von Planeten, insbesondere mittels der Transitmethode, erschwert, bis gar nicht möglich.

1.2 Ein lohnenswertes Ziel

Gibt es das?
Gibt es einen Exoplaneten, der alle Bedingungen erfüllt?
Der so lebenswert ist, dass er jede Mühe lohnt?
Gibt es dort draußen einen Planeten, der es lohnt, dass sich ganze Generationen nur dem einen Ziel verschreiben, ihn zu erreichen?

Immerhin sprechen wir hier von Reisezeiten, die mehrere Jahrhunderte umfassen. Was bedeutet, dass niemand, der an Bord eines solchen Raumschiffs geht, zu Lebzeiten auch nur in die Nähe des Ziels kommt.

Es ist gleichbedeutend mit einer Opferung. Das eigentliche Ziel, die Erforschung einer neuen Welt, wird durch diejenigen, die die Reise beginnen, niemals erlebt werden. Nur ihre Nachkommen, und damit sind sehr ferne Nachkommen gemeint, werden die Chance haben, die fremde Welt zu betreten.

Wie viele Generationen reicht die Geschichte der eigenen Familie zurück? Eltern, Großeltern, Urgroßeltern? Dies ist bei den meisten noch überschaubar. Aber was, wenn es um 10 Generationen geht, um 15, um 20? Wer weiß, welche, seiner eigenen Vorfahren im 15. Jahrhundert gelebt hat? Oder noch früher? Und was interstellare Reisen betrifft, mit den heute vorstellbaren Mitteln, sprechen wir von Reisen, die leicht 20 oder mehr Generationen dauern können.

Also wer wird eine solche Reise beginnen? Welches Ziel mag so verlockend sein, dass jemand den Rest seines Lebens in der Enge eines Raumschiffs, verbringt? Ohne zu wissen, ob das Schiff überhaupt eine Chance hat, sein Ziel zu erreichen.

Blauweiß, im Dunkel des Alls. Hell angestrahlt vom warmen Licht seiner gelben Sonne. Zarte Wolkenbänder verschleiern den Blick auf braungrüne Kontinente. Und strahlend hell glänzendes Wassereis glitzert von den Polen.

Langsam dreht sich der Planet unter den Blicken neugieriger Menschen. Nur leicht, kaum mehr als 10 Grad ist die Neigung seiner Achse. Zwei kleine Monde, 1.000 und 200 Kilometer im Durchmesser, begleiten die Welt auf ihrer Bahn um die Sonne.

Falls wir eine solche Welt, einen Zwilling der Erde, in einer Entfernung von nicht mehr als 25 Lichtjahren zur Erde finden, dann können wir wahrhaftig davon sprechen, den Hauptgewinn im Lotto gezogen zu haben.

Dass es bewohnbare Planeten in unserer Galaxis gibt, das dürfen wir vorbehaltlos glauben. Denn angesichts von mindestens 10 Milliarden Sonnen, die unserer Sonne ähnlich genug sind, kann man einen solchen Glauben nicht widerlegen. Nicht, wenn man sich vorstellen kann, was 10 Milliarden bedeutet.

Nehmen wir als Beispiel nur mal ein paar Würfel. Und versuchen ein paar Sechsen zu würfeln. Und zwar 10 Mal hintereinander. Nehmen wir nun an, wir könnten 10 Mal pro Minute würfeln. Wie lange würden wir dann wohl würfeln, wenn wir 10 Milliarden Versuche hätten?

Wir würden 1.900 Jahre lang ununterbrochen würfeln.

10 Milliarden Sterne, 10 Milliarden Sonnensysteme, das ist weit mehr, als ein Mensch sich vorstellen kann. Und mit 10 Milliarden sind nicht alle Sterne dieser Galaxis gemeint, sondern nur solche, die unserer Sonne ähnlich genug sind und sich in einem mittleren "Lebensalter" (3 bis 6 Milliarden Jahre) befinden.

Die Frage, ob es noch weitere erdähnliche Planeten gibt, sollte man, unter diesem Aspekt, durch die Frage, wo sie zu finden sind, ersetzen. Aber dass ein solch wunderbarer Planet, wie die Erde einer ist, in unserer direkten Nachbarschaft zu finden ist, das wäre ein wenig zu viel der Hoffnung. Seien wir mal zufrieden, wenn sich, in unserer Nähe, einer finden lässt, auf dem Menschen leben könnten. Vielleicht sogar mit der Option, dass wir in der Lage sind, seine Umwelt zu unseren Gunsten zu verbessern. Eine Welt also, deren Atmosphäre genügend Sauerstoff enthält, die ausreichend Wasser hat und die genügend nährstoffreiches Land für die Entwicklung einer nutzbaren Flora bietet.

Wenn wir eine solche Welt in erreichbarer Nähe finden, wäre ihre Inbesitznahme ein Geschenk an den Fortbestand der Menschheit. Und jeder, der für dieses Ziel arbeitet, ist ein Idealist für die Zukunft unserer Spezies.

Doch was haben wir davon, wenn ein Teil der Menschheit auf einem Planeten siedelt, der so weit entfernt ist, dass er in einem Menschenleben nicht erreichbar ist?

Was hat die Menschheit davon?

Nichts! Außer einer emotional wirksamen Gewissheit, sich ins Universum ausgebreitet zu haben.

Erinnern wir uns doch mal an die Anfänge der menschlichen Geschichte. Daran, als die ersten Menschen, auf der Suche nach neuem Lebensraum, begannen, Afrika zu verlassen. Einen Kontinent, der ein recht angenehmes Leben bot. Insbesondere keine Winter.

Stattdessen drangen Menschen in Regionen vor, in denen die Jahreszeiten ihr Leben beeinflussten. Jahreszeiten, die nur zu überstehen sind, wenn man neues Wissen und neue Fähigkeiten erlangt. Wenn man es schafft, Lebensmittel zu konservieren, feste Behausungen zu bauen und auch Kleidung von besserer Qualität anzufertigen.

Die Menschen, die, vor mehr als hunderttausend Jahren, Afrika verließen, nahmen erhebliche Mühen auf sich. Auf ihrem Weg, diesen Planeten in Besitz zu nehmen, indem sie sich über seine gesamte Landmasse hinaus ausbreiteten. Können wir uns heute vorstellen, wie schwer es gewesen sein muss, Amerika zu erreichen oder Australien, Neuseeland, die Osterinseln?

Kein Land, keine Insel, die zu weit, zu abgelegen war, um von Menschen nicht erreicht zu werden. Und die ersten, die Afrika verließen, verließen sie nicht damit auch den Teil der Menschheit, der in Afrika zurückblieb? Und die, die Amerika erreichten, hatten sie nicht gewissermaßen eine neue Welt erreicht? Eine, die sie vom Kontakt zum Rest der Menschheit isolierte? Und das für Jahrtausende!

Heute ist die Erde vergleichbar mit einem kleinen Staat des Mittelalters. Nicht viel größer als ein Königreich. Denn praktisch jeder Ort dieses Planeten ist für alle, die über genügend finanzielle Mittel verfügen, innerhalb von maximal drei Tagen erreichbar. Aus Sicht der Menschen des 15. Jahrhunderts unvorstellbar. Einem Wunder gleichkommend.

Wenn wir einmal zu einer anderen Welt aufbrechen und damit die Grenzen zu anderen Sonnensystemen überwinden, ist dies dann nicht vergleichbar mit dem Auszug aus Afrika?

Und wenn wir fragen, was es uns bringt, sind wir dann nicht zu persönlich? Sollten wir das nicht vielmehr aus Sicht der Evolution betrachten?

Schließlich geht es nicht um uns, nicht um den Einzelnen, nicht um das Wohl einer Gruppe, eines Volkes oder eines Kontinents. Es geht um nicht weniger, als um die Menschheit an sich. Es geht um den Fortbestand unserer Spezies, unserer Gene. Also, um etwas, wozu die Evolution der Erde 4,5 Milliarden Jahre gebraucht hat, es zu erschaffen! Es geht um die Sicherung des Fortbestands unserer Art.

Auch wenn unsere Generation noch nicht das Wissen und die Technik hat, um sozusagen „morgen loszufliegen", so dürfen wir doch unsere Gedanken ausrichten auf ein Ziel, das in der Zukunft unweigerlich auf die Menschheit wartet.

Die Menschheit wird einmal zu den Sternen reisen, weil sie dazu bestimmt ist. Allein, dass wir darüber nachdenken, dass wir davon träumen, dass wir uns Ziele setzen, die unerreichbar scheinen, zeigt uns, dass wir dazu bestimmt sind, immer neue Grenzen zu überwinden.

Welchen Sinn hätte es, dass die Evolution eine intelligente Spezies erschafft, deren unweigerliches Schicksal der Untergang ist?

Denn geht die Erde unter, ist dies auch das Ende der gesamten Menschheit. Jedenfalls von all denen, die sich dann noch auf der Erde befinden.

Der Drang, zur Sicherung der Erhaltung unserer Art, ist ein fundamentaler Bestandteil unseres Wesens, ist Teil unserer Gene. Es ist die Triebkraft hinter allem. Diese Kraft hat uns aus Afrika geführt und sie wird uns ins Universum führen.

Wir sind Menschen, jeder für sich ist ein Universum. Und gleichermaßen sind wir Teil eines Ganzen, Teil einer kollektiven Gemeinschaft. Ohne das Ganze wird es den Einzelnen nicht mehr geben.

So gesehen ist nicht eine andere Welt, wie sehr sie auch der Erde ähnelt, das lohnenswerte Ziel.

Das lohnenswerte Ziel ist die Menschheit selbst.

Sie gilt es zu erhalten.

Das ist jede Mühe wert.

Und selbst wenn uns derzeit interstellare Reisen nicht möglich sind, so kann jeder Gedanke, jeder Traum daran, dazu beitragen, dass sie eines Tages einmal möglich werden!

1.3 Wer will? Wer darf?

Wie klärt man die Frage, wer an Bord eines interstellaren Raumschiffs gehen darf? Wie wählt man diejenigen aus, die auf einer fremden Welt eine neue Menschheit begründen sollen? Und wie viele sind nötig, dies zu tun? Wie viele Menschen braucht es, damit eine ausreichende Vielfalt an genetischer Auswahl zur Verfügung steht?

Das sind Fragen, die nicht so einfach zu beantworten sind, wie es auf den ersten Blick vielleicht erscheinen mag.

Eins der größten Probleme früherer Adelsgeschlechter war die Frage der standesgemäßen Heirat. Eine Denkweise, die einerseits zu einer engen Verknüpfung verschiedener Adelsfamilien geführt hat, andererseits jedoch die potentielle genetische Vielfalt stark begrenzte. Es gab sprichwörtlich zu wenig frisches Blut.

Für eine gesunde Gesellschaft ist es wichtig, dass es eine ausreichende Auswahl an genetisch nicht eng verwandter Partner gibt. Inzucht ist also nicht nur aus moralischer Sicht abzulehnen, sondern insbesondere deshalb, weil die genetische Verwandtschaft zu hoch ist, was zu einer genetischen Degeneration beim Nachwuchs führen kann. Also ist es unbedingt notwendig, dass bei der Auswahl der Kolonisten auf genetische Vielfalt geachtet wird. Brüder unerwünscht?

Vielleicht ist das jetzt etwas hart formuliert, aber es wird bei der Frage, wer an Bord darf, ein Thema sein müssen.

Aber nicht nur die genetischen Aspekte werden ein Thema sein. Ebenso delikat ist die Frage nach kultureller Vielfalt. Denn will man die verschiedenen Kulturen bewahren, dann muss die Auswahl der Kolonisten dies berücksichtigen.

Wie viele Europäer, wie viele Asiaten, wie viele aus Lateinamerika, Afrika, Indonesien und nicht zu vergessen die Minderheiten, bis hin zu den Inuit?

Wer will entscheiden, welche Gruppe wie stark vertreten sein soll? Insbesondere unter der Wahrung der Erfordernisse der genetischen Vielfalt. Wird man hier nach einer einheitlichen Quote verfahren oder wird diese abhängig sein vom Anteil an der Population? In diesem Fall würden Asiaten die Mehrheit der Kolonisten bilden.

Obwohl sich die Frage stellt, ob ethnische Unterschiede in 100 Jahren überhaupt noch eine kulturelle, soziologische oder politische Rolle spielen. Genetisch tun sie es.

Ethisch lässt sich die Frage der ethnischen Vielfalt, die die Neue Welt erhalten soll, nicht in einem Satz beantworten.

Sicherlich würde man ein Gremium bilden, das entscheidet, wer von denen, die sich bewerben, einen Platz an Bord bekommt. Denn aufgrund der zu beachtenden genetischen und ethnischen Vielfalt wäre es nicht angemessen, es dem Zufall zu überlassen. Schließlich soll der Fortbestand der gesamten Menschheit, also auch ihrer ethnischen Vielfalt, gewährleistet werden. Aber zur Verwirklichung einer solchen Gewährleistung ist man schlecht beraten, den Zufall zu bemühen. Denn was, wenn die Anzahl der Bewerber für die geforderte Vielfalt nicht ausreicht?

Die Frage nach der Auswahl der Kolonisten wird nicht nur die Verantwortlichen bewegen, sondern gleichermaßen auch die Medien und auch die Bewerber selbst. Es wird zu Diskussionen kommen. Darüber, welche Methode die richtige ist. Und auch darüber, ob es sinnvoll ist, auf eine maximale Vielfalt zu bestehen.

Dann wäre da noch die Frage der Religion. Welche Religionen sollen an Bord präsent sein? Wird man deren Gleichberechtigung sicherstellen können? Und wenn man auch das berücksichtigen will, wie will man es verwirklichen? Wie soll man eine Religions-zugehörigkeit zu einem Entscheidungsmerkmal machen, ohne den Betreffenden zu diskriminieren?

Wenn man all dies bedenkt, dann kann man zu dem Schluss kommen, dass die Fragen nach den technischen Problemen einer solchen Reise möglicherweise weit einfacher zu lösen sind, als die sozialen, die moralischen, die ethischen und die politischen.

Und nicht zu vergessen, die psychologischen. Denn die sind von besonderem Gewicht. Was, wenn einige Kolonisten nach Beginn der Reise ihre Entscheidung bereuen? Wenn ihnen nach einem Jahr an Bord bewusst wird, dass sie nicht viel weiter, als bis hinter den Kuipergürtel gekommen sind? Wenn ihnen klar wird, dass sie niemals am Ziel ankommen werden. Und dass sie den Rest ihres Lebens an Bord eines Raumschiffs verbringen und dies auch der Ort sein wird, an dem sie sterben werden. Wenn ihnen bewusst werden wird, dass es keine Beerdigung geben wird. Dass ihr Körper recycelt oder verbrannt wird. Kein Grab, kein Grabstein, keine Erinnerung, außer der in einer digitalen Datei oder besten-falls ein Namenszug an einer Wand des Raumschiffs.

Was, wenn die erste Euphorie vorbei ist und die Realität eines gleichförmigen Alltags ins Bewusstsein dringt? Das Potential an möglichen psychischen Erkrankungen wird mit der Dauer der Reise exponentiell steigen.

Und möglicherweise werden die wichtigsten pharmazeutischen Mittel an Bord Medikamente sein. Genauer gesagt Antidepressiva.

Und hier sprechen wir nur von der ersten Generation. Was mich dazu bringt, noch zu erwähnen, dass man bei der Auswahl der Kolonisten auch die demografischen Aspekte beachten muss.

Und ganz nebenbei, nur die Generation, die am Ziel ankommt, ließe sich als Kolonisten bezeichnen. Denn alle vorangegangenen Generationen, allen voran diejenige, die die Reise begonnen hat, werden niemals eine Welt kolonisieren. Sie werden nichts anderes sein, als Menschen, die an Bord eines Raumschiffs leben, das auf einer Reise ist, die zu Lebzeiten der Passagiere nicht enden wird. Gewissermaßen ist es eine Reise in den Tod. Denn dieser ist das einzige erreichbare Ziel, solange das Schiff nicht in den Orbit der fremden Welt einschwenkt.

Kommen wir zu einem ethischen Thema. Eins, das mit Verantwortung zu tun hat. Gemeint ist eine Verantwortung Menschen gegenüber, die noch nicht geboren sind, wenn die Raumschiffe das heimatliche Sonnensystem verlassen.

Gemeint sind die Kinder, die, an Bord der Schiffe, nicht das Licht der Welt, sondern das künstliche Licht geschlossener Räume erblicken werden.

Wie wird sich ein Kind fühlen, wenn es damit beginnt, die Welt, seine Welt, zu erforschen und feststellt, dass es keine Welt ist?

Wie wird es sich fühlen, wenn es erfährt, dass die 'wahre', die natürliche Welt, aus Planeten besteht. Planeten, die so weit entfernt sind, dass das Kind keine Chance hat, sie zu Lebzeiten zu erreichen?

Welche Mutter, welche Eltern, sind bereit, ihrem Kind zuzumuten, dass es sein ganzes Leben in einer winzigen Enklave, mitten im Nirgendwo eines interstellaren Leerraums, zu verbringen hat? Welche Auswirkungen wird das auf die Psyche, auf die Seele des Kindes haben?

Und welche Mutter wird keine Tränen vergießen, wenn ihr Kind fragt: „Mama, warum können wir nicht auf der Erde sein?" Wie fühlt es sich an, wenn man der Sehnsucht seines Kindes hilflos gegenübersteht?

1.4 Der Weg zum Ziel

Out of Range

Was tun wir, wenn das, was wir haben wollen, außerhalb unserer Reichweite liegt?
Sind wir in einem solchen Fall wirklich dazu bereit, aufzugeben?
Oder werden wir danach streben, unsere Reichweite zu erhöhen?
  Wie lange man für einen Weg braucht, liegt zum einen an der Länge der Strecke und zum anderen an der erreichbaren Geschwindigkeit.
Und bei interstellaren Reisen sprechen wir von wirklich langen Strecken.

1 Kilometer ist etwas, was man zu Fuß bewältigen kann.
10 Kilometer ist zu weit, für einen Fußmarsch?
100 Kilometer war früher eine Reise, die 2 – 3 Tage dauerte.
1.000 Kilometer lassen uns an Flugzeuge denken.
10.000 Kilometer sind eine Fernreise.
100.000 Kilometer wären zweieinhalb Mal um den Äquator.
1.000.000 Kilometer lang war die Reise von Apollo 11.
100.000.000 Kilometer reichen nicht aus, die Sonne zu erreichen.
1.000.000.000 sind zwei Drittel der Strecke zum Saturn.
10.000.000.000 ist irgendwo im Kuipergürtel.
100.000.000.000 ist zwischen Kuipergürtel und Oortscher Wolke.
1.000.000.000.000 ist mitten in der Oortschen Wolke.
10.000.000.000.000 ist 1 Lichtjahr von der Erde entfernt.
  1 Lichtjahr, 10 Billionen Kilometer und wir befinden uns immer noch im Einflussbereich des heimatlichen Sonnensystems.
Die Distanzen, die uns im Weltall begegnen, sind jenseits unserer Vorstellungskraft. Was uns aber nicht davon abhält, darüber nachzudenken, wie wir sie überwinden können.
  Die Evolution hat uns die Fähigkeit gegeben, vom schier Unmöglichen zu träumen. Sie hat uns auch die Kraft gegeben Unmögliches zu verwirklichen. Und wenn wir es tatsächlich schaffen, dann dürfen wir uns bei ihr bedanken.
  Was erwartet uns, auf dem Weg zu anderen Sonnensystemen?
  Wie ist der Weg, der dorthin führt?
  Ist es nichts als leerer Raum?
Bei Geschwindigkeiten von 15.000 Kilometer pro Sekunde, was 5% der Lichtgeschwindigkeit sind, kann man sich nur wünschen, dass man durch absolut leeren Raum fliegt.

Nur zur Veranschaulichung. Eine normale Gewehrkugel erreicht 700 Meter pro Sekunde. Spezialmunition schafft es auf über 1.000 Meter pro Sekunde. Keiner dieser Kugeln könnte ein Mensch ausweichen. Nicht einmal wahrnehmen können wir sie. Sie sind zu schnell für unsere Augen.

Und nun sprechen wir von einem Raumschiff, das 15.000 Mal schneller fliegt als eine Gewehrkugel. Mit was auch immer das Raumschiff kollidieren würde, die Menschen an Bord würden es nicht einmal merken. Sie wären tot. Nicht einmal ein Augenblick würde ihnen bleiben. Keine Explosion, keine umherfliegenden Trümmer, sie wären tot, bevor sie auch nur wahrnehmen könnten, dass es zu einer Kollision gekommen ist. Und leider ist der interstellare Raum keineswegs ein absolut leerer Raum. Denn es gibt das sogenannte interstellare Medium.

Durchschnittlich rechnet man mit 1.000 Wasserstoffatomen (Protonen) pro Kubikmeter. Das ist nun wirklich nicht viel. Und von keinem Menschen spürbar. Allerdings schafft das Raumschiff 15.000.000 dieser Kubikmeter pro Sekunde.

Und das bedeutet, dass 15.000.000.000 Protonen mit mindestens 15.000 Kilometer pro Sekunde auf jeden Quadratmeter Raumschiff einschlagen. Wirklich viel ist das nicht. Rechnet man aber über einen Zeitraum von 100 Jahren, dann wären das 15.000.000.000 Mal 3.153.600.000 Protonen. Welche Auswirkungen das auf die Technik des Raumschiffs hat, ist nicht vorhersehbar.

Aber Protonen sind nicht das einzige Problem. Ein Sonnensystem besteht nicht nur aus Sonne und Planeten. Es gibt unzählige kleinere Objekte. Von der Größe eines Staubkorns bis hin zu Zwergplaneten. Letztere sind noch relativ gut wahrnehmbar. Auch bei größeren Geschwindigkeiten wird man sie rechtzeitig entdecken können. Und dann hilft bereits eine geringe Änderung der Geschwindigkeit, um eine Kollision zu vermeiden.

Kleinere Objekte sind hingegen wesentlich schwieriger entdeckbar. Und bei 15.000 Kilometer pro Sekunde kann bereits ein Tennisball genügen, um schwerste Schäden, bis hin zur Zerstörung des Schiffes, zu verursachen. Das wichtigste Kriterium bei der Frage nach dem Weg ist daher die Frage, was man tun kann, um solche Kollisionen zu vermeiden.

Im Fall der Abreise ist dies noch recht einfach zu bewerkstelligen. Schon während das Raumschiff noch gebaut wird, kann die Reiseroute festgelegt werden und der Flugkorridor, der aus unserem Sonnensystem hinausführt, kann gründlich, auf Gefahren hin, untersucht werden.

Bis hin zum Kuipergürtel wäre dies in der verfügbaren Zeit möglich. Jedenfalls wenn Kosten keine Rolle spielen.

Die Oortsche Wolke zu vermessen, ist da schon ein ganz anderes Problem. Immerhin sprechen wir von einer Distanz, die bereits 1 Lichtjahr weit hinaus ins All führt. Vermessungsschiffe müssten dorthin gesendet werden. Und obwohl es automatisch arbeitende Sonden sein könnten, würden sie dennoch Jahrzehnte unterwegs sein.

Um größtmögliche Sicherheit zu gewährleisten, wäre jedoch eine Option denkbar. Hierbei könnten Sonden dem Schiff vorausfliegen und die Route auf einer ausreichenden Breite vermessen.

Da die Sonden über einen Antrieb und entsprechende Brennstoffvorräte verfügen müssen, wären sie zwar relativ groß und teuer, aber strenggenommen unerlässlich.

Außerdem müssten es mehrere sein und das Mutterschiff muss in der Lage sein, neue zu produzieren. Denn speziell beim Einflug in ein fremdes Sonnensystem, wo jeder Gedanke an Hilfe von der Erde absolut illusorisch ist, ist nichts wichtiger als eine sichere Reiseroute. Aus diesem Grund kann das Schiff auch nicht mit 5 % der Lichtgeschwindigkeit ins System einfliegen. Zuvor muss das fremde Sonnensystem analysiert werden.

Wie sind die dortigen Gravitationsverhältnisse? Gibt es Regionen mit einer höheren Materiedichte? Gibt es Asteroidengürtel, Staubwolken, Kleinsttrümmer als Überreste von Kollisionen von Meteoren, Kometen? Wie ist der Strahlungsdruck der Sonne? Gibt es Planeten, die mit ihrer Gravitation den Einflug zum Zielplaneten stören? Kurz gesagt, welches ist die beste Einflugroute?

Daher kann, nachdem man in der Nähe des fremden Sonnensystems angekommen ist, also interstellare Distanzen überwunden hat, die restliche Reise im interplanetaren Bereich des Systems durchaus noch weitere Jahre benötigen.

Wenn uns die Gedanken über eine interstellare Expedition bewegen, wenn wir davon träumen und wenn wir dabei so sehr ins Detail gehen, dass wir auch die scheinbar unbedeutenden Dinge näher betrachten, wird uns eines klar werden. Nichts benötigt die Psyche der Reisenden in größerem Umfang, als die Fähigkeit zur Geduld. Man stelle sich vor, man wird an Bord eines Generationenraumschiffs geboren. Man verbringt sein gesamtes Leben an Bord und endlich erreicht das Schiff den Rand des Sonnensystems. Man selbst ist dann 90 Jahre alt und hat das Ziel vor Augen. Man gehört zu der Generation, die es geschafft hat. Die eine unvorstellbare Distanz überwunden hat.

Man gehört zur letzten Generation an Bord eines Raumschiffs, das 500 Jahre lang unterwegs war. Und in diesem Moment, diesem Augenblick, erhält man die Nachricht, dass es noch weitere 3 Jahre dauern wird, die Neue Welt, dieses Ziel der Reise, zu erreichen. Weitere 3 Jahre, in denen der Körper unaufhaltsam seinem Ende entgegengeht.

Hat jemand Lust, sich vorzustellen, welches Gefühl das sein muss? Wenn man erkennt, dass man, im Angesicht des Ziels, kaum noch die Kraft haben wird, es auf eigenen Füßen zu erkunden? Beinahe am Ziel, am Sinn der Reise, angekommen zu sein und nicht daran teilhaben zu können? Zu denjenigen zu gehören, die den Planeten nicht betreten werden, obwohl er zum Greifen nahe unter ihnen schwebt? Zu sehen, wie Shuttles in die Atmosphäre eindringen und Menschen hinunterbringen, während man selbst nichts anderes mehr tun kann, als ihnen nachzusehen.

Es gibt Zeiten, da sind uns die Gedanken, die Gefühle anderer Menschen so fern wie eine ferne Welt.

Und es gibt Momente, da ist:

"Die Euphorie des Einen, die Depression des Anderen.

Fazit:

Wir können nicht einfach die Spitze des Raumschiffs auf einen Stern ausrichten und den Antrieb starten.

Zum Verlassen unseres Sonnensystems braucht es eine genau berechnete Route, unter Berücksichtigung der Anziehungskräfte unserer Sonne und der Planeten, die sich nahe der Route befinden. Für die Beschleunigung auf 15.000 Kilometer pro Sekunde braucht es einige Wochen Zeit.

Während der Reise zwischen den Sternen werden Kurskorrekturen notwendig sein, da nicht nur das interstellare Medium, sondern auch Magnetfelder, wie sie im Halo unseres Sonnensystems zu finden sind, sowie die Anziehungskraft von Sternen, die sich nahe der Kurslinie der Schiffe befinden, deren Kurs und Geschwindigkeit verändern können. Wenn dies auch nur in einem eher geringen Umfang erfolgt, bezogen auf die Länge der Reise, muss es dennoch ausgeglichen werden.

Am Ziel angekommen, muss das Raumschiff abbremsen. Anschließend muss eine Route gefunden werden, die einen gefahrlosen Einflug ins fremde Sonnensystem und letztlich das Erreichen des Zielplaneten ermöglicht. Der Weg zum Ziel ist also weitaus komplizierter, als der flüchtige Blick, zur scheinbaren Leere des Weltalls, uns glauben lässt.

Kapitel 2: Das Raumschiff

Wie baut man ein Raumschiff, das in der Lage ist, interstellare Distanzen zu überwinden? Das also, über die interplanetaren Räume eines Sonnensystems hinaus, in der Lage ist, zwischen den Sternen zu reisen. So lange, bis es ein anderes Sonnensystem erreicht hat. Was muss ein solches Raumschiff können? Und wie schafft man es, dass seine Technik Jahrhunderte überdauern kann?

Vor 120 Jahren begannen die ersten reinen Dampfschiffe die Ära der Segelschiffe zu verdrängen. Keins dieser Schiffe ist heute noch im Einsatz. Selbst Militärtechnik, sei es die von Panzern, Schiffen oder Flugzeugen, ist nicht in der Lage, 100 Jahre schadlos zu überstehen. Auch modernste Technik, wie die interstellare Raumstation, braucht ständige Wartung, was auch die Versorgung mit Ersatzteilen betrifft.

Nun soll und muss ein interstellares Raumschiff aber über eine Lebenserwartung verfügen, die die von allen bisherigen Produkten menschlicher Technik um den Faktor 10 bis 20 übersteigt. Und das bei vollkommen autonomer Versorgung. Nicht ein Bauteil, und sei es noch so winzig, kann von der Erde geliefert werden.

Spätestens ab dem Moment, ab dem das Raumschiff den letzten menschlichen Außenposten in unserem Sonnensystem passiert, ist es auf sich allein gestellt. Falls unter diesen Bedingungen irgendein lebenswichtiges Bauteil des Raumschiffs irreparabel beschädigt wird, bedeutet dies das Ende der Reise und den Tod aller Insassen.

Sollten die Triebwerke irreparabel beschädigt werden oder der Brennstoff verbraucht oder verloren gehen, bedeutet dies, dass das Raumschiff auf ewig durch den Raum treiben wird. Es wird das Ziel nicht nur verfehlen, sondern auch ungebremst an ihm vorbeifliegen. Um dies zu verhindern, müssen alle lebenswichtigen Systeme mehrfach vorhanden sein. Der Antrieb, die Energieversorgung, Lebenserhaltung, Navigation, Steuerung, Computer, alles muss mehrfach vorhanden sein. Und selbst wenn alle wichtigen Bauteile dreifach, vierfach oder fünffach eingebaut wurden. 500 Jahre sind eine sehr lange Zeit.

Kommen wir zur Frage, wie groß denn solch ein Schiff sein muss. Werfen wir mal einen Blick auf moderne Kreuzfahrtschiffe. 3.000 Passagiere plus 1.000 Besatzungsmitglieder sind hier der Durchschnitt. Allerdings ist ein Kreuzfahrtschiff selten länger als eine Woche unterwegs, bis es einen Hafen erreicht, wo sämtliche Vorräte und Betriebsstoffe aufgefüllt werden können.

Zudem benötigt die Technik eines Kreuzfahrtschiffes weit weniger Raum als die Technik eines interstellaren Raumschiffs.

Doch schätzen wir zuerst einmal den Raumbedarf für die Passagiere. 25 Kubikmeter pro Passagier sollten es schon sein. Dies wäre ein Raum von 3 Metern Länge, 3 Metern Breite, bei 2,5 Metern Höhe.

Für 1.000 Passagiere wären es somit 22.500 Kubikmeter Platzbedarf. Demnach benötigt man für den reinen Wohnbereich eine Fläche von 1.000 mal 9 Metern. Also 9.000 Quadratmeter. Hinzuzurechnen wäre der Platzbedarf von Korridoren.

Was das seelische Wohl betrifft, dürfen wir allerdings davon ausgehen, dass der Mensch wesentlich mehr Platz braucht. Ein Raumschiff, das 1.000 Menschen 500 Jahre lang durch die Weiten des interstellaren Leerraums transportiert, muss diesen Menschen eine Umwelt bieten.

Das beinhaltet stadtähnliche Strukturen, ebenso wie Grünanlagen und auch ein Arbeitsumfeld. Schließlich sprechen wir hier nicht von einem Passagiertransport zum nächsten Flughafen, sondern von einem Lebensraum, der über 20 Generationen hinweg Heimat von Menschen sein muss.

Selbst wenn wir hierfür einen Platz berechnen, der drei Mal so groß ist, wie der Wohnbereich, ist das bei Weitem nicht der Raum, den 1.000 Menschen tatsächlich benötigen.

Leider kann ein interstellares Raumschiff jedoch nicht beliebig groß gebaut werden. Denn jedes Kilogramm Gewicht, das verbaut wird, erhöht die Masse des Schiffs. Und das bedeutet, stärkerer Antrieb und höherer Treibstoffverbrauch. Hier gilt es den maximal möglichen Raum zu schaffen, was auch die Möglichkeit beinhaltet, dass verfügbarer Raum alternative Nutzungsmöglichkeiten bietet. Räume, die am „Tag" als Arbeitsräume dienen, könnten für den Abend zu Erholungsräumen umgestaltet werden. Auf diese Weise ließen sich Abschnitte des Raumschiffs quasi verdoppeln.

Zu welchen Methoden und Verfahren, für eine optimale Raumnutzung, man auch greifen wird, um ein Mindestmaß an Fläche kommt man nicht herum. Und diese Fläche dürfte sich im Bereich von 400 mal 100 Metern bewegen, was ca. 6 Fußballfeldern entspricht. Die Gesellschaftsräume müssten dabei deutlich höher als die 2,5 Meter der Wohnbereiche sein, weshalb die Größe in Kubikmeter mehr als das 5fache des Wohnbereichs betragen wird.

Für den Aufbau einer Gemeinschaft, die, bezogen auf die Größe und soziale Struktur, vergleichbar ist mit einer dörflichen Gesellschaft, ist das aber immer noch viel zu wenig Raum. Aber die Notwendigkeiten lassen kaum mehr zu. Und daher heißt es, Mittel und Wege zu finden, die räumlichen Defizite auszugleichen. Möglicherweise unter Einsatz virtueller Techniken.

Die Frage, wie man ein solches Schiff konstruieren muss, damit es für viele Generationen von Menschen als eine einigermaßen angenehme Heimstatt dient und von diesen Menschen auch als solche angesehen wird, ist auf dem Reißbrett kaum zu beantworten. Hier sind Tests gefragt, die durchaus unter irdischen Bedingungen stattfinden könnten. Hierzu könnte man eine seetaugliche Version des Wohnbereichs bauen und als Halbtaucher durch die Meere treiben lassen. Halbtaucher bedeutet hier, dass das Schiff gerade so weit unter Wasser liegt, dass die normalen Wellenbewegungen nicht mehr spürbar sind. Die Grundversorgung kann hierbei durchaus von außen erfolgen, während die Probanden jedoch für einige Jahre, ohne physischen Kontakt zur Außenwelt, das Leben an Bord eines interstellaren Raumschiffs simulieren. Auf diese Weise ließe sich feststellen, welche Bedürfnisse in einer derart abgeschotteten Gesellschaft entstehen. Diese Erfahrungen könnten dann beim Bau des Raumschiffs berücksichtigt werden.

Was denkt man, wenn man an ein Raumschiff denkt? Daran, wie es aussieht? An die Technik? An den Antrieb? An ein sternenübersätes Weltall? Oder an das Leben an Bord?

Die meisten Menschen werden Aussehen und Technik als auffälligste Merkmale eines Raumschiffs ansehen. Und zugegebenermaßen ist seine Technik sicherlich das Auffälligste und ebenso das Faszinierendste.

Doch in Wahrheit ist das Bordleben das, worauf es ankommt. Der Antrieb, so interessant er auch sein mag, ab dem 10ten Mal beginnt er eher lästig als interessant zu sein. Und der wievielte Blick in die Unendlichkeit des Weltalls macht die Sterne zu einem Bild des Normalen, des Alltäglichen? Also etwas, das mit Gleichmut betrachtet wird?

Bei einem Raumschiff, das viele Jahrhunderte unterwegs ist, wird die Technik zur schlichten Notwendigkeit. Allein was zählt, ist das Wohlbefinden der Besatzung. Und hier gilt es innovativ zu sein. Hier gilt es Möglichkeiten zu schaffen, die nur einen Zweck erfüllen. Nämlich den, die Emotionen der Besatzung positiv zu stimulieren.

Denn der Faktor „Glücklichsein" ist der alles entscheidende Faktor für ein zufriedenes Lebens und für den gesellschaftlichen Frieden an Bord eines Raumschiffs. Konflikte darf es in einem solchen Lebensraum, bei dem ein „Auswandern" de facto unmöglich ist, nur in banaler, in relativ harmloser Form geben. Und die beste Methode, Konflikte zu vermeiden, ist eine Umwelt zu generieren, die Zufriedenheit schafft. Das wahre Zentrum, der Kern, das Herz eines interstellaren Raumschiffs ist sein gesellschaftliches Zentrum. Alles, was dazu dient, die soziologische Struktur von 1.000 Menschen positiv zu beeinflussen, ist wert, Bestandteil des Schiffs zu werden. Und Anbetracht des Umstands, dass auf diesem Schiff Kinder geboren werden, kommt die Bedeutung von Umwelt und sozialem Umfeld vor allem anderen.

Kinder sind der Beginn einer neuen Generation. Und jede neue Generation ist ein Schritt der Evolution. Dies betrifft nicht nur den Köper, sondern auch die Mentalität und auch die Frage nach gesellschaftlichen Idealen. Wo heutige Kinder in die Natur hinausschauen und die Eltern fragen, was denn hinter den Bergen liegt, werden die Kinder an Bord eines Generationenraumschiffs ihre Fragen haben, die sie stellen werden. Und mit Sicherheit wird auch die Frage dabei sein: „Warum habt ihr die Erde verlassen?"

Welchen Einfluss auf die Entwicklung, auf die Ideale, auf den „Zeitgeist" neuer Generationen das Leben an Bord eines Raumschiffs haben wird, ist nicht vorhersehbar. Sicher ist nur, dass es eine Entwicklung geben wird und die Gesellschaft, die die fremde Welt erreicht, nicht vergleichbar sein wird mit der Gesellschaft, die die Reise begonnen hat.

Der Lebensraum an Bord des Raumschiffes ist vergleichbar mit einer Oase in einer endlosen Wüste. Und für die Kinder, die an Bord geboren werden, wird diese Oase die Heimat sein. Sie werden sie lieben und sie werden sie verfluchen.

Wie oft werden sie sich wünschen, fortgehen zu können? Und je mehr sie erkennen, dass dies unmöglich ist, desto mehr werden sie es sich wünschen. Sie werden sich Dinge wünschen, die es an Bord nicht gibt. Bilder, Videos der Natur der Erde werden Begierden wecken. Und egal wie gut das Schiff konstruiert ist, wie perfekt die Umwelt sich darstellt, wie viel Wohlstand sie bietet und wie angenehm es auch sein kann, das Gefühl eingeschlossen zu sein, wird sich nicht verdrängen lassen.

Bei allen technischen und wissenschaftlichen Herausforderungen, die der Bau eines interstellaren Raumschiffs erfordert, wird der alles entscheidende Faktor der soziale sein.

Das seelische Wohl der Menschen zu erhalten, ist die Basis dafür, dass diese Menschen die positiven gesellschaftlichen Strukturen, mit denen sie an Bord gehen, aufrechterhalten können. Und das über Generationen hinweg. So lange, bis das Schiff in den Orbit des Planeten schwenkt, der Ziel der Reise ist.

Welche Berufe kann es an Bord geben? Geld, Banken, Finanzsysteme, das können wir komplett streichen. Denn die soziale Hierarchie, die unterschiedliche Vermögensverhältnisse begründet, wäre ein nicht zu unterschätzender Faktor für Konflikte und auch für Kriminalität.

Dienstleistungsberufe würden, auf unterbewusster Ebene, die Bildung von sozialen Hierarchiesystemen fördern. Egal wie sehr man diese bewusst auch ablehnen würde. Bei Verwaltungsberufen wäre die Frage, was es denn zu verwalten gibt? Ohne Finanzsystem fällt der Großteil aller Verwaltungsberufe komplett weg. Aber welche Berufe, welche Art von Arbeit, bleibt dann noch?

Im Prinzip alles, was mit Wissenschaft zu tun hat. Sei es die Technik des Raumschiffs, die Biologie des Lebens, was auch die Medizin beinhaltet, oder das Navigieren des Raumschiffs. Alles, was mit Wissenschaften zu tun hat, und, langfristig gesehen, dem Aufbau einer menschlichen Zivilisation dient, bildet ein sinnvolles Arbeitsumfeld für die Menschen an Bord.

Und dann wäre da noch die Wartung. Dass ein Raumschiff 500 Jahre unterwegs ist, ohne ein einziges Mal repariert werden zu müssen, ist etwas, womit man wirklich nicht rechnen sollte.

Wie erwähnt, ist ein Finanzsystem kaum sinnvoll. Womit auch Versicherungen wegfallen. Denn was will man denn versichern, wenn die einzige Versicherung, die von Bedeutung ist, eine Lebensversicherung ist, die darin besteht, dass die Technik des Raumschiffs nicht versagt? Solange man nicht über die Technik verfügt, autonome Wartungsroboter zu bauen, die, innerhalb wie außerhalb des Schiffs, Reparaturen ausführen können, braucht man über den Bau eines interstellaren Raumschiffs nicht nachzudenken.

Wartungsroboter, bis hin zu menschlich aussehenden Androiden, werden ein maßgeblicher Bestandteil des Raumschiffs und ein maßgeblicher Beitrag zum Gelingen der Reise, zu einem anderen Sonnensystem, sein. Und im Ernstfall könnten sie der Garant für die Gründung einer neuen Zivilisation sein.

Denn selbst wenn alle Menschen an Bord sterben, könnten die Androiden aus, in Kryostase, mitgeführten Eizellen und Spermien eine neue Menschheit erschaffen.

2.1 Der Antrieb

Wie muss ein Antrieb beschaffen sein? Was muss er leisten, um 1.000 Menschen zu den Sternen zu bringen?
Wichtigste Merkmale sind:
- Höchstgeschwindigkeit
- Beschleunigungsvermögen
- Treibstoffverbrauch

Um die benötigte Geschwindigkeit von 15.000 km/s zu erreichen, braucht es einen hochenergetischen Antrieb in einer Leistungsklasse, die heute noch nicht, oder nur in der Theorie, existiert.

Chemische Antriebe kommen nicht in Frage, da sie weder die erforderliche Geschwindigkeit erreichen, noch sparsam genug mit dem Treibstoff umgehen. Immerhin reden wir ja nicht davon, eine kleine Raumkapsel in die Erdumlaufbahn zu schießen, sondern von einem Raumschiff von der Masse eines Flugzeugträgers. Um dieses zu bewegen, braucht es so viel Schubkraft, dass hierfür nur nukleare Antriebe in Frage kommen. Und tatsächlich gibt es Überlegungen bezüglich eines Antriebs, der mit Kernreaktionen arbeitet. Salopp ausgedrückt, kurz hinter dem Heck des Raumschiffs wird eine kleine Atombombe gezündet, deren Strahlungsdruck das Raumschiff beschleunigt. Leider gibt es im Weltraum keine Atmosphäre, die die Wirkung der Atombombe verstärken und damit die notwendige Größe der Bombe reduzieren würde.

Daher braucht es nicht nur eine Mindestgröße, sondern auch eine ziemlich große Zahl an Bomben. Schließlich wird das Raumschiff bei jeder Explosion nur um etwa 10 m/s beschleunigt, was ziemlich genau dem Maß der Erdanziehungskraft entspricht.

Viel mehr sollte man der Besatzung, während einer Beschleunigungsphase, auch nicht zumuten. Schließlich sind sie keine trainierten Astronauten, die beim Start schon mal einiges an G-Kräften vertragen müssen. Allerdings nur für wenige Minuten. Bei der Beschleunigung eines Raumschiffs auf 5% der Lichtgeschwindigkeit dauert sie hingegen mehrere Wochen. Daher wird der Antrieb mit einer Beschleunigung von maximal 10 m/s arbeiten.
Auch wenn er, für Notfälle, zu mehr in der Lage sein muss.

Aber jeder Antrieb, der die Masse eines Flugzeugträgers über mehrere Wochen hinweg beschleunigen muss, wird nach Treibstoff geradezu betteln. Da Treibstoff aber auch Masse ist, die im Raumschiff mitgeschleppt werden muss, sollte es ein möglichst effektiver Treibstoff sein.

Der effektivste wäre Antimaterie. Doch deren kommerzielle Produktion liegt außerhalb unserer Möglichkeiten. Und eine natürliche Quelle, die Antimaterie in der benötigten Menge liefert, gibt es nicht.

Ein nuklearer Antrieb, der mit Kernspaltungsbomben (Atombomben) arbeitet und alle drei Sekunden dem Raumschiff sprichwörtlich in den Hintern tritt, ist aber weder fürs Schiff noch für die Besatzung die gesündeste Variante.

Um aber eine ähnliche Leistung zu erreichen, braucht es auch eine ähnlich starke Energieentfaltung. Das Prinzip, mittels Kernreaktionen einen hohen Strahlungsdruck zu erzeugen, kann hier nur mittels Kernfusion erreicht werden. Die steht uns derzeit nicht zur Verfügung. Aber man kann Wetten abschließen, dass es in spätestens 30 Jahren anders sein wird.

Auch wenn ein geeigneter Fusionsantrieb ein Rückstoßantrieb sein wird und nicht vergleichbar mit futuristischen Konzepten, wie dem Impulsantrieb aus Star Trek oder gar dem Warp-Antrieb, so sind mit ihm doch Leistungen möglich, die für das Verlassen unseres Sonnensystems ausreichen. Entscheidend, für das Gelingen einer interstellaren Reise ist der Treibstoffverbrauch. Deuterium, also Wasserstoff, dessen Wasserstoffatome über ein zusätzliches Neutron verfügen, liefert eine dafür notwendige Energiedichte.

Der Antrieb selbst wird mit Magnetfeldern arbeiten, die ein, durch Fusionsreaktionen erzeugtes, Plasma, das bei seiner Entstehung ohnehin schon ein hohes Bewegungsmoment erreichen kann, auf Geschwindigkeiten über 15.000 km/s beschleunigen. Bei der Expansion aus der Düse des Antriebs entsteht dann der erforderliche Schub, gemäß den physikalischen Prinzipien des Rückstoßes.

Kommen wir zur Einsatzdauer des Antriebs. Genauer gesagt, der Frage, wie lange er fehlerlos funktionieren muss. Beim Start wird er natürlich so lange aktiv sein, bis die angestrebte Geschwindigkeit von 15.000 km/s erreicht wird.
Hier kann die Beschleunigung relativ kontinuierlich durchgeführt werden, da die Flugroute durch das Sonnensystem zuvor geprüft werden kann.

Während der Reise zwischen den Sonnensystemen hat der Antrieb weitgehend Urlaub. Er wird schlicht und ergreifend nicht benötigt. Jedenfalls nicht mehr, um das Raumschiff voranzutreiben. Bestenfalls für die eine oder andere Kurskorrektur wird man ihn noch aktivieren müssen. Wobei wir aber mit Abständen von Jahrzehnten rechnen können.

Das heißt, der Antrieb hat 10 Jahre lang nichts zu tun. Er ist praktisch stillgelegt, und wird dann für Minuten bis Stunden aktiviert. Nur um anschließend wieder für 10, 20 oder mehr Jahre brachzuliegen. Erst bei einer Annäherung an das fremde Sonnensystem wird man ihn wieder regelmäßig benötigen. Einmal zum Abbremsen des Raumschiffs und dann, um in das System hineinzumanövrieren.

Wenn das Wissen, bezüglich des Aufbaus des fremden Sonnensystems, seiner Planeten, Asteroiden und Kometen, nicht genau genug ist, kann die optimale Flugroute erst vor Ort festgelegt werden. Die intensivste Nutzung des Antriebs kommt also zu einem Zeitpunkt, wenn dieser bereits 500 Jahre alt ist.

Wenn überhaupt chemische Antriebe in Betracht kommen, dann für den Einsatz als Manövriertriebwerke. Überall dort, wo kurzfristig eine hohe Schubkraft nötig ist, sind chemische Triebwerke die erste Wahl. Dies betrifft die Lageregelung, die Stabilisierung, falls das Schiff, wodurch auch immer, ins Trudeln gerät, und die Ausrichtung bei der Durchführung von Kurskorrekturen.

Reserve für Notfälle:

Womit bremst man ein Raumschiff, wenn man keinen Antrieb mehr hat? Mit Wind! Gemeint ist jedoch keine Luft, kein Gas, sondern der Strahlungsdruck elektrischer geladener Teilchen, wie eine Sonne sie permanent ins Weltall schickt. Dieser Strahlungsdruck kann zum Vortrieb genutzt werden. Notwendig ist nur eine Fläche, die groß genug ist, damit der Strahlungsdruck eine nennenswerte Kraft erzeugen kann. Aber bei einem Raumschiff, von der Masse eines Flugzeugträgers, sprechen wir hier von einer notwendigen Fläche in Form eines „Sonnensegels", die gerne einige Quadratkilometer groß sein darf. Der Nachteil ist, dass man mit einem derartigen Antrieb nur unzureichend manövrieren kann. Und was die Beschleunigung betrifft, gibt dieser Antrieb nur eine Richtung vor, und der führt weg von der Sonne.

Fliegt das Schiff jedoch auf eine Sonne zu, kann ein hinter dem Schiff platziertes Sonnensegel zur Bremsung benutzt werden. In diesem Fall könnte man das Sonnensegel mit einem Fallschirm und den Strahlungsdruck des Sterns als stellvertretend für die Atmosphäre eines Planeten vergleichen.

Zwar kann ein Sonnensegel einen autarken Antrieb nicht ersetzen, aber für den Fall, dass dem Schiff kein wirksamer Antrieb mehr zur Verfügung steht, ist das Sonnensegel das einzige Mittel, das genutzt werden kann, um die Geschwindigkeit des Schiffes zu beeinflussen.

Spekulative Antriebe

Warp-Antrieb:
Der vor dem Schiff liegende Raum wird komprimiert und hinter dem Schiff wieder expandiert.
Das Schiff selbst bewegt sich dabei nicht. Stattdessen wird der Raum sozusagen unter ihm hindurchgezogen. Der Raum selbst bringt das Ziel zum Schiff. Und gleichzeitig trägt er den Startpunkt des Schiffs von diesem weg.
Alles was man dazu braucht, ist die Fähigkeit, den Raum mittels Gravitationskräften zu verkrümmen.
  Mit mathematischen Mitteln kann ein solcher Antrieb beschrieben werden. Ihn aber technisch zu bauen, verlangt die Klärung der Frage, wie man derart hohe Gravitationskräfte erzeugen kann. Und ganz nebenbei, Gravitation wirkt immer sphärisch und kann nicht abgeschirmt werden. Was die Frage aufwirft, welche Nebenwirkungen an Gravitationswirkung ein solcher Antrieb erzeugt. In der Nähe eines Planeten sollte man ihn mal lieber nicht aktivieren.

Wurmlöcher:
Oder besser gesagt eine Einstein-Rosenbrücke.
Als solche bezeichnet man eine Raumkrümmung, die so stark ist, dass sie in sich zurückkehrt.
  Theoretisch ließe sich damit der Raum so krümmen, dass es dazu führt, dass zwei entfernte Punkte des Raums innerhalb des Wurmlochs nahe beieinander liegen, während sie außerhalb des Wurmlochs ihre normale Distanz behalten.
Tatsache ist, dass wir weder wissen, ob es Wurmlöcher gibt, noch, wie man sie erzeugen kann, noch, wie man es schafft, dass ein Raumschiff einen Flug durch sie hindurch übersteht.

2.2 Energieversorgung

Wie versorgt man eine Stadt 500 Jahre lang mit Energie? Atomkraftwerk? Leider nicht ganz so einfach. Denn strenggenommen ist ein Atomkraftwerk nichts anderes als eine Dampfmaschine. Die nuklear erzeugte Temperatur dient bei ihnen nur dazu, Wasser so sehr zu erhitzen, dass Dampf entsteht. Der dabei entstehende Dampfdruck treibt Turbinen an, an die Generatoren angeschlossen sind, die elektrischen Strom erzeugen. Eine derartige Energieerzeugung ist für ein Raumschiff denkbar ungeeignet. Zu groß, zu aufwendig, zu viele bewegliche Teile und wehe, wenn es aufgrund von Kollisionen zu einem Leck in der Anlage oder zu Wasserverlusten kommt. Außerdem ist der Wirkungsgrad derartiger Atomkraftwerke nicht so hoch, wie er für ein interstellares Raumschiff, bei dem es ja darum geht, dass es so wenig wie möglich Masse hat, notwendig ist. Hier heißt es dann tatsächlich „Atomkraft, nein danke.", jedenfalls, was die heute üblichen Kernkraftwerke betrifft. Auch in Raumsonden verwendete Techniken, wie die Plutoniumbatterien, sind ungeeignet, da die notwendige Menge die Masse des Raumschiffs zu sehr erhöhen würde.

Photovoltaik fällt ebenfalls aus, da die Distanz zwischen dem Schiff und einer Sonne, während der 500 Jahre Flugdauer, viel zu groß ist. Was bleibt, das sind Fusionsreaktoren. Und hier auch nur eine spezielle Technik, die derzeit aber nur in der Theorie existiert. Demnach ist es möglich, unter Verwendung von Helium-3, das sowohl auf dem Mond, als auch auf den großen Gasplaneten, bzw. in deren Atmosphäre, vorhanden ist, einen Fusionsreaktor derart zu betreiben, dass die erzeugte Energie direkt als elektrische Energie genutzt werden kann. Dampfkraft ade!

Fusionsreaktoren, so aufwendig sie aus heutiger Sicht auch erscheinen mögen, sind, zumindest nach heutigem Wissen, die einzige Option, um die Energieversorgung eines interstellaren Raumschiffs sicherzustellen. Der Vorrat an Helium-3 bildet hier die Lebensader des Schiffs. Sinkt, aus welchem Grund auch immer, der Vorrat, unter die minimal benötigte Menge, ist die Reise gescheitert. Ähnlich wie beim Antrieb, dessen Komponenten redundant vorhanden sein müssen oder zumindest eine Möglichkeit zur mehrfachen Instandsetzung, bis hin zur kompletten Neukonstruktion, gegeben sein muss, muss auch die Energieversorgung mehrfach abgesichert sein. Kurz gesagt, der Vorrat an Helium-3 darf in keinem Fall an einem einzigen Ort gelagert werden.

Natürlich spendiert man dem Schiff nicht nur einen Reaktor, sondern mehrere. Am besten weit voneinander entfernt angebracht.

Dem Team, das ein interstellares Raumschiff konstruiert, sollte
ein Team gegenüberstehen, das sich ausschließlich damit beschäftigt, wie man dieses Raumschiff am effektivsten beschädigen kann.

Jeder Entwurf, jedes Konzept muß durch diese, nennen wir sie
„Katastrophenabteilung", laufen. Und egal, wie sehr sich diese
auch bemüht, es wird immer ein „Worst Case" möglich sein, an
den nicht gedacht wurde. Im Hinblick auf das seelische Wohl der
Besatzung darf beim Thema Energie nicht gespart werden. Diese
muss praktisch im Überfluss vorhanden sein. Neben dem Betrieb
der technischen Einrichtungen und insbesondere der Unterhaltungsmedien hat die Versorgung mit Licht und Wärme oberste
Priorität. Wie wir heute, besser gesagt, seit etwa dem Jahr 2015,
wissen, ist Licht für Menschen von größerer Bedeutung, als man
früher dachte. Denn hell ist nicht gleich hell. Jedenfalls nicht für
die Belange des menschlichen Organismus. Sicher, ohne Licht sind
unsere Augen nutzlos. Ohne Licht sehen wir praktisch gar nichts.
Doch wenn wir von sichtbarem Licht sprechen, so ist das nur ein
kleiner Teil von dem, was Licht in Wahrheit ist. Was wir als Licht
bezeichnen, das ist nur ein winziger Teil des elektromagnetischen
Spektrums. Eben nur der Teil, den unsere Augen wahrnehmen
können. Auf den die Neuronen auf der Netzhaut, im hinteren Teil
des Augapfels, reagieren. In der Physik spricht man hier von der
Wellenlänge des Lichts. Für uns sichtbar ist der Bereich zwischen
380 und 780 Nanometer. In Farben ausgedrückt, reicht es von
ultraviolett bis tiefrot. Tatsächlich kann unser Auge jedoch mehr.
Es kann Licht unterhalb von 380 Nanometer wahrnehmen. Jedoch
bleibt es für uns weiterhin unsichtbar, da es im Sehzentrum nicht
verwendet wird. Stattdessen nutzt der Körper dieses Licht zur
Regelung des Biorhythmus. Damit hat es einen wesentlichen
Anteil an unserem Wohlbefinden. Fehlt dieses Licht, kann dies zu
Schlafstörungen führen und im Extremfall zu psychischem Un-
wohlsein. Es kann depressive Stimmungen verursachen.

Aus diesem Grund ist die Versorgung mit dem optimalen Licht
von einer besonderen Bedeutung für die Gesundheit der Besatzung. Um dies optimal zu gewährleisten, wäre die beste Methode,
eine Art künstliche Sonne zu erzeugen. Und diese so zu platzieren,
dass sie von allen Lebensbereichen aus gesehen werden kann. Da
diese künstliche Sonne auch Wärmestrahlung generieren sollte,
wird ihr Energiebedarf nicht gerade gering ausfallen. Doch wie
gesagt, Energie ist etwas, das im Übermaß verfügbar sein muss.

2.3 Gravitation

Die Gravitation der Erde ist messbar über die Beschleunigung, die ein Objekt erfährt, wenn man es fallen lässt.
In Zeit und Meter ausgedrückt, sind dies 9,81 Meter pro Sekunde.
Das entspricht einer Beschleunigungskraft von 1 Gravo.
Die Gravitation hat auch direkte Wirkung darauf, was ein Objekt auf einem Planeten wiegt.
Wiegt ein Mensch auf der Erde 100 kg, wiegt er auf einer Welt mit einer Gravitation von 0,5 Gravo nur noch 50 kg.
Auf einer Welt mit einer Gravitation von 2 Gravo wiegt er jedoch stolze 200 kg.
Die Muskeln des menschlichen Körpers sind dafür ausgelegt, dass wir uns unter einer Gravitation von 1 Gravo ausreichend gut bewegen können. Allerdings ist der Körper in der Lage, die Stärke der Muskulatur nach Bedarf zu regulieren.
Wird der Körper einer beständigen, höheren Anstrengung ausgesetzt, führt dies nicht nur zu einem Muskelwachstum, sondern auch zu einer besseren Koordination der Muskelfasern.
Wird ein Muskel jedoch kaum noch verwendet, degeneriert er. Der Grund dafür liegt an unserer grundsätzlichen Fähigkeit, uns Umweltbedingungen anzupassen.
Ein schwerer Körper benötigt für Bewegungen weit mehr Energie als ein leichter. Es erfordert ein Mehr an Muskelarbeit, mehr Stoffwechsel, eine höhere Leistung des Kreislaufsystems und des Verdauungstrakts. Die ökonomische Bilanz verschiebt sich sozusagen ins Negative. Daher ist der Körper darauf ausgelegt, überflüssige Muskelmasse zurückzubilden, was aber auch mit Kraftverlust verbunden ist.
Wenn der Körper das Thema Körperfett ähnlich behandeln würde, wie das Thema Muskulatur, gäbe es keinen einzigen Diätplan. Leider betrachtet er Fett als Nahrungsvorrat und das Anlegen von Körperfett als praktische Vorratswirtschaft.
Damit also die Körper der Besatzung nicht degenerieren, ist es unbedingt notwendig, dass in den bewohnten Bereichen eine Gravitation erzeugt wird, die der irdischen Gravitation entspricht oder zumindest hoch genug ist, dass es zu keinen gravierenden körperlichen Veränderungen kommt.
Das ist übrigens eins der größten Probleme bei einer Kolonisierung des Mars. Dessen Gravitation entspricht etwas mehr als einem Drittel der irdischen. Und ein Mensch von 80 Kilogramm

Körpergewicht würde auf dem Mars nur noch 30 Kilogramm wiegen. Dies hat Auswirkungen auf die Muskelmasse, die Knochendichte und das Herz-Kreislaufsystem.

Wenn wir also den Mars kolonisieren, dann wird dort eine neue Art von Mensch entstehen, die sich genetisch, im Laufe der Zeit, deutlich von der irdischen Art unterscheiden wird.

Um das zu verhindern, ist es notwendig, an Bord eine ausreichend hohe Schwerkraft zu erzeugen. Das Problem ist, dass man Gravitation künstlich nicht erzeugen kann.

Gravitation steht in direktem Zusammenhang mit Masse. Sie ist demnach abhängig von der Menge der Masse und deren Dichte. Ein Planet von der Größe und Dichte der Erde erzeugt eine Gravitation von 1 Gravo. Der wesentlich kleinere Mars hingegen nur ein Drittel dieses Werts.

Um auf dem Raumschiff echte Gravitation zu erzeugen, müsste man also unterhalb des Wohnbereichs eine Masse platzieren, die der der Erde entspricht. Falls dies überhaupt möglich wäre, würde das zur Folge haben, dass der Antrieb entsprechend stärker sein müsste.

Und hier sprechen wir von billionenfach stärker.

Also fällt die Erzeugung echter Gravitation aus.

Als Ersatz kommt nur Fliehkraft in Frage. Diese lässt sich relativ einfach erzeugen, indem man die Wohnbereiche in Rotationsmodule einbindet.

Die Notwendigkeit von Rotationsmodulen, bestimmt also im Wesentlichen das Aussehen, des Schiffes. Die gesamte Struktur, das Konzept des Antriebs, die Frage der Stabilität, alles ist abhängig von Größe und Kraftwirkung der Rotationsmodule.

Aber damit ist es nicht getan. Die derzeit favorisierte Methode ist, radähnliche Strukturen zu bauen, die um einen zylindrischen Grundkörper rotieren. An der zum Zentrum des Grundkörpers gewandten Innenseite der Rotationsmodule wären dann die bewohnbaren Bereiche angeordnet.

Das heißt, die Gravitation simulierende Fliehkraft wirkt seitlich zur Flugrichtung. Und hier liegt das Problem. Jede Aktivierung des Antriebs führt zu einem Beschleunigungsdruck, der entgegengesetzt zur Flugrichtung wirkt.

Und das hätte zur Folge, dass die Besatzung an die zur Antriebssektion liegende Innenseite der Wohnbereiche gepresst würde. Eine derartige Konstruktion, von Fliehkraft erzeugenden Modulen, ist mit einem aktiven Antrieb nicht vereinbar. Jedenfalls nicht ohne weiteres.

Entweder man baut die Wohnbereiche in einer Weise, dass sie in Flugrichtung gedreht werden können oder die Besatzung muss während der Beschleunigungsphasen in entsprechend platzierten Alkoven, Sicherheitssitzen, oder wie auch immer man es nennen will, untergebracht werden.

Die Bewegung der Rotationsmodule wäre, während einer Beschleunigungsphase, zu stoppen. Damit diese Prozedur für die Besatzung möglichst erträglich ist, müssten die Beschleunigungsphasen zeitlich befristet sein. Sie müssten ausreichende Pausen beinhalten. Alternativ könnten auch zusätzliche Wohnbereiche angelegt werden, die nur während der Beschleunigungsphasen genutzt werden. Diese wären ebenfalls in Flugrichtung auszurichten. Könnten aber als eine Art Flugdeck so groß dimensioniert werden, dass 1.000 Menschen dort, für eine begrenzte Zeit leben, arbeiten und schlafen könnten.

Bedenkt man den Umfang der für die Sicherstellung der Bedürfnisse der Besatzung notwendigen Konstruktionen, wird erkennbar, dass ein solches interplanetares Raumschiff keineswegs einfach zu konstruieren ist.

Es wird ein Meisterwerk der Ingenieurskunst werden. Es wird Jahrzehnte dauern, es auch nur zu planen. Und bei der Konstruktion der Abteilungen und dem folgenden Bau des Schiffs wird man feststellen, dass es noch weit komplizierter ist, als man gedacht hatte.

Zur Reduzierung der strukturellen Belastung des Raumschiffs könnte man darüber nachdenken, die Gravitation auf einen niedrigeren, als den irdischen, Wert zu reduzieren. Das würde die notwendige Rotationsgeschwindigkeit und damit auch den notwendigen Durchmesser der Module reduzieren. Dabei ist zu berücksichtigen, welche Gravitation auf dem Zielplaneten herrscht. Und dass eine Anpassung an dessen Gravitation schon Jahrzehnte vor Ankunft erfolgen muss.

Gravitation ist wichtig. Ohne sie geht es nicht. Denn wird der Körper über längere Zeit Schwerelosigkeit ausgesetzt, führt es zu einem massiven Verlust an Muskelmasse und Körperkraft.
Dies betrifft letztlich auch die Kreislauffunktionen. Denn das Herz ist im Grunde auch nur ein Muskel.

2.4 Schutz vor Strahlung

In jedem Moment ist der Mensch Strahlung ausgesetzt. Licht, Wärmestrahlung, Mikrowellen, Radiowellen, elektrisch geladene Teilchen (Sonnenwind), kosmische Strahlung, radioaktive Strahlung und selbst der von unseren technischen Geräten erzeugte Elektrosmog ist Strahlung.

Die Menge an extraplanetarer Strahlung, also alle Strahlungsarten die aus dem Weltall kommend die Erde treffen, wird gemindert durch das Magnetfeld der Erde und durch die Atmosphäre.

Der Schutz durch die Atmosphäre ist so effektiv, dass es einen messbaren Unterschied gibt, ob Menschen in Meereshöhe leben oder in den 4.000 Meter hohen Regionen des Himalayas. Warum die in Höhenlagen lebenden Menschen nicht reihenweise an Krebs sterben, liegt daran, dass unser Körper durchaus über eine gewisse Toleranz gegenüber Strahlung verfügt. Das heißt, ein wenig mehr als üblich können wir ganz gut vertragen.

Leider ist das Strahlungsniveau im Weltall nicht nur ein wenig höher als auf der Erde. Was Milliarden von Sonnen in jeder Sekunde an Strahlung ins Weltall schicken, ist bei weitem mehr als nur einfaches Licht. Außer lichtschnellen Photonen sind auch wesentlich schwerere und energiereichere Protonen unterwegs. Diese können zwar keine Lichtgeschwindigkeit erreichen, sind aber immer noch schnell genug, um Schaden verursachen zu können. Hinzu kommt noch die ganze Vielfalt der elektromagnetischen Strahlung, die vom sichtbaren Licht bis hin zu Radioaktivität und der mehr als nur unangenehmen Gammastrahlung reicht.

Und all die Strahlung, die dort draußen unterwegs ist, wird in einem Raumschiff durch keine mehrere Kilometer dicke Atmosphäre und keinem Magnetfeld davon abgehalten, die Menschen, hinter der dünnen Außenhülle des Raumschiffs zu erreichen.

Doch was genau bewirkt die Strahlung?

Wie kann sie uns schaden?

Strahlung wirkt auf atomarer Ebene. Und unser gesamter Körper besteht aus nichts anderem, als aus Atomen, die sich organisiert haben. Jede Zelle unseres Körpers besteht aus einer gigantischen Anzahl an Atomen. Und das Herzstück einer Zelle ist die Desoxyribonukleinsäure.

Sie ist der Träger (DNA) der menschlichen Gene. Und auch sie besteht letztlich aus Atomen, die sich zu einem äußerst komplizierten Gebilde zusammengefügt haben.

Man kann sich nun vorstellen, dass die Atome, die ein Gen bilden, sich angeordnet haben wie die Kegel beim Bowling, und dass die Strahlung die Bowlingkugel ist. Nur dass diese Kegel recht weit auseinanderstehen und die Bowlingkugel eher so groß ist wie ein Tennisball.

Bei einem einzigen Tennisball, der langsam über die Bahn rollt, müssen wir uns keine Sorgen machen. Entweder rollt er durch die Lücken zwischen den Kegeln oder er ist nicht schnell und schwer genug, um einen Kegel umzustoßen.

Und nun, nehmen wir wieder Tennisbälle, füllen sie aber mit Blei, geben ihnen die zehnfache Geschwindigkeit und bringen 100 zugleich auf die Bahn. Nicht viele Kegel werden da noch stehenbleiben. Werden die Kegel dabei allzu arg durcheinandergewirbelt, dann schafft die Stellautomatik es nicht mehr, sie wieder zu ordnen. Die Anlage blockiert.

Übertragen auf den Menschen bedeutet dies, die Entstehung von Krankheiten, von Tumoren, von Krebs.

Doch auch Mutationen sind möglich. Und wie weit die gehen können, wie sehr sie die Menschen verändern, sowohl körperlich als auch psychisch, ist etwas, was niemand vorhersehen kann.

Der Schutz vor Strahlung ist ein Schutz des Erbguts und dient damit zur Bewahrung der Originalität der Gene unseres Menschseins. Dieser Schutz rangiert auf einer Ebene mit den Systemen der Lebenserhaltung.

Kommen wir nun zur Frage, wie dieser Schutz möglich ist.

Eine Geschwindigkeit von 15.000 Kilometer pro Sekunde, also 5 Prozent der Lichtgeschwindigkeit, bedeutet, dass das Raumschiff, nach menschlichen Maßstäben gemessen, unglaublich schnell unterwegs ist.

Bezogen auf die Lichtgeschwindigkeit ist dies jedoch nur ein Bruchteil von den maximal möglichen 300.000 km/s.

Bei jeder Bewegung durch den Raum, was auch die Distanzen hier auf unserer Erde beinhaltet, unterliegt man dem Phänomen des Dopplereffekts. In der Astronomie auch als Rotverschiebung bezeichnet.

Der Dopplereffekt beschreibt, dass, wenn man sich auf eine Lichtquelle zubewegt, die Längenwelle von deren Licht kürzer wird, während die Längenwelle des Lichts, von dem man sich entfernt, länger wird.

Bei der Frage nach dem Schutz vor Strahlung sollte uns das jetzt nicht interessieren.

Oder vielleicht doch?

Die Längenwelle des Lichts bestimmt seine Zugehörigkeit zum elektromagnetischen Spektrum. Solange diese Wellenlänge über 380 Nanometer bleibt, brauchen wir uns keine Gedanken zu machen.

Doch je kürzer die Wellenlänge des Lichts wird, desto energiereicher wird die Strahlung. Von ultravioletter Strahlung wissen wir, dass sie Hautkrebs verursachen kann. Noch weiter unten sprechen wir von Röntgenstrahlung und dementsprechend von Radioaktivität.

Das bedeutet, dass das Licht, das von vorne auf das Raumschiff triff, allein schon durch dessen Geschwindigkeit in ein gefährliches Spektrum hin verschoben wird. Unabhängig davon trifft auch noch energiereiche Strahlung aller Art von allen Seiten auf das Raumschiff.

Der Schutz vor Strahlung muss daher umfassend sein und in Flugrichtung von besonderer Qualität.

Wie im Abschnitt Energieerzeugung erwähnt, darf Energie kein Thema sein. Und wenn Energie kein Thema ist, dann ist es auch möglich, das Schiff mit einem Magnetfeld zu umgeben, das in der Lage ist, einen bedeutenden Teil der Strahlung abzulenken.

Mit ausgeprägten Polarlichtern sollte man jetzt aber nicht rechnen, da ja keine Atmosphäre das Raumschiff umgibt und die Teilchen der abgelenkten Strahlung somit nicht mehr viel haben, mit dem sie interagieren und dadurch Licht erzeugen könnten.

Leider darf das Magnetfeld nicht beliebig stark sein, da es ansonsten negative Wirkung auf die Technik und auch auf die Insassen haben würde.

Magnetfelder, die Menschen schaden können?

Nun ja, unser Blut enthält Hämoglobin und dessen wichtigster Bestandteil ist Eisen. Und Eisen ist ein Freund des Magnetismus.

Es war einmal jemand, der kaufte ein Haus, weil ihm der Ausblick auf einen unterhalb des Hauses liegenden See so gut gefiel. Da das Haus zu klein für seine ganze Familie war, baute er ein zweites Haus. Und erst als dieses fertig war, sah er, dass es den Blick auf den See versperrte.

Bei allem, was wir tun und was wir planen, nicht immer werden wir alle möglichen Auswirkungen vorausberechnen können.

Die Kunst ist es, nur die Wirkungen zu erzeugen, die man auch braucht und die unerwünschten Nebenwirkungen so gering wie möglich zu halten.

Beim Bau eines interstelaren Raumschiffs braucht es nicht nur Ingenieure, die es planen und konstruieren. Es braucht auch Menschen, die in der Lage sind Zusammenhänge zu erkennen.

Und von diesen Zusammenhängen, die es zu beachten gilt, weil sie Wirkungen haben, die in der Lage sind, den Erfolg der Reise zu beeinflussen, negativ ebenso wie positiv, gibt es weit mehr, als ein Mensch alleine finden kann.

Zurück zum Schutz vor Strahlung.

Das Effektivste, was wir dafür haben, ist Blei. Blei ist schwer. Und ein schweres Raumschiff ist schwer zu bewegen. Blei fällt daher aus oder darf nur in geringen Mengen verwendet werden, zum Schutz für besondere Bereiche.

Was sonst kann in großem Umfang vor Strahlung schützen?

Die Antwort heißt Wasser!

Bereits wenige Zentimeter normales Wasser, zwischen uns und der Sonne, und wir bekommen keinen Sonnenbrand mehr.

Also, doppelwandige Außenhüllen und den Zwischenraum mit Wasser füllen? Ups, Rotationsmodule, fast vergessen.

Wasser ist in all den Bereichen, in dem die Fliehkraft maximale Wirkung hat, kein optimaler Füllstoff.

Warum?

Weil Wasser Bewegungen als Schwingungen übertragen kann. Und diese Schwingungen sind geeignet, eine Materialermüdung zu bewirken, wenn man ihnen nur genug Zeit dafür gibt. Und 500 Jahre sind reichlich viel Zeit.

Die Lösung?

Gefrorenes Wasser. Eis. Ausreichend dick ist Eis fester als Stahl. Das Militär hat einmal Tests an einem Eisberg durchgeführt. Die Idee war, zum Schutz der Schifffahrt, Eisberge durch Granatenbeschuss zu zerstören. Man hat geschossen, und zwar weit mehr als nur einmal. Und man hatte anschließend Mühe, Kratzer im Eis zu finden.

Eis wäre also durchaus denkbar. Man muss nur verhindern, dass die Wärme des Innenraums das Eis taut. Was aber recht einfach ist, wenn man zwischen der äußeren Schutzwand und der Außenwand des Wohnbereichs ein Stück Weltraum lässt.

Wie das geht?

Ganz einfach. Hinter der Außenwand des Wohnbereichs sind lediglich Verbindungsstreben, die die doppelwandige, mit Eis gefüllte, Schutzhülle mit der Außenwand des Wohnbereichs verbinden.

Ob dies eine wirklich nutzbare Variante ist oder ob es Gründe gibt, die gegen eine solche Konstruktion und gegen die Verwendung von Eis sprechen, darüber kann ich nur spekulieren.

Wie ein interstellares Raumschiff einmal aussehen wird, das werden wir sehen, wenn es abfliegt. Sicher ist nur, dass es einen besonderen Schutz im Bugbereich benötigt. Also dort, wo die Strahlung am stärksten sein wird.

Ein Schutzschild am Bug muss nicht nur den Lebensbereich abdecken, sondern auch alle technischen Einrichtungen. Insbesondere muss es die empfindliche Mikroelektronik von Computersystemen mit einschließen. Das heißt, dass ein Schutzschild die gesamte seitliche Ausdehnung des Raumschiffs noch übertreffen muss. Liegt der maximale Durchmesser des eigentlichen Raumschiffs also bei 500 Meter, so muss der Schutzschild mindestens diese 500 Meter abdecken.

Aber wie muss dieser Schutzschild beschaffen sein?

Die Bauform ist letztlich egal. Da es im Weltraum keine Atmosphäre gibt, ist Aerodynamik hier kein Thema. Lediglich die Frage einer ausgewogenen Massenverteilung ist relevant. Zum einen wegen des Antriebs und zum anderen wegen der Rotationsmodule, deren Bewegung eine Dynamik darstellt, die Auswirkungen auf die Struktur und Stabilität des Raumschiffs hat.

Es ist wie beim Hausbau. Nur eine einzige tragende Mauer zu wenig und irgendwann stürzt die Decke ein.

Um beim Vergleich mit dem Haus zu bleiben, ist der Schutzschild vergleichbar mit dem Hausdach. Hat er Löcher, „regnet" es hinein.

Ein interessanter Aspekt ist noch zu erwähnen. So lange das Raumschiff beschleunigt, ist der Schutzschild im Bugbereich richtig platziert. Um das Raumschiff abzubremsen, ist es jedoch nötig, das Raumschiff so zu drehen, dass es mit dem Heck voran fliegt. Nur dann können die Triebwerke zum Abbremsen verwendet werden. In dem Fall ist der am Bug angebrachte Schutzschild nutzlos.

Zwar dauert das Abbremsen nur eine begrenzte Zeit, aber das ist dann eine Zeit, in denen die Besatzung einer stark erhöhten Strahlung ausgesetzt sein würde.

Um das zu verhindern, müsste das Schiff so konstruiert sein, dass der Schutzschild abgekoppelt werden kann, so dass man ihn bei Bedarf zwischen Antriebssektion und Wohnbereich platzieren kann. Das bedeutet, das Schiff müsste in diesem Bereich separiert werden können.

Allerdings ist die Separierung eines Raumschiffs bei einer Geschwindigkeit von 15.000 km/s eine mehr als nur heikle Angelegenheit. Insbesondere wenn man dabei mit Bauteilen jongliert, die die Masse großer Frachtschiffe haben.

Weit einfacher wäre es, für diesen relativ kleinen Zeitraum, die Besatzung in Schutzräumen unterzubringen. Oder man platziert zwischen Triebwerkssektion und Wohnbereich, von Anfang an, ein zweites Schutzschild.

Nicht nur auf der Erde haben wir eins gelernt. Je einfacher etwas ist, desto einfacher kann man damit auch umgehen. Für ein interstellares Raumschiff gilt folgender Umkehrschluss.

Je komplizierter etwas ist, desto größer ist die Gefahr, dass es zu Störungen kommt.

Und Störungen sind das Letzte, was man Bord eines solchen Raumschiffs haben will.

Also wird die Besatzung mit der einen oder anderen Unannehmlichkeit leben müssen. Schließlich ist nicht nur bei Bremsmanövern mit erhöhter Strahlung zu rechnen. Schutzräume sind daher auch für eine Reihe weiterer denkbarer Notfälle die einzig sichere Option.

Zwar ist die Menge an Strahlung im interstellaren Leerraum einigermaßen konstant, nur heißt das nicht, dass es nicht zu Strahlungsspitzen kommen kann. Und eine solche wird beim Verlassen des Sonnensystems unweigerlich erreicht.

Insbesondere wenn das Ziel der Reise in der Richtung liegt, in der sich unser Sonnensystem bewegt. Denn dort gibt es einen Bereich, wo der Sonnenwind auf so starken Widerstand des interstellaren Mediums trifft, dass es zu einer Art Stau kommt. Dieser Bereich wird als Heliopause bezeichnet und man darf annehmen, dass die dortigen Strahlungswerte etwas erhöht sind.

Angekommen beim fremden Sonnensystem gibt es eine ähnliche Heliopause, von der wir aber nicht wissen können, wie stark die Strahlung dort sein wird.

Dies ist aber bei weitem nicht das stärkste mögliche Strahlungsproblem. Da wären noch Flares, die Sterne mehr oder weniger regelmäßig erzeugen. Bei diesen Flares werden größere Mengen energiereicher Teilchen von einer Sonne ins Weltall geschleudert. Man könnte sagen, es ist vergleichbar mit einem kurzen, aber heftigen Gewitter. Bestandteile dieser Flares erreichen auch interstellare Räume und könnten dort auf ein Raumschiff treffen.

Noch weitaus gefährlicher sind Gammastrahlungsausbrüche und deren ultimativste Form, die Gammablitze.

Die Chance, von einem gefährlichen Gammastrahlenausbruch getroffen zu werden, ist zwar sprichwörtlich winzig. Man könnte sagen, dass sie, nach 'Menschlichem Ermessen', so gut wie ausschließbar ist. Aber menschliches Ermessen war noch nie eine Garantie dafür, dass nicht doch das passiert, von dem man nicht glauben konnte, dass es passieren kann.

Wenn es aber doch passiert, dann zählt jede Sekunde. Und für den Fall sind schnell erreichbare Schutzräume die einzig funktionierende Option.

Obwohl man die Menschen an Bord vor Strahlung schützen muss, kann die gleiche Strahlung auch nützlich sein. Zum Beispiel zur Ergänzung der Energieversorgung, was aber ein eher geringer Beitrag wäre.

Weit interessanter ist die mögliche Verwendung von Strahlung zur Stimulierung des Wachstums von Pilzen. Denn es ist durchaus denkbar, Pilze genetisch so anzupassen, dass sie kosmische Strahlung zum Wachstum verwenden können.

Das Beispiel soll zeigen, dass es ein „nur schädlich" eigentlich nicht gibt. Tatsächlich ist es so, dass ohne ultraviolette Strahlung das Leben, vor 3,5 Milliarden Jahren auf der Erde, nicht entstanden wäre.

Mit Strahlung, jeder Art, ist es so, wie mit jedem Gift. Allein die Menge bestimmt, wie schädlich es ist.

2.5 Versorgung

Jeder Mensch benötigt am Tag etwa 2.000 Kalorien, bei moderater Anstrengung. Bei 1.000 Menschen sind das 2.000.000 Kalorien pro Tag. Anders ausgedrückt, sprechen wir von etwa 12.000 x 250g Kartoffeln pro Tag. 4.380.000 pro Jahr und 2.190.000.000 in 500 Jahren.

Natürlich wird die Versorgung mit Nahrung nicht ausschließlich über Kartoffeln geschehen, jedoch zeigt das Beispiel, wo das grundsätzliche Problem liegt.

Nämlich in der Produktion von Nahrungsmitteln. Denn egal wie gut man Nahrungsmittel konserviert, wie sehr man sie auch komprimiert. Einen ausreichenden Vorrat für 1.000 Menschen auf einer 500 Jahre dauernden Reise lässt sich kaum in Frachträumen unterbringen. Also muss zusätzliche Nahrung während der Reise produziert werden. Und dazu braucht es Anbauflächen.

Fügen wir also hinter oder vor den Rotationsmodulen für die Wohnbereiche noch weitere Module hinzu. Diese müssen nicht rotieren, da Pflanzen nicht unbedingt auf Schwerkraft angewiesen sind. Obwohl es wahrscheinlich besser wäre.

Rechnen wir einfach mal mit einem Zylinder von 500 Meter Durchmesser und 50 Meter Länge. Und rechnen wir bei den Decks mit einer durchschnittlichen Höhe von 5 Metern. Bedenken wir nun, dass der Umfang der Decks, zum Zentrum des Zylinders hin, entsprechend der Deckshöhe abnimmt.

Bei 15 Decks hätte das äußerste Deck einen Umfang von etwa 1.500 Metern, mit ca. 76.000 Quadratmeter nutzbarer Fläche. Und das unterste Deck hätte noch 1.100 Metern Umfang, mit ca. 54.000 Quadratmeter nutzbarer Fläche. Insgesamt wären es gut 450.000 Quadratmeter.

Ob auf dieser Fläche ausreichend Nahrung für 1.000 Menschen produziert werden kann, das ist abhängig davon, in welchem zeitlichen Intervall die Nahrungsmittel zur Reife gelangen. Wenn dabei alle 6 Wochen Kartoffeln geerntet werden können, statt nur einmal im Jahr, würde das die 8fache Menge ergeben. Wenn die Anbaufläche derart limitiert ist, ist die Erhöhung der Produktionsintervalle also die einzige Option. Wieweit dies möglich ist, ist wieder eine Frage der genetischen Manipulation der Nutzpflanzen. Und das bedeutet, dass ohne eine genetische Manipulation von Pflanzen die erforderliche Menge an Nahrungsmittel wahrscheinlich nicht produziert werden kann.

Zwar sind auch diese Aussagen mit Vorsicht zu genießen, denn schließlich können wir ja nicht wissen, was in 100 Jahren alles möglich sein wird, jedoch müssen wir uns bei unseren Planungen und Vorstellungen an dem heute Möglichen und Vorstellbarem zumindest maßgeblich orientieren.

Eine Landwirtschaft, innerhalb eines Raumschiffs, wird nicht einfach zu betreiben sein. Jedoch bietet sie die Möglichkeit zur sinnvollen Nutzung von dem, was den Menschen über das Rektum wieder verlässt. Die Rede ist von Dünger.

Die Frage nach Dünger für die Pflanzen ist damit jedoch nicht abschließend geklärt. Hierzu braucht es mehr. Und dieser Dünger kann nicht produziert werden. Zumindest Rohstoffe, wie Phosphor, müssen in ausreichender Menge mitgeführt werden.

Das Thema Fleisch hingegen kann man zu den Akten legen. Nutztiere, die zum Verzehr geeignet sind, benötigen deutlich zu viel Raum und auch viel zuviel Nahrung, um auf dem Schiff untergebracht werden zu können. Es wäre ein nicht verhältnismäßiger Einsatz von Ressourcen. Denn hierzu müsste das Schiff noch wesentlich größer gebaut werden.

Und dies würde größere Antriebe, größere Reaktoren, mehr Treibstoff, mehr Lebenserhaltung, mehr Wasser, einen größeren Produktionsbedarf pflanzlicher Nahrungsmittel und nicht zuletzt unkalkulierbare Risiken bedeuten.

Unkalkulierbare Risiken?

Unkalkulierbar deshalb, weil niemand wissen kann, wie die Nutztiere sich in einem solchen Raumschiff, unter solchen Bedingungen entwickeln würden.

Kommt es zu Mutationen?

Kommt es zu Krankheiten?

Und was wenn die Population ausstirbt? Wenn also dieser Teil der Versorgung mit Nahrungsmitteln dann nicht mehr zur Verfügung steht?

Wie bereits erwähnt, je einfacher etwas konstruiert ist, desto weniger anfällig ist es. Daher sind Nutztiere und deren Einplanung als tierische Lebensmittel, wie Fleisch und Fisch, etwas, was in die Kategorie „verzichtbar" fallen kann.

Wer sich jetzt nebenbei Gedanken darüber gemacht hat, wie der Ackerboden in Bereichen, in denen nicht über Fliehkraft künstliche Gravitation erzeugt wird, am Boden bleibt, hat richtig gedacht. Hier sind mehrere Möglichkeiten denkbar, die alle nur eine Anforderung stellen. Die beständige Pflege und Betreuung durch geeignete Landwirtschaftsroboter.

Außer Nahrung und Wasser wird Luft benötigt. Eigentlich wird nur Sauerstoff benötigt. Aber eine reine Sauerstoffatmosphäre ist leider auch leicht entflammbar. Und Feuer ist das Letzte, was man an Bord eines Raumschiffs haben will. Also doch lieber Luft nach irdischem Vorbild.

Hier lässt sich ein Recyclingsystem einrichten. Von den 21% Sauerstoff in unserer Atemluft benötigen wir pro Atemzug nur 4%. Dafür enthält die Ausatemluft 4% mehr Kohlendioxid. Kohlendioxid ist wiederum bei den Pflanzen willkommen, die es nutzen und dafür Sauerstoff abgeben.

Und was die Pflanzen nicht schaffen, lässt sich mittels technischer Mittel erreichen. Dabei wird das Kohlendioxid in seine beiden Bestandteile Kohlenstoff und Sauerstoff aufgespalten. Und für irgendetwas wird sich der erzeugte Kohlenstoff schon verwenden lassen.

Dennoch, um sicherzustellen, dass Sauerstoff nicht zum Problem wird, muss ein eher großzügiger Vorrat mitgeführt werden. Um eine möglichst große Menge, auf möglichst kleinem Raum, transportieren zu können, wird Sauerstoff in flüssiger Form eingelagert. Flüssig wird das Gas Sauerstoff aber erst bei minus 223 Grad Celsius. Diese Temperatur zu erreichen und zu halten, ist in der Kälte des Weltraums ein eher geringes Problem. Daher können alle benötigten Gase in verflüssigter Form eingelagert werden, was die Transportkapazität wesentlich erhöht.

Daher ist die Frage nach einer ausreichenden Transportkapazität eine der wichtigsten, bei der Planung der Konstruktion. Nicht nur, dass alle lebensnotwendigen Versorgungsgüter für einen Zeitraum von mindestens 500 Jahren, in denen es keine Chance auf Nachlieferungen gibt, mitgeführt werden müssen. Zusätzlich muss auch alles eingelagert werden, was zum Aufbau einer Kolonie notwendig ist.

Alles, was benötigt wird für die Errichtung von Wohnungen, Infrastruktur, Landwirtschaft und Industrie, muss in einer Form mitgeführt werden, dass es am Ziel relativ schnell errichtet und genutzt werden kann. Man hat vergessen, etwas mitzunehmen, was mit Bordmitteln nicht produziert werden kann?
Sorry, ausverkauft! Haben wir nicht! Führen wir nicht! Bekommen wir nicht wieder rein!

Das Leben ist hart, der Weltraum ist härter.
In dem Fall gerade deshalb, weil er leer ist.

2.6 Reparaturen

Aus Science Fiction Filmen wissen wir, an einem Raumschiff geht nur etwas kaputt, wenn man darauf schießt.
Wenn es doch nur so wäre.

Kennt irgendjemand ein elektronisches Bauteil, das ein bisschen mehr kann als Musik abspielen, das älter als 50 Jahre ist und noch funktioniert? Und wenn, wie groß ist die Chance, dass es das noch in 100 Jahren tut? Und nicht vergessen, wir sind hier auf der Erde, wo wir von weit weniger Strahlung umgeben sind, als draußen im Weltall.

Niemand kann sagen, in welchem zeitlichen Rhythmus eine elektronische Hochtechnologie, unter interstellaren Bedingungen, Ausfallerscheinungen zeigen wird. Sicher ist nur, dass der beständige Kontakt mit hochenergetischen Teilchen Schaden verursachen wird. Und egal wie gut die Abschirmung auch sein mag, vollständig zu vermeiden, ist die Strahlung nicht. Etwas kommt immer durch. Und was durchkommt, kann auch Schaden verursachen.

Also muss das Schiff über genügend Kapazitäten, sprich eine Werkstatt, verfügen, die praktisch jedes Teil des Schiffes produzieren kann.

Ob es überhaupt möglich ist, eine solche Werkstatt in einem Raumschiff unterzubringen, kann hier und heute kaum beantwortet werden. Schließlich wissen wir ja nicht, wie kompliziert die Technik in 100 Jahren sein wird und welchen Aufwand es braucht, sie zu fertigen. Daher wird man darauf verzichten, neueste Hochtechnologie zu verwenden, sondern eher auf bewährte und vor allem äußerst robuste Technik zurückgreifen.

Ich wage zu behaupten, dass da auch Hybridtechnik dabei sein wird. Wobei hier eine Verbindung von, auf Schaltkreisen und Elektrizität basierender, Technik mit organischen Komponenten gemeint ist.

Organische Komponenten eines Computersystems haben den Vorteil, dass man sie nicht produzieren muss, sondern nachwachsen lassen kann. Mit denkbar geringem Aufwand. Schließlich benötigt es nur ein genetisches Grundmuster, eine Stammzelle, Nährstoffe und eine Art Startimpuls.

Der Rest, also das Heranwachsen zum organischen Schaltkreis, erfolgt autonom. Man muss nur die Nährstoffzufuhr sicherstellen, zusehen und warten.

Schwieriger wird dies bei rein mechanischen Bauteilen, wie sie beim Antrieb verwendet werden. Hier sind nicht nur komplexe Konstruktionen gefragt, sondern es müssen auch die notwendigen Materialien zur Verfügung stehen.

Alle benötigten Elemente müssen in ausreichender Menge mitgeführt werden. Wird Plastik benötigt, braucht man alle Rohstoffe, die zur Herstellung von Plastik nötig sind.

Braucht man Stahl, muss nicht nur Eisenerz vorhanden sein, sondern auch Kohlenstoff und Edelmetalle. Abhängig davon, welche Legierungen benötigt werden. Vielleicht braucht man sogar eine Gießerei. Oder das zukünftige Äquivalent davon. Hoffen wir, dass Eisen und Stahl beim zukünftigen Raumschiffbau nicht mehr benötigt werden.

Falls jedoch größere Module des Raumschiffs, z. B. durch eine Kollision, komplett zerstört werden, dann wird allein schon, aufgrund unzureichender Rohstoffe, ein vollständiger Neubau nicht möglich sein. Das bedeutet, dass das Raumschiff, von Anfang an, so konstruiert werden muss, dass es auch nach einer erheblichen Beschädigung zumindest noch eingeschränkt funktionstüchtig bleibt. Denn besser man lebt hungrig, arm und unbequem, als dass man tot ist.

Halten wir noch einmal fest. Egal, was kaputt geht, es muss mit Bordmitteln repariert oder ersetzt werden können. Ob es eine Kaffeetasse ist, eine Toilettenspülung, ein Computer oder komplexe supraleitende Magnettechnik, absolut alles muss im Raumschiff produzierbar sein.

Und letztlich gehört dazu auch die Konstruktion und der Bau von Shuttles, die geeignet sind, Besatzung und Material zur Oberfläche eines Planeten zu bringen.

Konstruktion und Bau? Sicher, denn wie viel Sinn macht es solche Shuttles 500 Jahre lang mitzuschleppen? 500 Jahre, in denen nagelneue Shuttles nichts anderes werden, als alt und marode.

Im Zusammenhang mit Menschen von Reparaturen zu sprechen, erscheint auf den ersten Blick abwegig. Doch sollten wir für möglich halten, dass die Menschen der Zukunft nicht nur rein organisch sind.

Schon heute gibt es Techniken zur Verbesserung der Leistung von Sinnesorganen. Einige dieser Techniken werden von Menschen mit Sehstörungen schon genutzt. Und Hörgeräte gibt es schon seit Jahrzehnten. Ebenso Herzschrittmacher. Selbst Schrittmacher im zerebralen Bereich finden schon Verwendung zur Behandlung von Epilepsie.

Daher dürfen wir als wahrscheinlich annehmen, dass die Besatzung technische Implantate verwendet, um die Leistungsfähigkeit zu verbessern.

Ebenso dürfte Technik auch im medizinischen Bereich zu finden sein. Im Körper befindliche, sozusagen im Blut mitschwimmende, Sensoren, die beständig die Vitalwerte kontrollieren und so Krankheiten schon im absoluten Frühstadium entdecken können. Kein Tumor hätte mehr eine Chance, den ersten Tag seiner Existenz zu überstehen.

Doch auch diese Technik ist nicht immun gegen Funktionsausfall. Also muss auch die Reparatur und Produktion von kybernetischer und rein medizinischer Mikrotechnik möglich sein.

Und letztlich braucht es noch eine umfassende medizinische Versorgung, die es ermöglicht, jede Art von Krankheit zu behandeln, was auch die Möglichkeit zu genetischer Manipulation einschließt.

Doch was, wenn es die Werkstatt selbst trifft? Wenn durch einen Unfall, oder durch eine Kollision, die Werkstatt zerstört wird? Hier kann man nur hoffen, dass dieser Fall, wenn überhaupt, erst eintritt, wenn das Ziel so nahe ist, dass es erreicht wird, bevor das Raumschiff sprichwörtlich auseinanderfällt.

Fasst man alles zusammen, was in Kapitel 2 bisher geschrieben steht, kann man zu dem Schluss kommen, dass der Wohnbereich des Raumschiffs den eher kleineren Teil ausmacht.

Der Großteil des Raumschiffs wird hingegen von den technischen Anlagen, von Rohstofflagern, den Wasservorräten, Treibstoffvorräten, Ersatzteillagern, den Anlagen zur Nahrungsmittelerzeugung, den Werkstätten und den Anlagen zum Strahlenschutz beansprucht werden.

Wenn man nun noch bedenkt, dass die Besatzung nicht nur in den Tag hineinleben will, sondern auch einer sinnvollen Beschäftigung nachgehen möchte und diese, zur Erhaltung einer gesunden Psyche, sogar benötigt, dann kann man sich leicht vorstellen, dass der Umfang an reparaturbedürftigen Geräten und Bereichen recht groß sein wird. Und mit zunehmendem Alter des Schiffs wird der Reparaturbedarf auch sehr stark steigen. Zum Ende der Reise hin wird sich praktisch alles um die Wartung und die Erhaltung des Raumschiffs drehen.

500 Jahre. 182.500 Tage im All. Kein einziges Stück des Schiffes wird das spurlos überstehen.

2.7 Shuttles

Ohne die geht's nicht.

500 Jahre lang werden sie nicht gebraucht. Und dann sind sie das wichtigste Stück Technik, das man braucht, wenn man den Orbit der Neuen Welt erreicht hat.
Die Frage ist, was diese Shuttles leisten können müssen.

Sicher, sie müssen Menschen und Fracht auf die Oberfläche hinabbringen. Aber wie groß muss die Kapazität sein? Wie groß, wie schwer, ist das schwerste Teil Technik, das man zum Planeten hinunterbringen muss?

Das, im Voraus, zu wissen, ist notwendig, um die erforderliche Größe und Frachtkapazität planen zu können. Das heißt, dass die Größe der Shuttles abhängig ist vom größten zu transportierenden Teil. Und wenn man tausend Menschen auf einen Planeten bringen will, dann sollten in ein Shuttle mehr als 5 Personen reinpassen.

Erst wenn man weiß, wie groß die Shuttles sein müssen, was sie leisten müssen und welchen Belastungen sie ausgesetzt werden, ist es möglich, diese Shuttles zu planen und zu entwickeln. Erst dann stellt sich die Frage des Aufbaus einer Transportlogistik.

Werfen wir einen Blick auf die heutige Situation. Wenn man irgendetwas in den Weltraum bringen will, braucht es eine Rakete mit Startrampe. Für beides braucht es Fabriken. Und zwar mehr als nur eine. Fabriken wird man auf der Neuen Welt aber nicht haben. Und auch keine Landebahnen oder Schiffe und Hubschrauber, die einen nach einer Wasserung bergen könnten.

Also braucht es Shuttles, die, mit nur einer einzigen Treibstoffladung, zur Oberfläche hinab fliegen und auch wieder zum Raumschiff zurückkehren können. Und das, ohne dass anschließend eine mehrwöchige Wartung notwendig ist.
Solange man solche Shuttles nicht hat, braucht man über interstellare Reisen nicht einmal nachzudenken.

28.000 Kilometer pro Stunde sind Shuttles und Raumkapseln schnell, wenn sie, von der internationalen Raumstation kommend, in die Erdatmosphäre eindringen. Dabei entsteht eine Reibungshitze von weit über tausend Grad.

Die Hitzeschutzschilder von heutigen Shuttles und Raumkapseln halten das genau einmal aus. Sie müssen nach einem solchen Wiedereintritt also erneuert werden.

Der Aufwand, den die heutige orbitale Raumfahrt erfordert, kann, mit den Möglichkeiten und Kapazitäten eines interstellaren Raumschiffs, nicht betrieben werden.

Das bedeutet, dass man es so nicht machen kann und dass der Wiedereintritt nicht mit brachialer Gewalt erfolgen darf. Denn der eigentliche Grund, für das hohe Tempo und die damit verbundene Hitzeentwicklung, ist, dass man nicht genügend Treibstoff hat, um die hohe Orbitalgeschwindigkeit bereits vor dem Eintritt in die Atmosphäre abzubremsen.

Ist das Thema Treibstoff jedoch kein Thema, dann bremst man noch im Orbit auf 5.000 Kilometer pro Stunde ab und schwebt dann, ruhig und sanft, in die Atmosphäre hinein. Wovon man so gut wie nichts spürt, da diese in der Höhe des Eintritts viel zu dünn ist, um Turbulenzen erzeugen zu können. Eine ruppig schüttelnde Wiedereintrittsaction, wie sie in Filmen gerne gezeigt wird, wird es dabei nicht geben.

Wie viele Shuttles wird man wohl brauchen?

Egal wie viele. Man muss an Bord des Raumschiffs in der Lage sein, so viele zu bauen, bis man auf der Oberfläche eine Infrastruktur hat, um auch dort neue bauen zu können. Denn wie bereits erwähnt, ohne Shuttles ist eine Landung nicht möglich. Und ohne landen zu können, wären die 500 Jahre Flug dann sinnlos gewesen.

Was macht man eigentlich mit dem Generationenraumschiff, wenn es nicht mehr gebraucht wird? Zerlegt man es? Bringt man alles, was man gebrauchen kann, auf die Oberfläche des Planeten? Damit würde man sich der Möglichkeit interstellarer Reisen auf Jahrzehnte hinaus berauben.

Weit sinnvoller wäre eine Verwendung als Orbitalstation. Als eine Startbasis für die Erforschung des fremden Sonnensystems. Auch beim Aufbau eines globalen Satellitennetzwerks wäre das Raumschiff zu verwenden. Deshalb darf man davon ausgehen, dass es weitgehend intakt im Orbit verbleiben wird.

Aber die Idee, dass ein Raumschiff, das größer als ein Flugzeugträger ist, auf einem Planeten landet, ist, vorsichtig ausgedrückt, abwegig.

Im Weltraum braucht es keine Stabilität und keine Statik, die der Gravitation eines Planeten widerstehen kann. Das hilft, die Masse des Raumschiffs gering zu halten.

Aber auf einem Planeten stehend, würde es unter dem eigenen Gewicht zusammenbrechen.

2.8 Abwechslung

Ein ganzes Leben, 90, 100 Jahre lang, auf einem 300 Meter langen Kreuzfahrtschiff.

Kein Land, nicht ein einziger Blick auf einen Flecken Land. Kein Bad im Meer, kein Spaziergang an Deck. Kein blauer Himmel. Nichts, als beständige Nacht. Eine Nacht, die nur erhellt wird von künstlichem Licht, wie echt es auch immer wirken mag.

Kann man sich das vorstellen?

Kann man sich wirklich vorstellen, dass man auf einem solchen Schiff geboren wird und sein ganzes Leben dort verbringt? Und wenn ja, welche Sehnsüchte, welche Begierden werden einen Menschen dort bewegen? Wovon wird man träumen und welche Ziele wird man verfolgen?

Was wird es geben, an dem man sich erfreuen könnte?

Wir können uns Antworten auf diese Fragen ausdenken.

Wir können versuchen, uns es vorzustellen. Aber fühlen, wie es sein wird, das können wir nicht.

Wir können all die Emotionen, die wir in der Realität fühlen würden, in unserer Vorstellung nicht erzeugen und damit auch nicht erleben.

Wir wissen also nicht, was wir in einem derart eingeschränkten Leben fühlen würden. Und ebenso weiß es auch niemand, der einmal an Bord eines interstellaren Raumschiffs gehen wird. Ganz besonders, wenn ihm bewusst ist, dass er das Ziel der Reise nicht erreichen wird. Dass er einen Flug beginnt, der erst endet, wenn er selbst schon lange tot ist.

Wie war das Leben vor hunderten von Jahren?

Denken wir an dörfliche Gemeinschaften. Kleine Dörfer, mit 500 bis 1.500 Menschen, die in einer Zeit leben, in der man zum nächsten Dorf nur auf den Sohlen der eigenen Schuhe kommt. Wie viel mehr von der Welt haben sie gesehen, als ihr Dorf und die Umgebung, die man zu Fuß an einem Tag bewandern kann? Ein ganzes Leben, gelebt in einem Dorf, in der Gesellschaft einer eher kleinen Zahl an Menschen.

Eine Welt, die für die meisten von ihnen einen Durchmesser von kaum mehr als 40 Kilometer hat. Und doch eine Fläche von ca. 1.300 Quadratkilometer bietet.

Das Raumschiff hingegen wird kaum mehr als 100 Quadratkilometer Fläche bieten. Und in einigen dieser 100 Quadratkilometer wird Schwerelosigkeit herrschen.

Unter Ausnutzung aller Möglichkeiten, was mit einschließt, dass die Rotationsmodule in dem Bereich, in dem die Fliehkraft wirkt, nicht ein Deck, sondern vielleicht fünf oder mehr haben werden, was die Fläche vervielfacht, kommen wir auf eine Fläche von vielleicht 40 bis 50 Quadratkilometern.

50 Quadratkilometer, in denen Schwerkraft herrscht.

50 Quadratkilometer, in denen Menschen leben können.

Rein organisatorisch ist es einfach, 1.000 Menschen auf so engem Raum für eine derart lange Zeit unterzubringen.

Betrachten wir die Angelegenheit von der psychischen Seite her, ist es eher das Gegenteil von einfach. Es dreht sich also alles um die Frage, wie man Lebensumstände schaffen kann, die von allen Menschen an Bord als lebenswert betrachtet werden und die jedem ein Mindestmaß an Raum lassen.

Und das beinhaltet auch die Frage, welche Bedürfnisse und Sehnsüchte der Menschen bedient werden müssen, die erst in den folgenden Generationen, also erst an Bord des Raumschiffs, geboren werden. Wie vermeidet man, dass, sagen wir die 5. Generation, in einer Art Revolte das Kommando über das Schiff übernimmt, mit dem Ziel zur Erde zurückzukehren?

Die alles entscheidende Frage ist, wie erzeugt man dauerhafte Zufriedenheit und portiert diese auch noch auf alle nachfolgenden Generationen?

Menschen brauchen Ziele.

Sie müssen glauben können, dass das, was sie tun, sinnvoll ist.

Sie brauchen etwas, was ihre Bedürfnisse bedient.

Sie brauchen Projekte.

Sie brauchen eine beständige Versorgung mit Informationen.

Und das betrifft nicht nur Neuigkeiten über technische Entwicklungen, über neue Errungenschaften oder spannende Expeditionen, sondern auch relativ einfache Dinge aus der direkten sozialen Umgebung. Menschen brauchen eine Familie. Sie brauchen Freunde. Aber auch Feinde. Oder zumindest jemanden, über den sie „herziehen" können. Zusammengefasst kann man sagen, dass auch Menschen, die an Bord eines Raumschiffs leben, das gesamte Spektrum menschlicher Gewohnheiten und Eigenarten benötigen und in der Lage sein müssen, diese auszuleben.

Nun wird es ihnen aber unmöglich sein, Expeditionen durchzuführen. Denn es gibt keine Berge, auf die sie steigen können, keine Wälder, die man durchwandern kann, keine Meere, deren Korallenriffe man erkunden kann und keine Länder, in die man auswandern kann.

Es gibt keine Tierwelt zu bestaunen. Kein Wildleben und auch keinen Zoo. Es gibt nur digitale Bilder. Und so gut sie auch darstellbar sind, dreidimensional oder virtuell, so realistisch es auch erscheinen mag, es bleibt immer die Gewissheit, dass es nur Bilder sind.

Neben der möglichst angenehmen Konstruktion des Lebensraums wären die Möglichkeiten der virtuellen Realität das einzige Mittel, um Dinge zu erleben, die wirken, als ob sie außerhalb des Raumschiffs sind. Es ist sozusagen die einzige Form der Urlaubsreise.

Aber was, wenn die Nutzung der virtuellen Realität zur Sucht wird? Vielleicht nicht sofort, vielleicht erst bei einer der folgenden Generationen.
Aber wenn es dazu kommt, wie will man dem begegnen?
Wie will man dafür sorgen, dass das Ziel nie aus den Augen gerät?

Noch einmal, wir reden von einer Reise, die 500 Jahre dauert. 500 Jahre deshalb, weil wir wirklich nicht damit rechnen können, dass ein bewohnbarer Planet in kürzerer Distanz als 20 Lichtjahren zu finden ist.

Und bei 5% der Lichtgeschwindigkeit braucht man, alles in allem, ca. 500 Jahre. Und mit jedem Lichtjahr, das ein solcher Planet weiter weg ist, wachsen auch die technischen und sozialen Probleme einer solchen Reise. Irgendwo ist die Grenze. Vielleicht bei 600 Jahren, vielleicht erst bei 1.000. Aber irgendwo kommt der Punkt, an dem die Reise besser erst gar nicht beginnt.

Kommen wir zurück zu dem Thema, wie wir die Besatzung beschäftigen. Wie wir ihrem Leben einen Sinn geben. Mit Arbeit könnte man meinen.
Doch was gibt es an Bord zu tun?

Eins lässt sich mit Sicherheit sagen. Ein Finanzamt, Banken und Verwaltungsbeamte braucht es an Bord eines Raumschiffs nicht. Und die Arbeitsfelder werden beschränkt sein auf Technik, Landwirtschaft, Wissenschaft, Medizin und Soziales. Zu Anfang der Reise werden die Techniker sich langweilen. Doch je länger sie dauert, desto mehr werden sie gefragt sein.

Wissenschaftler, insbesondere Astrophysiker werden nach der ersten Euphorie recht bald schon von der Alltäglichkeit eingeholt werden. Und die, nach einigen Jahren, immer mehr schwindende Möglichkeit, sich mit den Wissenschaftlern der Erde auszutauschen, wird ihnen zu schaffen machen.
Die Landwirtschaft wird erst dann spannend werden, wenn es Probleme gibt. Und die kann man ganz gewiss nicht gebrauchen.

Die Medizin wird das Thema sein, was schon zu Beginn der Reise am kritischsten ist, sowohl physisch als auch psychisch. Man muss hier praktisch auf alles vorbereitet sein und mit allem umgehen können.

Seien es neue Formen von Krebs, psychische Probleme oder Mutationen von Viren. Die Mediziner an Bord müssen praktisch auf alles gefasst sein. Und gleichermaßen können sie selbst zu den Betroffenen gehören. Und können hier auch selbst zu den Ersten gehören, die es „erwischt".

Braucht es Sozialwissenschaftler an Bord?

Braucht es Politologen?

Die Frage lässt sich beantworten, wenn man die Frage nach der Gesellschaftsform stellt. Denn welche Form des sozialen Zusammenlebens soll angewendet werden?

Eine Demokratie?

Militärische Doktrin?

Absolute Gleichberechtigung oder Hierarchie?

Reine Demokratie fällt aus, da hier die Möglichkeit besteht, Entscheidungen zu treffen, die das Ziel der Reise in Frage stellen.

Also muss es eine grundlegende Hierarchie geben. Sozusagen eine Art ultimatives Grundgesetz, das sicherstellt, dass der Grund der Reise, das Erreichen des Ziels und der Aufbau einer Kolonie, nicht in Frage gestellt werden kann. Doch wie soll man dies gewährleisten? Wie bringt man die Menschen der 10. Generation dazu, dieses 'Grundgesetz' vorbehaltlos zu akzeptieren? Wie kann man ausschließen, dass sie die Entscheidung treffen, umzukehren?

Man kann es nicht!

Alles, was man tun kann, ist zu versuchen, eine Umgebung zu schaffen, gemeint ist eine soziale Umgebung, die die Gefahr einer negativen Entwicklung möglichst gering hält.

Es muss eine Mischung sein. Bestehend aus:

- der obersten Direktive, definiert durch die Pflicht, das Ziel zu erreichen.
- Einer Hierarchie, die in der Lage ist, die Einhaltung von Gesetzen und Verordnungen zu gewährleisten.
- Eine Demokratie, die den Menschen das Gefühl der Selbstbestimmung geben kann, ohne die oberste Direktive in Frage stellen zu können.

Die Gesellschaft benötigt jedoch noch mehr als eine politische Struktur. Sie benötigt auch eine soziale Struktur. Und deren oberstes Ziel muss es sein, dass jeder Mensch an Bord das Gefühl hat, eine ausreichende Anerkennung und Wertschätzung zu erhalten.

Das bedeutet, dass, im Gegensatz zu der heute praktizierten schulischen Ausbildung, die Ausbildung neuer Generationen eine betont positive soziale Ausrichtung beinhalten muss.

In heutigen (Stand 2019) Schulen wird nicht umfassend gelehrt, welches Verhalten, bei welchen Menschen, Depressionen auslösen kann. Die psychische, insbesondere die emotionale, Verletzlichkeit von Menschen ist in den meisten leistungsorientierten Gesellschaften ein eher unwillkommenes Thema.
Warum auch, wo doch das nächste Smartphone viel interessanter ist, als die Frage nach der Optimierung sozialer Kontakte.

Doch die sozialen Kontakte sind das einzige, was einer derart isolierten Gruppe von Menschen helfen kann, die Trennung vom Rest der Menschheit und die wirklich absolute Abgeschiedenheit zu ertragen.

Und bitte, niemand kann sich vorstellen, welche Art von Abgeschiedenheit und welches Ausmaß die Gefühle erreichen können, wenn das nächste Stück Fels, der nächste begehbare Himmelskörper unerreichbar weit entfernt ist. Und unerreichbar ist etwas, wenn man mit nichts, mit absolut gar nichts, in der Lage ist, es zu seinen Lebzeiten zu erreichen!

Mitten im interstellaren Raum, mehr als 100 Jahre Flugzeit vom nächsten Planeten entfernt, hat man, bezüglich der Unerreichbarkeit, die Gewissheit, dass es so ist.

Um dem begegnen zu können, brauchen die Menschen an Bord eine beständige Abwechslung. Sie brauchen Lebensziele, Projekte, sie brauchen Arbeit. Aber weit weniger Arbeit, als wir, die wir auf der Erde leben und Häuser bauen. Und diese Arbeit darf das Wort Stress nicht kennen.

Vielleicht sollte ich präziser sein und hier von Distress, also negativem Stress sprechen. Eustress, die positive Form des Stresses, ist hingegen erlaubt. Diese Art von Stress kann entstehen, wenn man durch die Arbeit positiv stimuliert wird. Wenn man Aufregung empfindet, weil man vor einer Entdeckung steht oder ein langwieriges und schwieriges Projekt kurz vor der Vollendung steht. Also alles, was einen glücklich macht, und Eustress kann das, ist willkommen.

Freizeit ist zwar ein mindestens ebenso wichtiges Thema, aber nur, wenn sie auch in einer Form genutzt werden kann, die einem gefällt. Hier ist Unterhaltung gefragt.
Und zwar informative, ebenso wie rein körperliche. Informative kann durch Unterhaltungsmedien und Spiele bedient werden.
Körperliche durch Sport.

Möglichkeiten zum Sport müssen vorhanden sein. Und dies ist technisch auch kein Problem. Im Gegenteil, hier bieten sich Möglichkeiten, die wir auf der Erde nicht finden.

In den Schwerkraftzonen kann fast jede Art von Sport betrieben werden, solange keine große Fläche benötigt wird. Vom Fitnessstudio, über Laufstrecken, bis hin zum Klettergarten ist alles denkbar.

Und in all den Bereichen, in denen Schwerelosigkeit herrscht, kann man fliegen! Man kann durch frei schwebende Kugeln aus Wasser tauchen. Man kann sich ganz entspannt treiben lassen, während der Blick über ein glitzerndes Meer aus Sternen wandert.

Dann wäre da noch das Thema Wetter. Ein Spaziergang an der frischen Luft? Ein leichter bis kräftiger Wind, der einem um die Nase weht?

Allein, um die letzte Generation auf ihr zukünftiges Leben auf einem Planeten vorzubereiten, ist es notwendig, dass es an Bord eine Zone gibt, in der jede Art von Wetter, bis hin zu Schnee, erzeugt werden kann.

Aber egal wie abwechslungsreich die Möglichkeiten sind, die das Raumschiff bietet. Tief im eigenen Selbst, tief in seiner Natur, tief in dem, was einen ausmacht, wird man immer spüren, dass man in einer Art Gefängnis lebt.

Keiner anderen auf der Erde lebenden Spezies wurden von der Natur alle notwendigen Fähigkeiten gegeben, um sich über einen ganzen Planeten auszubreiten. Und nun befinden sich Menschen, die für die Eroberung eines Planeten geschaffen sind, was auch den Wunsch beinhaltet, das zu tun, in einem von jeder Außenwelt völlig abgeschotteten Raum, mitten in der Unendlichkeit des Alls. Egal wie gut das Leben an Bord ist, ein Teil von den Menschen wird das Gefühl haben, angekettet zu sein.

Übrigens alles, absolut alles, was aus Notwendigkeiten der Versorgung oder für Spiele und Unterhaltung produziert wird, muss wiederverwendbar sein. So etwas wie eine Mülldeponie darf es an Bord nicht geben. Es wäre nicht nur Ballast, sondern langfristig gesehen eine nicht tolerierbare Verschwendung von Ressourcen.
Produktion von etwas, was nicht recycelt oder umweltschonend entsorgt werden kann? Ausgeschlossen! Darf es nicht geben.
Salopp gesagt; So wie wir mit der Erde umgehen, dürfen wir mit einem Generationenraumschiff auf gar keinen Fall umgehen.

2.9 Nachwuchs

Auf den ersten Blick scheint die Frage des Nachwuchses die einfachste Angelegenheit zu sein. Nehmen wir einen Mann, eine Frau und rein theoretisch haben wir alle 10 Monate ein neues Crewmitglied. Das Problem dabei ist, dass die Besatzungsstärke, aus versorgungstechnischen Gründen, relativ gleich bleiben muss. Strenggenommen darf also immer nur dann ein Kind geboren werden, wenn ein Besatzungsmitglied stirbt. Was hier kurz die Frage nach Bestattungsmethoden aufkommen lässt. Bestattung im Weltraum?

Zur Erinnerung, jedes Objekt im interstellaren Raum stellt eine Gefahr für Raumschiffe dar. Welche Ironie wäre es, wenn ein nachfolgendes Schiff von dem Leichnam eines im Weltraum Bestatteten getroffen würde. Also bestatten wir lieber an Bord. Falls das Thema Recycling dabei auf zu viel emotionalen Widerstand stößt, bleibt nur die Feuerbestattung.

Doch wenden wir uns wieder dem Nachwuchs zu. Sagen wir, dass Raumschiff ist so konstruiert, dass eine Überbevölkerung von 10 Prozent tolerierbar ist. Das würde bedeuten, dass 100 Kinder im Alter zwischen 0 und 18 Jahren zu versorgen wären. Doch auch bei diesem Verfahren darf eine weitere Zeugung nur erfolgen, wenn ein Besatzungsmitglied stirbt. Wobei auch immer auf eine demografisch ausgewogene Entwicklung geachtet werden muss.

Der Altersdurchschnitt muss daher die mittlere Lebenserwartung berücksichtigen. Kurz gesagt, es darf zu keiner Überalterung kommen. Diese Vorgabe ist ganz besonders bei der Auswahl der ersten Besatzungsmitglieder zu beachten. Auch hier muss deren Altersdurchschnitt im mittleren Bereich liegen.

Das Mindestalter, für denjenigen, der an Bord eines interstellaren Raumschiffs geht, muss mindestens die Volljährigkeit sein. Denn aus rechtlicher Sicht muss eine vollständige Entscheidungsbefugnis, alle persönlichen Verhältnisse betreffend, vorliegen.

Das Höchstalter ist theoretisch zwar unbegrenzt, realistisch betrachtet ist es jedoch abhängig von der körperlichen Verfassung des Betreffenden.

Aus demografischer Sicht dürfen es aber ruhig 70 Jahre sein. Was hier bedeuten würde, dass, wenn erst einmal 100 Kinder geboren wurden, das nächste Kind erst geboren werden kann, wenn einer der Älteren stirbt. Bei der schon heute vorliegenden Lebenserwartung kann dies bei 70-jährigen durchaus noch 30 Jahre dauern. Und hier kommen wir zu einem weiteren Problem.

Denn ohne ausgewogene demografische Struktur ist es möglich, dass Paare, die Kinder zeugen wollen, mitunter Jahrzehnte auf eine Genehmigung warten müssen.

In einigen Fällen wird dies dazu führen, dass die betreffenden Frauen noch vor der Erlaubnis zur Schwangerschaft in die Menopause kommen. Daher kann nicht sichergestellt werden, dass allen Paaren, die einen Kinderwunsch haben, dieser auch erfüllt werden kann. Aber was ist, wenn der Kinderwunsch nicht nur 1 Kind umfasst? Was, wenn man mehrere Kinder haben möchte?

Der Wunsch nach Kindern ist einer der stärksten emotionalen Wünsche überhaupt. Besonders für Frauen ist Kinderlosigkeit oft schwer zu ertragen und kann zu Depressionen führen. Doch was, wenn der Grund für die Kinderlosigkeit eine Doktrin ist? Eine reine Notwendigkeit? Geschuldet dem Umstand, dass einfach nicht genug Platz ist für eine unbestimmte Zahl an Kindern? Werden alle in der Lage sein, dies nicht nur rational, sondern auch emotional zu akzeptieren?

Es gibt eine mehrteilige Fernsehsendung. Eine Geschichte, in der ein Virus den befallenen Menschen Unsterblichkeit verleiht. In dieser Geschichte erkannten die Regierungen sofort, dass dies die größte aller nur denkbaren Bedrohungen in der Historie der Menschheit ist. Unsterbliche Menschen, die unsterbliche Kinder kriegen. Wie lange würde es dauern, bis die Erde die Zahl der Menschen nicht mehr verkraften kann?

Die soziologischen Strukturen wären kaum noch zu kontrollieren. Es würde ein globaler Krieg um die letzten verfügbaren Ressourcen ausbrechen. Es würde Menschen geben, viele Menschen, die sich nichts anderes wünschen, als den Tod aller, die zu viel sind. Vielleicht sogar mit dem Bewusstsein, mit dem Wissen, dass sie selbst auch zu denjenigen gehören, die zu viel sind.

Und egal wie sehr dieser Kampf die Menschheit dezimieren würde, letztlich würde alles nur von vorne beginnen. Die überlebenden Unsterblichen würden wieder unsterbliche Kinder kriegen und es wäre nur eine Frage der Zeit, bis sich alles wiederholt.

Dann ist es letztlich auch nur eine Frage der Zeit, bis alle Ressourcen der Erde verbraucht sind und nichts mehr bleibt, außer Asche und Erinnerung. Hier jedoch eine Erinnerung, die kein Mensch mehr betrachten kann.

Die Frage, wie die Nachwuchsplanung an Bord eines Raumschiffs geregelt werden kann, ist wohl eine der kritischsten Fragen, den sozialen Bereich betreffend. Aber was, wenn nach einigen Generationen das Interesse an Kindern nachlässt?

Wenn nicht genug Kinder geboren werden? Wenn es zum Zwang wird, Kinder zu bekommen?

Betrachten wir kurz die letzten hundert Jahre menschlicher Geschichte und werfen wir unseren Blick dabei auf verschiedene Regionen.

Zwischen 1914 und 2014 gab es 2 Weltkriege und etwa 130 regionale Kriege. Vor dem Ersten Weltkrieg waren viele Nationen noch Königreiche. Die Demokratie war etwas, was man erst lernen musste. Und damals gab es auch eine weitreichende Trennung der Geschlechter. Viel von dem, was Männern erlaubt war, wurde Frauen nicht gestattet.

Wahlrecht, zum Beispiel.

Und wer, in der damaligen Zeit, fand das ungewöhnlich? Eher ungewöhnlich war hingegen, dass Frauen eine Pferdekutsche lenkten. Das soziale Verständnis war noch weit entfernt von einer echten Gleichberechtigung. Selbst heute ist die Frage der Gleichberechtigung noch kein natürlicher Bestandteil unseres sozialen Verständnisses. Denn wäre es anders, dann müsste man nicht bemüht sein, die Rechte der Frauen zu stärken.

Zwar hat sich inzwischen viel getan, aber weltweit betrachtet, ist die Gleichberechtigung auch im, nun schon 20 Jahre alten, 21. Jahrhundert etwas, was keineswegs selbstverständlich ist.

Noch Mitte des 20. Jahrhunderts war es juristisch möglich, dass der Besitzer eines Hauses angeklagt wurde, wenn er es gestattete, dass ein Mann und eine Frau, die nicht verwandt, oder zumindest verlobt waren, sich zusammen und unbeaufsichtigt in einem Raum seines Hauses aufhielten.

Und wie lange ist es her, dass der §§175 abgeschafft wurde? Ein Paragraph, der gleichgeschlechtliche Sexualität unter Strafe stellte und damit so tief, wie es nur sein kann, in die intimsten Persönlichkeitsrechte der Betroffenen eingriff! Wie gesagt, es hat sich viel geändert in der Region, die wir als westliche Welt kennen.

Blicken wir nun aber nach Südafrika, nach Namibia, zu den Buschmännern. Und finden heraus, wie die Vergangenheit war und was sich hier in den letzten hundert Jahren entwickelt hat.

Kriege? Gegen was und wen? Vielleicht die ein oder andere Stammesfehde, aber in keinem Fall das, was wir unter Krieg verstehen. Soziologischer Wandel? Die Ablösung vom Konzept der Monarchie/Patriarchat und Wechsel zur Demokratie?

Ein Buschmann hätte im 20. Jahrhundert vielleicht noch die Frage gestellt, warum er etwas ändern soll, das seit Generationen funktioniert.

Die Antwort, warum es Veränderungen der sozialen Strukturen gibt, ist in unseren Emotionen zu finden. Sie definieren unsere Begierden und motivieren uns, unsere Wünsche zu verwirklichen.

Und dann wäre da noch unsere Phantasie. Je mehr wir wissen, je kreativer wir sein können, desto mehr Wünsche werden wir haben. Insbesondere wenn wir Kenntnis haben von Möglichkeiten zur Erfüllung dieser Wünsche.

Wenn man einen Katalog hat, mit nur zehn Dingen, dann wird man die auswählen, die man braucht. Je mehr diese Dinge von den Wünschen abweichen, desto weniger werden es sein. In der Regel wird es so sein, dass nur wenige der Angebote den tatsächlichen Wünschen und Bedürfnissen entsprechen.

Stellen wir uns vor, der Katalog hat Millionen Dinge. Tausend davon entsprechen dem, was man sich wünscht. Wie viele davon wird man haben wollen? Trotzdem nur eins?

Skifahren. Schneebedeckte Hänge erkunden. Über frisch gewalzte Pisten wedeln. Ein Traum für alle Skifahrer. Für alle? Bei weitem nicht, denn der echte Schnee liegt meist neben der Piste. In Form unberührter Hänge und pulvrigem Neuschnee.
Nur wer die Unterschiede kennt, weiß sie zu schätzen.

Doch beim Skifahren ist es wie mit dem Autofahren. Sommerreifen, auf schneebedeckter Straße, sind nicht das, was man in dem Fall haben will. Und ebenso ist es bei Tiefschnee. Der Ski, der auf der Piste richtig gut funktioniert, richtig viel Spaß macht, ist im Tiefschnee nicht zu gebrauchen.
Also her mit den breiten Latten!
Und schon haben wir den Fall, dass einem das Angebot des Katalogs zur Erfüllung seines Wunsches nicht reicht.

Warum haben Menschen zusätzlich zu einem Auto auch noch ein Motorrad? Der eigentliche Zweck von beidem, ist es eine Distanz möglichst schnell überwinden zu können.

Da das Auto hierzu mehr Möglichkeiten hat, einfach schon deswegen, indem es Schutz vor Wind und Wetter bietet, man damit mehr Gegenstände transportieren kann und es insgesamt komfortabler ist, braucht es das Motorrad eigentlich nicht. Es ist absolut überflüssig. Und rein rational betrachtet ist es ein unnötiger Einsatz von Ressourcen.

Nur sind wir nicht rein rational.

Wir sind Menschen. Wir haben Emotionen. Wir können Dinge machen, einzig aus dem Grund, weil sie Spaß machen. Und das ist auch gut. Denn es erhöht unsere Agilität. So wird der Spieltrieb auch zu einer Triebkraft des Lernens.

Sicherlich ist das Skifahren auf der Piste weit einfacher als im Tief-schnee. Und nur der Spieltrieb verleitet uns dazu, die Herausforde-rung zu suchen, Neues zu lernen, uns weiterzuentwickeln.

Doch wie hoch ist das Potential zur persönlichen Weiter-entwicklung an Bord eines räumlich so begrenzten Raumschiffs? So sehr man sich bei der Konstruktion auch bemühen wird, einen Planeten kann das Ding nicht ersetzen. Und dann wäre da noch die Sache mit der Evolution.

Die menschliche Entwicklung kann über ca. 2 Millionen Jahre hinweg zurückverfolgt werden. Und in diesen 2 Millionen Jahren haben sich die Menschen mehr als nur ein wenig weiterentwi-ckelt. Das heutige Aussehen und die Körpergröße, ebenso wie Bereiche der organischen Leistungsfähigkeit, was hier in erster Linie das Gehirn betrifft, haben sich weit von dem entfernt, was die Menschen vor 2 Millionen Jahren zu bieten hatten.

Wir wissen, dass die Evolution bestrebt ist, jede Spezies an sich ändernde Umweltbedingungen so gut wie möglich anzupassen. Es dient in erster Linie zur Arterhaltung. Beim Menschen wurden die kognitiven Fähigkeiten aber in einer Weise weiterentwickelt, wie wir es bei keiner anderen Spezies finden. Und diese kognitiven Fähigkeiten waren der Schlüssel zum Erfolg. Der Motor für die notwendigen Ideen, die man haben muss, um in einer Umwelt überleben zu können, die mit den natürlichen Möglichkeiten des Körpers nicht zu bewältigen ist.

Um bei Temperaturen, weit unter null Grad Celsius, also einem Winter, überstehen zu können, braucht es nicht nur Kleidung, Unterkunft und Wärme, sondern auch Vorräte. Und die Möglich-keit, Feuer zu machen, eröffnet hierzu neue Dimensionen. Vor-teile, die kein anderes Lebewesen mit rein körperlichen Fähig-keiten ersetzen kann.

Die Evolution hat den Menschen zu dem entwickelt, was er heute ist. Und sie hat mit Sicherheit noch nicht aufgehört. Sie wird die Menschheit auch in Zukunft weiterentwickeln.

Und man braucht kein Prophet zu sein, um anzunehmen, dass hier in erster Linie das Gehirn betroffen sein wird.

Wie viele Informationen hat das Gehirn täglich zu verarbeiten? Man hat einmal versucht, einen Vergleich zu ziehen. Zwar ist dieser ziemlich spekulativ, da experimentell unmöglich zu über-prüfen, aber ein gewisser Realismus ist schon vorhanden.

Für den Vergleich hat man geschätzt, wie viel Wissen ein Mensch im 15. Jahrhundert während seines gesamten Lebens aufgenom-men hat. Mit Wissen sind hier aber nicht alltägliche Erlebnisse gemeint, sondern allgemein nutzbares Grundwissen. Also Lesen, Schreiben, Mathematik, Physik, Botanik, als grundlegende Dinge des Alltags. Man kam auf einen Wert, der, in etwa, 50 DIN A4 Seiten entspricht. Bei dem einen etwas mehr, bei dem anderen etwas weniger. 50 DIN A4 Seiten klingt nun nicht nach sehr viel. Es sei denn, man muss sie mit Worten füllen.

Bitte einmal vorstellen, man müsste 50 DIN A4 Seiten abliefern, zum Thema Hauswirtschaft. Da können 50 DIN A4 Seiten plötzlich sehr viel sein.

Und jetzt eine Rätselfrage. Wie viele DIN A4 Seiten an Informationen bekommen wir heute jeden Tag? Wie hoch ist die Menge an Informationen, an Nachrichten, an Berichten über neue Entwicklungen, an Schlagzeilen, an Fachzeitschriften, Dokumentarfilmen? Nicht zu vergessen Internet und Smartphone. Wie viel ist das pro Tag?

Im Vergleich zu Zeiten des Mittelalters läuft unser Gehirn auf Hochtouren. Das menschliche Gehirn ist für die Informationsverarbeitung gemacht. Aber es kann nicht ständig auf Hochtouren arbeiten, ohne einen Ausgleich zu bekommen, den man Erholung nennt. Denn man darf glauben, dass ein dauerhaftes "auf Hochtouren laufen" zur Überlastung führen kann. Weniger, was die eigentliche Leistungsfähigkeit des Gehirns betrifft, sondern vielmehr, was die psychische Balance und damit die Zufriedenheit angeht. Kurz gesagt, "Hochtouren?", ja, gerne, aber nicht, ohne glücklich zu sein.

Allein schon aufgrund der beständig stattfindenden soziologischen und technischen Entwicklungen wird die Evolution den Menschen, den weiter ansteigenden Anforderungen, seiner Umwelt anpassen. In früheren Zeiten betraf das in erster Linie die Widerstandsfähigkeit gegen härtere Umweltbedingungen. Jahreszeiten, Wetter, Kälte, Nahrungsangebot.

Aber dies alles spielt heute praktisch keine Rolle mehr. Zwar kontrollieren wir weder die Jahreszeiten noch das Wetter, aber unsere technischen Möglichkeiten, die Qualität unserer Häuser, unserer Kleidung, lassen dem Wetter keine Chance mehr. Der Winter hat seine Schrecken verloren.

Rein körperlich betrachtet gibt es also keinen Zwang, den Menschen weiterzuentwickeln. Im Gegenteil, einiges könnte sogar zurückentwickelt werden. Da kaum noch jemand längere Strecken zu Fuß geht und weil wir nicht mehr darauf angewiesen sind, dass wir Gazellen zu Tode hetzen können, können die unteren Extremitäten vernachlässigt werden.

Das heißt, die Beine und alle am Laufen beteiligten Muskeln, wie auch der Gesäßmuskel einer ist, werden in der früheren Größe und Qualität nicht mehr benötigt.

Im Gegenteil, alles was da ist, aber nicht gebraucht wird, kostet nur Energie. Und Energie muss man ja nicht verschwenden. Also darf es eine Nummer kleiner sein. Was bedeutet, dass die Größe und muskuläre Ausstattung des Bewegungsapparats durchaus verringert werden könnten.

Allzu abwegig?

Nun ja, eine leichte Degeneration des Gluteus Maximus ist heute schon beobachtbar. Jedenfalls, wenn man den von jungen Leuten mit den von Älteren vergleicht. Nicht bei allen, aber mit Tendenzen beginnt es. Schließlich hat die Evolution keinen Stichtag. Sie hat Zeit. Ihr kann es egal sein, ob es eine Generation dauert oder zehn Generationen.

Bei etwas, das seit 3,5 Milliarden Jahren das Leben auf der Erde entwickelt, sind 25 Jahre kein Zeitraum, der in irgendeiner Weise ins Gewicht fällt. Also, was wird die Evolution in den 500 Jahren tun, die die Reise dauert?

Was immer es sein wird. Aus Sicht der Evolution wird es das Richtige sein. Und da die Evolution nicht nur unsere Körper macht, sondern insgesamt bestimmt, was und wer wir sind, werden wir auch keinen Grund haben, das zu bezweifeln, was sie aus uns machen wird. Und was immer es sein wird, es wird den Menschen an Bord des Schiffes den Status einer interstellaren Spezies verleihen.

Klingt großartig? Tja, dann können wir uns jetzt Gedanken darüber machen, warum wir etwas für großartig halten. Und dabei in Richtung Evolution schielen.

Fazit:

Abwechslung ist ein ungemein wichtiger Punkt zur Stabilisierung der sozialen Strukturen.

Abwechslung ist ein ungemein wichtiger Punkt zur Erhaltung der psychischen Gesundheit.

Abwechslung ist ebenso wichtig zum Erhalt einer möglichst hohen Vielfalt an körperlichen und geistigen Fähigkeiten.

Schach! Jemand muss ein Schachbrett mitnehmen!

Die Art, wie das Leben auf dem Raumschiff gestaltet wird, was das Thema Abwechslung ja beinhaltet, kann Auswirkungen haben auf die Art, wie die Evolution die Menschen an Bord weiterentwickeln wird.

Was wird geschehen, wenn täglich mehrere Stunden lang ausgiebig das Vergnügungspotential in der Schwerelosigkeit genutzt wird? Welche körperlichen Fähigkeiten, die dann auch vererbt werden können, werden dabei entstehen oder verlorengehen? Auch diese Frage kann nur die Zukunft beantworten.

Was hat dies alles eigentlich mit Nachwuchs zu tun? Ganz einfach, beim Nachwuchs handelt es sich schließlich um die Menschen, die unter dem Einfluss ihrer Umgebung aufwachsen.

Die Fähigkeiten die sie entwickeln werden, ihre Vorstellungen, ihr „Zeitgeist", ihr soziales Verständnis und letztlich auch ihr Verständnis dafür, dass sie an Bord eines Raumschiffs, mitten in der Unendlichkeit, aufwachsen, wird beeinflusst von dem, was und wie sie ihre Umgebung erleben.

Die Frage ihrer Erziehung, die Frage, welches Wissen ihnen vermittelt wird, welche Wahrheiten ihnen erzählt werden, all dies wird sie formen.

Damit der Nachwuchs sozusagen in die richtigen Fußstapfen tritt, muss er, von frühester Kindheit an, vom Ziel der Reise überzeugt werden und ebenso von den Notwendigkeiten, was auch die sozialen Strukturen und den Umgang miteinander betrifft.

Ob dies alles noch ein „freies" Aufwachsen gewährleisten kann oder vielmehr einer Konditionierung entspricht, kann diskutiert werden.

Wirklich?

Ist eine religiöse Erziehung nicht auch eine Art von Konditionierung? Wenn einem, in einem Alter, in dem man noch keine objektiven Schlussfolgerungen ziehen kann, religiöser Glaube als Wahrheit vermittelt wird? Und je nach religiöser Auffassung der Eltern sogar als ultimative Wahrheit?

Kann man jemals frei über Religion denken, wenn man erzieherisch geprägt wurde? Kann man sich jemals von einer, in der Frühphase der Kindheit, erfolgten Konditionierung lösen?

Im Interesse des Erfolgs einer interstellaren Reise und im Interesse des Erhalts der Menschheit wird man möglicherweise glauben, dass eine Konditionierung notwendig ist.

2.10 In vitro

Gemachtes Leben?

Wie viele Menschen braucht man, um eine Kolonie, eine Zivilisation, eine neue Menschheit zu gründen?

Wie viele Menschen braucht es, damit man eine ausreichende genetische Vielfalt hat, die vermeidet, dass Krankheiten entstehen, weil der Verwandtschaftsgrad der Eltern zu hoch war? Und wie macht man aus 1.000 Menschen in relativ kurzer Zeit 10.000?

Da es, schon aus versorgungstechnischen Gründen, unmöglich ist, ein Raumschiff auf die Reise zu schicken, das 10.000 oder 100.000 Passagiere transportiert, gibt es nur eine Möglichkeit zur kurzfristigen und wirklich massiven Erhöhung der Population. Und hier kommt Blei ins Spiel. Blei?

Um die genetische Vielfalt zu gewährleisten, kann man schlecht die Gene der Besatzung nehmen. Diese ist auf 1.000 Individuen limitiert. Und überdies über 20 Generationen hinweg miteinander vermischt.

Also muss genetisches Material von der Erde aus mitgeführt werden. In kryogenen Behältern, also tiefgefroren, und mit wirklich allen verfügbaren Mitteln gegen Strahlung geschützt. Was mit Bleiummantelungen nun mal am besten geht. Nach derzeitigem Wissen jedenfalls.

Nun hat man prinzipiell zwei Möglichkeiten. Man wartet mit der „Produktion", bis man den Planeten erreicht hat und hat dann 15 Jahre später tatkräftige Helfer. Oder man beginnt schon vorher. Hierbei könnte man 20 Jahre vor Erreichen des Planeten damit beginnen, jedes Jahr ca. 20 Kinder zu… , mmh, ja was denn? Zu produzieren? Herzustellen?

Schließlich ist die künstliche Befruchtung einer Eizelle nicht wirklich ein natürlicher Prozess. Sondern es geschieht in einer sterilen, anorganischen Umgebung.

Und so vollwertig der daraus entstehende Mensch auch sein wird, seinen wahren Vater und seine wahre Mutter wird er niemals kennenlernen. Denn die Spender von Eizelle und Samen sind bei seiner Geburt bereits seit mindestens 450 Jahren tot!

Wie fühlt man sich, wenn man irgendwann alt genug ist, um die Wahrheit zu erfahren? Wenn man erfährt, dass die wahren Eltern vor hunderten Jahren gestorben sind? Welche Form von historischer Identität kann man in einem solchen Fall noch haben?

Selbst wenn die Gesellschaft einen künstlich erzeugten Menschen als absolut gleichberechtigten und als vollwertigen Menschen anerkennt, wird er selbst genauso denken?

Und welche Auswirkungen wird es haben, wenn die ehemalige Mehrheit, der natürlich Geborenen, zur Minderheit wird? Wenn schon nach 20 oder 30 Jahren 10.000 In-vitro-Geborene den dann vielleicht 200 natürlich Geborenen gegenüberstehen?

Welche Folgen wird dies haben, für die emotionale Struktur der Gesellschaft?

Wird es zu Diskriminierungen kommen?

Zu einer Differenzierung des Werts eines Menschen?

Wenn die Geschichte uns eins gelehrt hat, dann, dass der Mensch zu allem fähig ist.

Wir können maximal gut und maximal böse sein.

Wir können absolut rational sein.

Wir können emotional sein bis hin zur Irrationalität.

Wir können uns für andere aufopfern.

Wir können andere ausnutzen.

Wir können glauben.

Wir können Fakten ablehnen.

Wir können Menschen verstoßen, nur weil sie nicht unserer Meinung sind.

Wir können Gesellschaften bilden.

Und wir können Gesellschaften vernichten.

Bei allem was wir tun, was wir planen, sollten wir niemals den Blick auf die Zukunft verlieren. Denn so bedeutsam uns das Jetzt auch erscheinen mag, ist, in Wahrheit, jedenfalls, wenn man es auf die Zukunft der ganzen Menschheit bezieht, einzig das Morgen das, was zählt.

Wenn man 20 Jahre vor Erreichen des Planeten beginnt, die Population zu erhöhen, bedeutet dies, dass man eine jährlich ansteigende Überbevölkerung in Kauf nehmen muss.

Bei einer Geburtenrate von 20 Kindern pro Jahr wären dies nach 20 Jahren insgesamt 400 Menschen. Da die Bevölkerung relativ langsam wächst und die Einschränkungen, auf wenig mehr als 20 Jahre, befristet sind, wäre dies soziologisch einigermaßen verkraftbar.

Was die Ressourcen, und hier ganz besonders die Nahrungsmittel betrifft, könnte man schon vorher ausreichende Reserven anlegen. Die technischen und soziologischen Voraussetzungen würden eine Erhöhung der Population der Besatzung ermöglichen.

Einzig der Raumbedarf wäre ein Problem. Denn dieser ist limitiert. Und das Raumschiff kann mit Bordmitteln nicht so einfach vergrößert werden. Letztlich wird dieser Raumbedarf es sein, der darüber entscheidet, wie sehr die Zahl der Besatzung, zum Ende der Reise hin, steigen darf.

Ein anderes Problem entsteht bei der Ankunft am Ziel. Statt für 1.000 Menschen muss eine Infrastruktur für über 1.400 oder mehr aufgebaut werden.

Wie groß ist eine kleine Stadt mit 1.500 Einwohnern?
Wie viele Häuser werden benötigt?
Wie viele Fabriken?
Wie viele Farmen?
Man wird mehr als nur beschäftigt sein.

Wer Lust hat, kann versuchen, die notwendige Zahl an Shuttleflügen zu berechnen. Wobei man davon ausgehen kann, dass ein Shuttle 20 Personen transportieren kann.

Dabei darf man die Frachttransporte nicht vergessen, die notwendig sind, um all das Material, das man für den Aufbau der Kolonie braucht, auf den Planeten zu bringen.

Wie immer man das Problem der notwendigen genetischen Vielfalt auch lösen wird, einfach wird es nicht werden. Der Aufbau einer neuen Menschheit, auf einer fremden Welt, wird die Kolonisten vor Herausforderungen stellen.

Vor Technische, vor Intellektuelle und ebenso vor Emotionale. Man kann nur hoffen, dass es den Menschen an Bord gelingt, alle notwendigen Wertvorstellungen zu bewahren, so dass eine funktionierende Gesellschaft, eine soziologisch intakte Gemeinschaft, über alle Verschiedenheiten hinweg entstehen kann.

Kapitel 3: Endlich am Ziel

Himmel! Wie fühlt sich das an?

Wie wird es sich anfühlen, wenn man zu denen gehört, die das Ziel erreichen? Man sieht den Planeten, die Welt, die 500 Jahre lang für 20 Generationen nichts anderes war, als ein heiliger Zweck der Reise! Man selbst ist der erste einer neuen Menschheit! Gut, man ist es nicht alleine. Denn alle um einen herum sind es ebenso. Doch ist das jetzt wichtig? Muss man es so genau nehmen? Man ist einer von denen, die nach (rechnerisch) 20 Generationen eine Welt betreten, die nicht die Erde ist und die für die Menschen, die das Ende dieser Reise erleben, die Mutter einer neuen Menschheit werden wird.

Aber wie wird die fremde Welt die Menschen empfangen?

Diese Fremden, aus einer fremden Welt?

Eine der kniffligsten Fragen ist folgende. Lebt dort bereits jemand? Und wir sprechen hier nicht von Bakterien, Amöben, oder einer rudimentären Tierwelt. Wir sprechen von Leben, das über ein Gehirn verfügt, das zumindest in der Lage ist, sich selbst zu erkennen. Auch wenn es vielleicht noch weit davon entfernt ist, eine intelligente Zivilisation gegründet zu haben.

Wir wissen, dass Primaten sich im Spiegel erkennen können. Etwas, das, außer dem Menschen, kaum eine Handvoll Tierarten schaffen. Auch manche der im Wasser lebenden Tiere sind dazu in der Lage. Ein Oktopus hat zumindest einmal Hinweise auf diese Fähigkeit geliefert.

Also, was ist zu tun, wenn es bereits eine indigene Spezies gibt, die über rudimentäre Intelligenz verfügt? Die in einer sozialen Gemeinschaft lebt und präverbal kommuniziert. Die also, über Gesten, Körpersprache, Augen und Laute, ihre Absichten und Gefühle vermitteln.

Wenn Menschen einen fremden Planeten kolonisieren, wird die Entwicklung des dort existierenden Lebens beeinflusst. Und wenn man die bisherigen Erfolge der Menschen, beim Eindringen in fremde Lebensräume, in Bezug auf die dort lebende indigene Bevölkerung betrachtet, dann war es für die Einheimischen selten genug gut gewesen.

Wir können zwar davon ausgehen, dass beim Start klar definierte Verhaltensvorgaben für fast jeden denkbaren Fall festgeschrieben wurden. Aber das war dann vor 500 Jahren. Die nun lebende Generation Menschen könnte zur Auffassung kommen, dass etwaige Einschränkungen dem Ziel der Reise zu sehr entgegenstehen.

Stellen wir uns vor, wir sparen 50 Jahre lang für den Kauf einer Insel. Dann kaufen wir sie und reisen ein Jahr später hin. Dort angekommen stellen wir dann fest, dass noch eine Gruppe Menschen auf der Insel lebt, die diese nicht verlassen wollen. Sie leben in dem einzigen Haus der Insel. Und wir haben nur die Wahl, zusammen mit ihnen dort zu leben oder sie zu vertreiben.

Was werden wir nun tun? Werden wir die Zwangsräumung beantragen? Immerhin ist die Insel unser Eigentum. Oder werden wir diejenigen, die auf der Insel geboren wurden, diese aber nicht verteidigen können, verjagen?

Wenn der Wunsch, etwas zu besitzen, übermächtig wird, haben Moral, Ethik und eine objektive menschliche Gerechtigkeit oftmals einen schweren Stand.

Wenn unser rationales Denken von unseren emotionalen Wünschen verdrängt wird, können wir dann noch wirklich rational handeln? Können wir dann noch gerecht sein? Oder wird der Wunsch nach Erfüllung der eigenen Ziele und Bedürfnisse uns Dinge tun lassen, die wir, beim Fehlen jeglicher Besitzansprüche, nicht tun würden?

Wir Menschen sind Eroberer. Wir haben den Lebensraum Erde vollständig erobert. Wir sind im erdnahen Weltall dauerhaft präsent. Und bis spätestens 2025 werden wir damit beginnen, den Mond zu erobern. Wir werden auf ihm eine dauerhaft bewohnte Station einrichten oder zumindest dazu in der Lage sein.

Wenn wir Menschen etwas haben wollen und es erreichbar ist, dann werden wir danach greifen. Und wer uns im Weg steht, der sollte entweder stärker sein als wir oder bereit sein, sich mit unseren Wünschen zu arrangieren.

Wir sind Menschen. Und Menschen lassen sich nicht gerne aufhalten. Wären wir anders, dann wären wir nicht zur dominierenden Spezies des Planeten geworden, den wir Erde nennen. Der, unserer Meinung nach, uns gehört. Eine Welt, die 4,5 Milliarden Jahre alt ist. Und wir, die wir seit 20.000 Jahren Zivilisation entwickeln, betrachten sie als unser Eigentum.

Nur jemand, der deutlich stärker ist als wir, der uns glaubhaft demonstriert, dass wir die Unterlegenen sind, kann uns davon abhalten, einen fremden Planeten, den wir nach 500 Jahren Reise erreichen, nicht als unser Eigentum zu betrachten.

Für König und Vaterland. Mit diesen Worten haben Seefahrer ganze Länder in Besitz genommen und die einheimischen Völker unterdrückt. Sie haben deren Lebensweise verändert und ihnen ihren Glauben diktiert.

Wir Menschen sind so, wie wir sind. Wir sind nicht gut. Wir sind nicht böse. Wir sind nur die, die ihrer Bestimmung folgen. Wir sind die Kinder der Erde, die die Früchte der Erde, das Leben an sich, ins Universum tragen. Wir haben das Potential, die Erde zu überleben. Die Notwendigkeit, auch dort existieren zu können, wo es eigentlich nicht möglich ist, ist der Grund dafür, dass die Evolution unsere kognitiven Fähigkeiten, weit über das eigentlich erforderliche Maß hinaus, entwickelt hat.

Denn, um der Erde zu genügen, um Teil ihrer Natur zu sein, braucht es keine planerische Intelligenz. Braucht es keine Wissenschaften oder technische Entwicklungen. Dafür braucht es nur die körperlichen Fähigkeiten, die notwendig sind, in der Natur der Erde überleben zu können.

Die Vielfalt des Lebens auf der Erde ist unglaublich. Wir zählen Millionen verschiedener Arten. Aber nur der Mensch war in der Lage, eine Technologie zu entwickeln, die es uns ermöglicht, die Erde zu verlassen. Noch ist dieses Verlassen nicht der Rede wert. Denn objektiv betrachtet, kann man beim erdnahen Orbit noch nicht wirklich von Weltraum sprechen. Nicht, wenn man weiß, dass die interstellare Raumstation sich noch in den Ausläufern der Atmosphäre befindet. Wenn wir also vom Weltraum reden, dann dürfen wir gerne an eine deutlich größere Entfernung zur Erde denken, als die, die unsere orbitale Raumfahrt erreicht.

Der Weltraum, mag, aus unserer Sicht, zwar bei der Erde beginnen, strenggenommen sogar in der Erde, denn schließlich befindet sich auch die Erde im Weltraum. Doch der Gedanke an die Eroberung des Weltraums beginnt erst dort, wo der Orbit der Erde aufhört.

Und auch Mond und Mars sind nur Etappen. Auch das gesamte Sonnensystem, so groß es uns auch erscheinen mag, ist noch weit weniger als eine Art Vorgarten.

Doch das, was auf uns wartet, ist ein Kontinent, größer als alle Kontinente, die wir kennen. Und so, wie wir uns über die Kontinente der Erde hinweg ausgebreitet haben, so werden wir uns eines Tages in den Weltraum hinaus ausbreiten.

Und welches Ziel, welcher Mond, welcher Planet, den wir erreichen, würden wir nicht unser Eigen nennen, solange es uns niemand streitig macht?

3.1 Die Ankunft

Eine gelbe Sonne, sieben Planeten. Der Gasriese, den das Raumschiff passiert, ist der äußerste von ihnen. 3 Milliarden Kilometer von seiner Sonne entfernt, ist er Herrscher über 31 Monde.

Mit dem Heck voran fliegt das Raumschiff an ihm vorbei, Richtung Sonne. Der Fusionsantrieb arbeitet mit 60 Prozent Leistung. Mit jeder Sekunde verringert sich die Geschwindigkeit des Schiffes. Tick, 1.299.990 km/s. Tack, 1.299,980 km/s.

Tag für Tag, kämpft der Antrieb gegen die Geschwindigkeit. Bringt Sekunde um Sekunde die gewaltige Masse des Schiffes dazu, sich langsamer zu bewegen. Während tausend Menschen jedes Bild, jede Information, jedes Detail, das die Sensoren aufzeichnen, in sich aufsaugen.

Und mit jeder Sekunde, die das Triebwerk das Schiff abbremst, wächst die Zeit, die es dauert, das Ziel zu erreichen. 3 Milliarden noch. 3 Milliarden Kilometer, nach einer Reise von 200 Billionen Kilometern. Und doch scheinen diese 3 Milliarden Kilometer weiter zu sein, als alles, was hinter ihnen liegt. Diese letzten 3 Milliarden Kilometer scheinen die Zeit zu dehnen.

Wie lange noch? Wochen? Monate?

Tick, 1.299.970 km/s. Tack, 1.299.960 km/s.

Zwei Monate später. Eine letzte Kurskorrektur und ein letztes Beschleunigen, 350 Kilometer über der Oberfläche, für das Einschwenken in den Orbit. Eine Reise, die ein Vielfaches länger als ein Menschenleben war, hat ihr Ziel gefunden.

Kein anderes Thema ist mehr zu finden. Alle, ausnahmslos alle Gedanken drehen sich nur noch um die Welt, deren Oberfläche unter dem Schiff dahingleitet.

Wolken, Wasser, Land, Gebirge, ein Anblick für Augen, die nie auf eine Welt geblickt haben. Die nie etwas anderes sahen, als Bilder und Simulationen einer virtuellen Realität. Pixel in einem Computer. Bilder, generiert von einer Software. Bilder, die menschliche Augen vorbereiten sollten auf das, was sich am Ziel der Reise präsentieren würde.

Doch wie gut ein künstlich erzeugtes Bild auch sein mag, wie dreidimensional, wie intensiv es dargestellt werden mag, eins wird diesem Bild fehlen, eins können Bilder nicht erreichen. Und das ist die emotionale Wucht der Realität. Allein das Wissen, dass es echt ist, wird den Anblick des Planeten zu einem emotionalen Ereignis machen.

Was macht man, nun da man den Planeten erreicht hat?
Was wird als Erstes geschehen?
Alle in die Shuttles und nichts wie runter?
  Keinesfalls. Das Erste, was passieren wird, ist eine Untersu-
chung vom Orbit aus. Der Planet wird vermessen werden. Stück
für Stück, Land für Land, See für See, Meer für Meer.
Wenn er denn Meere hat.
  Zwar lässt sich von der Erde aus feststellen, ob ein Exoplanet
das Potential für flüssiges Wasser hat und in nicht allzu ferner
Zukunft werden wir die Technik haben, um zu sehen, ob es eine
relevante Menge ist. Aber wie viel und wie es verteilt ist, das lässt
sich nur vor Ort ermitteln.
  Was die Zusätze betrifft, ob es Süßwasser oder Salzwasser ist, ob
es giftige Mineralien enthält, all das ist unwichtig, weil man über
die Elektrolyse aus jedem schlechten Wasser gutes Wasser machen
kann.
  Wichtig ist nur, dass der Planet alle Elemente bietet, die für
organisches Leben notwendig sind. Dass er nicht zu den unbe-
wohnbaren Welten gehört.
  Denn die absolute Unbewohnbarkeit wäre die größte denkbare
Katastrophe. Schlimmer noch als eine alles vernichtende Kollision.
Denn bei einer Kollision ist man tot, bevor man überhaupt merkt,
dass etwas passiert ist.
  Die absolute Unbewohnbarkeit eines Planeten bringt jedoch
eine ultimative Hoffnungslosigkeit, an deren Ende der Tod steht.
Denn was will man tun, wenn die Ressourcen für eine Rückreise
nicht ausreichen? Und wenn man keine Möglichkeit findet, die
Umstände, die den Planeten unbewohnbar machen, zu beseitigen
oder sie zumindest zu kompensieren?
  Das restliche Leben würde dann auf einem Raumschiff stattfinden, das als Raumstation einen Planeten umkreist. Immer das
Ziel der Reise vor Augen, lebt man dem Tod entgegen. Und jeder,
der jetzt noch Kinder zeugt, bringt sie zum Aussterben ins Leben.
  Aber gehen wir mal davon aus, dass der Planet zwar nicht die
Vielfalt und Schönheit der Erde aufweist, jedoch ansonsten eine
lebensfähige Umgebung bietet. Dass er über eine Atmosphäre verfügt, die mindestens 0,5 Bar Druck aufweist und deren Sauerstoff-
gehalt in dem Fall bei mindestens 20% liegt. Ist der Druck wesentlich höher, darf es weniger sein. Ist er niedriger, muss der Sauer-
stoffanteil höher sein.
Das Zusammenspiel der Bedingungen ist es, das eine Welt lebens-
fähig macht. Was nützt es, wenn alle Voraussetzungen vorliegen,

es aber weder ein Magnetfeld noch eine Ozonschicht gibt? Wenn eine so harte UV-Strahlung den Planeten trifft, dass kein Organismus sie auf Dauer ertragen kann?

Dies wird höchstwahrscheinlich nicht der Fall sein, da die Atmosphäre des Planeten auf Ozon hin schon von der Erde aus untersucht werden kann. Und das Vorhandensein eines Magnetfelds wird in 100 Jahren wahrscheinlich auch feststellbar sein.

Hierzu muss man nur dazu in der Lage sein, festzustellen, ob elektrische geladene Teilchen sozusagen um den Planeten herum geleitet werden. Die Technik, um das festzustellen, haben wir. Sie ist nur noch nicht fein genug, um es über 20 Lichtjahre hinweg zu „sehen."

Gehen wir, zugunsten der Kolonisten, davon aus, dass es nichts gibt, was eine Kolonisierung unmöglich macht. Jedenfalls nichts, was aus dem Orbit heraus auffallen würde.

Für genaue Untersuchungen muss man allerdings auf die Oberfläche. Hierzu wird man zuerst Sonden schicken. Diese werden Proben sammeln und vor Ort untersuchen. Denn nichts braucht man an Bord des Raumschiffs weniger, als eine Kontaminierung mit fremden Organismen. Nachlässigkeiten, wie man sie in Science Fiction Filmen oft zu sehen bekommt und über die man mit Recht den Kopf schüttelt, sind hier keine Option.

Viren? Nein, danke. Was übrigens aber noch ein Problem wird. Denn das menschliche Immunsystem ist nicht automatisch gut. Es will trainiert werden. Und wenn es an Bord eines sterilen Raumschiffs keine Viren gibt, dann kann sich das Immunsystem nicht effektiv ausbilden. Es wird nahezu wirkungslos jedem Krankheitserreger gegenüberstehen.

Aus diesem Grund muss man Bakterien und Viren mit an Bord nehmen und die Besatzung damit auch infizieren. In den meisten Fällen kann dies alleine durch Impfungen geschehen, ohne dass man die Krankheit also durchleben muss.

Doch für die Mediziner an Bord ist es wichtig, die Symptome unter echten Bedingungen kennenzulernen. Also wird es einigen nicht erspart werden können, so infiziert zu werden, dass die Krankheit tatsächlich ausbricht.

Wie immer man es einmal machen wird, die Anpassung des Immunsystems, an die Mikrobiologie einer fremden Welt, wird die alles entscheidende Herausforderung, für eine erfolgreiche Kolonisierung, sein.

3.2 Landung

Nachdem Sonden den Planeten über einen Zeitraum, den man jetzt nicht wirklich schätzen kann, der aber mindestens mehrere Tage, wenn nicht Wochen, dauern wird, untersucht haben, wird man die Entscheidung zur Landung treffen.

Aufgrund der Daten der Sonden wird man wissen, wie sehr man sich schützen muss, wenn man den Planeten betritt. Und dann ist es nur noch eine Frage, wer als Erster hinunter darf.

Wer darf als Erster den Planeten betreten?

Der aktuelle Leiter der Expedition?

Sein Vertreter?

Der wissenschaftliche Leiter?

Ein Mann?

Eine Frau?

Rein rational und objektiv betrachtet müsste es ein Wissenschaftler sein. Ein Geologe, ein Biologe, ein Meteorologe, je nachdem, was man als Erstes wissen will.

Aber rein emotional liegt die Sache jedoch völlig anders. Denn immerhin sprechen wir hier von einem absolut historischen Ereignis. Es ist die Inbesitznahme einer neuen Welt. Es ist der Beginn einer neuen Menschheit. Und der allererste Moment einer neuen Historie.

Also, wer soll der Erste sein, der die Neue Welt betritt? Welcher Mensch wird als Erster seinen Fuß auf eine fremde Welt in einem fremden Sonnensystem setzen? Wen wird man dazu auswählen?

Es muss ein Repräsentant sein. Ein Mensch, der von allen an Bord geachtet wird. Der die Kraft und Ausstrahlung hat, um eine Symbolfigur zu sein. Denn er wird es sein, der über Jahrtausende hinweg genannt werden wird. Sein Name, sein Leben, sein Aussehen wird unsterblich werden. Ihm wird ein Denkmal gesetzt werden. Also, wer will? Wer darf?

Ich bin froh, dass ich bei dieser Entscheidung nicht dabei bin. Allein die Frage, ob es ein Mann, eine Frau oder beide zugleich sein sollen, wird Bedarf nach Aspirin wecken. Wer immer es sein wird, hat Ruhm und Bürde zugleich.

Dem ultimativen Ereignis der ersten Landung, dem Moment, in dem der erste Mensch diese Welt betritt, folgt der Alltag. Nun sind die Wissenschaftler dran. An erster Stelle die Biologen. Ihre Aufgabe wird es sein, herauszufinden, ob es, für Menschen, gefährliche Mikroorganismen, Bakterien, Viren oder Ähnliches gibt.

Die Meteorologen werden nicht nur das Wetter im Auge haben, sondern auch die Strahlungswerte. Und während sie sich um Wind, Wetter, Temperaturen und kosmische Strahlung kümmern, werden die Geologen den Planeten förmlich auseinandernehmen. Sie werden die Beschaffenheit des Kerns ermitteln, die Dicke der Kruste bestimmen, in der Hoffnung, dass es darunter Magma und darauf basierende Plattentektonik gibt.

Auch das Ausmaß der radioaktiven Strahlung, wie sie auch auf der Erde Bestandteil des Bodens ist, wird ein Thema sein. Basierend auf den Ergebnissen, die all diese Untersuchungen bringen, wird man nach einem geeigneten Ort für die erste Kolonie suchen.

Wo wird dieser Ort sein?

Welche Bedingungen muss er erfüllen?

Blicken wir zuerst einmal auf das, was an diesem Ort nicht sein soll. Denn eine Erdbebenzone ist ebenso unwillkommen wie ein schlafender Vulkan. Es sollte auch keine Region sein, die gerne von heftigen Stürmen besucht wird. Und die Auswirkungen von Jahreszeiten müssen auch nicht extrem sein. Benötigt wird hingegen ein möglichst einfacher Zugang zu Wasser. Auch sollte die Region nicht auf Hochplateaus oder an Berghängen liegen. Weder sollte man sich einer hohen Strahlung, die auf Hochplateaus nun mal stärker ist, noch der Gefahr abrutschender Berghänge aussetzen.

Gut geeignet wäre ein, in einer stabilen Klimazone liegendes, relativ flaches Land mit einem eher weichen, jedoch mineralhaltigen, Boden an den Ufern eines friedlichen Sees. Wobei man beim See auch unter dessen Boden schauen darf. Gibt es, aufgrund von vulkanischer Aktivität, Austritte von Kohlendioxid oder noch schlimmer Kohlenmonoxid?

In Afrika gibt es solche Seen. Und dort gab es schon spontane Ausstöße von Kohlenmonoxid, die tausende von Menschen getötet haben! Die Erfahrungen, die wir auf unserem eigenen Planeten gemacht haben, können uns lehren, wo und wie intensiv wir bei einem fremden Planeten hinsehen müssen.

Allerdings haben wir dabei ein Problem. Zwar verfügt man an Bord über das gesamte Wissen der Menschheit, weshalb jedes Besatzungsmitglied in jeder Wissenschaft ausgebildet werden kann. Aber Erfahrung, im Umgang mit Planeten, die gibt es nicht. All die Wissenschaftler, die den Planeten betreten, haben keinerlei praktische Erfahrung. Gut, ihre Ausbildung kann, mittels Techniken der virtuellen Realität, sehr intensiv und wirklichkeitsgetreu durchgeführt werden. Aber kann dies echte Erfahrung ersetzen?

Werden wir, irgendwann in der Zukunft, über eine Technik verfügen, bei der die virtuelle Realität von der physischen Realität
nicht mehr unterscheidbar ist? Sie also auf sensitive Weise absolut
real erlebt wird? Die der Haut die richtigen Eindrücke von Wind
und Sonnenstrahlen vermittelt? Die uns jeden Stein unter den
Füßen spüren lässt? Und zwar genau so, wie dieser Stein sich real
anfühlen würde? Und die uns das ein oder andere Staubkorn ins
Auge bläst?
Kann eine virtuelle Realität wirklich so wirklich sein, wie die
Wirklichkeit selbst?
Kann man in einer virtuellen Realität einen Apfel greifen, ihn auf-
heben, ihn fühlen und in ihn hineinbeißen?

Vielleicht kann man dies sogar möglich machen, indem man
einen echten Apfel passgenau platziert. Aber viel mehr als solche
einzelne „Gimmicks" kann es so nicht geben. Die Erfahrung, die
Intensität des Erlebens, die eine wahre Wirklichkeit bietet, kann
eine Simulation nicht leisten.

Nicht einmal Träume sind hierzu in der Lage. Auch keine Alb-
träume, die so real erscheinen, dass wir in Schweiß gebadet auf-
wachen. Oder kann ein Traum einem wirklich die Realität vorgau-
keln? Nein, strenggenommen nicht. Denn bei genauerer Betrachtung fehlt es den Träumen an Details.
Kann man in einem Traum Zeitung lesen? Also lesen, was auf
einer Zeitung, die auf einem Tisch liegt, geschrieben steht?

Vielleicht hat dies schon einmal jemand erlebt.
Kann man in einem Traum riechen? Gerüche wahrnehmen?

Vielleicht hat auch das schon einmal jemand erlebt.
Kann man in einem Traum fühlen, wie sich etwas anfühlt? Wie
sich Stein, Holz oder Samt, über den man die Hand gleiten lässt,
anfühlt?

Vielleicht hat auch das schon einmal jemand erlebt.
Aber alles zusammen? Kann das Gehirn in einem Traum alle Eindrücke gleichermaßen simulieren? Oder bietet es uns immer nur
Teile des Ganzen, weil es weiß, dass wir auf den Rest ohnehin
nicht achten.

Keine virtuelle Realität, keine Simulation, kein Traum, keine
Phantasie kann die Wirklichkeit so vermitteln, wie sie wirklich ist.
Wir sollten dankbar dafür sein.

Wie lange es dauern wird, bis man einen geeigneten Platz für
eine Kolonie gefunden hat, ist abhängig davon, wie oft man
danach suchen muss. Oft genug wird man einen Platz finden, der,
bei genauerer Untersuchung, dann doch nicht die besten Voraus-

setzungen bietet. Also kann die Suche einige Zeit dauern. Vielleicht Wochen oder gar Monate. Zeit, in der die Kolonisten sich in Geduld üben müssen. Und wie schwer ihnen das fallen wird, werden nur diejenigen wissen, die es ertragen müssen.

Hat man schließlich einen Platz gefunden, heißt es, für die Kolonisten, immer noch warten. Denn die Treibstoffvorräte, zum Betrieb der Shuttles, sind nicht unbegrenzt. Also muss zuerst eine Treibstoffquelle gefunden werden.

Falls man chemische Triebwerke verwendet, ist dies relativ einfach. Man braucht nur Wasser. Spaltet dieses in seine Bestandteile Wasserstoff und Sauerstoff, kühlt sie ab, bis sie flüssig werden, und packt sie dann in die Tanks der Shuttles.

Nur ein Problem wäre da noch. Der Wirkungsgrad heutiger Triebwerke macht es notwendig, dass wir sehr viel Treibstoff verwenden müssen, um einen niedrigen Orbit zu erreichen. Hat der Planet eine ähnlich hohe Schwerkraft wie die Erde, dann wird es dort nicht anders sein. Um aber einen regelmäßigen Flugverkehr einrichten zu können, müssen die Shuttles in der Lage sein, mit einer einzigen Treibstofffüllung in den Orbit zu starten, am Raumschiff anzudocken, wieder von ihm abzukoppeln, ein Bremsmanöver durchzuführen und sicher zu landen. Und damit ist senkrechte Landung gemeint, denn Landebahnen gibt es noch nicht.

Damit diese Treibstoff-/Nutzlastrechnung aufgeht, müssen entweder Triebwerke erfunden werden, die das Energiepotential von Wasserstoff und Sauerstoff wesentlich besser nutzen als heutige oder es braucht neue Triebwerke.

Ob Fusionstriebwerke dies leisten würden und dabei auch für ein Shuttle kompakt genug gebaut werden können, ist heute nicht abschätzbar. Denkbar wären aber auch Hybridtriebwerke. Diese würden bis zur maximal möglichen Höhe, hier wahrscheinlich 15.000 – 20.000 Meter, mit dem Sauerstoff der Atmosphäre arbeiten, bevor für den weiteren Flug auf einen bordeigenen Vorrat umgeschaltet wird.

Unabdingbar, für die Einrichtung eines Flugverkehrs zwischen Raumschiff und Oberfläche, ist daher, dass man, noch bevor das Raumschiff die Erde verlässt, recht genau weiß, welche Gravitation man am Zielplaneten vorfindet. Ist diese größer als auf der Erde, steigen die technischen Herausforderungen mit jedem Prozent, um das sie größer ist. Man stelle sich vor, das Raumschiff erreicht nach 500 Jahren den Zielplaneten und man stellt fest, dass die Gravitation um 0,05 Gravo höher ist, als die Triebwerke der Shuttles leisten. Etwas, das auf keinen Fall passieren darf.

Auch die Technik der Hybridtriebwerke ist nicht ohne Risiko. Schließlich ist sie darauf angewiesen, dass der Partialdruck des Sauerstoffs mindestens so hoch ist, dass er den Anforderungen des Triebwerks genügt. Dafür muss die Atmosphäre nicht nur genug Sauerstoff enthalten, sondern auch eine ausreichende Dichte aufweisen. Und letztlich war es bisher in der Raumfahrt immer so, dass der eigentliche Flug weniger problematisch ist, als die Landung.

Nehmen wir als Beispiel den Mars. Er stellt an die Landung von Sonden weit größere Herausforderungen als der Mond, die Venus oder der Saturnmond Titan. Selbst auf dem sonnennächsten Planeten Merkur wäre eine Landung einfacher. Warum dies so ist? Vergleichen wir doch mal die Parameter.

Beim Mond gibt es keine Atmosphäre, die für den Einsatz von Fallschirmen in Frage kommt. Doch beträgt die Gravitation gerade mal ein Sechstel der irdischen. Das heißt, die Triebwerke brauchen auch nur etwa 16 Prozent der Stärke, die auf der Erde notwendig wäre.

Bei der Venus hingegen haben wir fast die gleiche Schwerkraft wie auf der Erde und dazu noch eine 92 Mal so dichte Atmosphäre. Also ein Paradies für Fallschirme. Nur müssen die recht feuerfest sein, denn die Temperaturen liegen bei 450 Grad Celsius. Weshalb die Landung weniger das Problem ist, als die Frage, wie lange die Sonde durchhält.

Beim Saturnmond Titan ist die Sache ähnlich. Hier ist die Landung noch einfacher. Titan hat eine Atmosphäre, die 1,5 Mal so dicht ist, wie die der Erde. Titan hat aber mit knapp 0,14 G eine weit geringere Gravitation. Das heißt, man braucht keine starken Triebwerke und hat gleichzeitig eine sehr gute Wirkung bei der Nutzung von Fallschirmen.

Blicken wir jetzt zum Mars. Dieser hat eine Gravitation von 0,38 G. Also etwas mehr als ein Drittel der irdischen. Doch seine Atmosphäre bietet nur 0,06 Bar. Das bedeutet, dass Fallschirme zwar verwendet werden können, ihre Wirkung aber ein Vielfaches kleiner ist, als auf der Erde. Es gibt also physikalische Gründe dafür, dass das Landen von Sonden auf dem Mars nicht nur einmal in einer Bruchlandung geendet hat.

Hat man die Frage der Treibstoffversorgung gelöst, kann mit dem Aufbau der Kolonie begonnen werden. Wobei wir hier immer noch nicht von einer umfassenden Landung der Kolonisten sprechen. Schließlich gibt es noch keine Wohnmodule, keine Infrastruktur, keine Energieerzeugung und keine Nahrungsversorgung.

Und der Aufbau einer Zeltstadt, die aus dem Orbit heraus versorgt werden muss, ist wirklich nicht die praktischste Methode.

Also werden die ersten Transportflüge vorwiegend Material beinhalten. Ebenso Maschinen, wobei wir hier beim Thema Robotik wären. In hundert Jahren ist die Robotik mit Sicherheit so weit, dass auch feinmotorische Arbeiten völlig autonom erledigt werden können. Ob die Roboter wie Menschen aussehen, oder ihr Aussehen zweckoptimiert ist, das entscheiden Geschmack, Zeitgeist und die Fähigkeit, sich Notwendigkeiten zu ergeben.

Mit Sicherheit wird es jedoch Roboter geben, die in der Lage sind, eine komplette Infrastruktur aufzubauen. Sobald die Versorgung von Häusern mit Wasser, Strom und Nahrungsmittel sichergestellt ist, können die ersten Kolonisten diese beziehen.

Doch das Hauptproblem wird die Versorgung der Kolonisten mit genügend Nahrungsmitteln sein. Es wird kaum möglich sein, die im Raumschiff verwendeten Einrichtungen zur Erzeugung von Nahrungsmitteln, sprich die Landwirtschaft, auch nur teilweise auf die Oberfläche zu transportieren.

Dies ist auch deshalb nicht möglich, weil ja nach wie vor die Menschen an Bord versorgt werden müssen. Daher ist, neben dem Aufbau der Infrastruktur, der Aufbau der Produktion von Nahrungsmitteln der wichtigste Punkt.

Und das bedeutet die Errichtung einer komplexen Landwirtschaft. Hier stellt sich jedoch ein generelles Problem, in der Beantwortung der Frage, ob man irdische Pflanzen auf eine fremde Welt importieren will oder ausschließlich das nutzt, was diese Welt zu bieten hat. Die Antwort auf diese Frage kann bedeuten, dass sich die Ausschiffung der Kolonisten um Jahre verzögern wird. Einzig deswegen, weil, bevor man indigene Pflanzen für den menschlichen Verzehr freigibt, diese ausgiebig untersucht und getestet werden müssen. Nutzt man hingegen irdische Pflanzen, wäre deren Anbau sehr schnell, praktisch sofort, möglich. Irdische Pflanzen würden jedoch die Natur des Planeten kontaminieren. Was nicht absehbare Folgen haben kann.

Auf der Erde kennen wir Beispiele dafür, dass eine eingeschleppte Pflanze oder Tierart ganze Ökosysteme ernsthaft in Gefahr gebracht haben, indem sie wichtige Bestandteile der indigenen Flora und Fauna nahezu vollständig verdrängt hat.

Daher dürfen die Kolonisten hier auf keinen Fall vorschnell handeln. Die Frage des Aufbaus einer Landwirtschaft wird Diskussionen auslösen. Was wird gewinnen? Die Vorsicht? Oder die Begierde?

Werden die Kolonisten über die notwendige Geduld verfügen, um auf das Einbringen von irdischen Pflanzen in die Natur der Neuen Welt verzichten zu können?

Wie immer man sich auch entscheiden mag, erst wenn die Landwirtschaft die ersten Ergebnisse, also für den Verzehr geeignete Nahrungsmittel, liefert, kann man damit beginnen, Kolonisten, in dem Umfang, in dem sie auch versorgt werden können, zur Oberfläche zu bringen.

Dies wird im günstigsten Fall vielleicht nach etwa 2 Monaten möglich werden. Im Worst Case vielleicht erst nach Jahren. Mit Sicherheit kann man das erst sagen, wenn man den Planeten untersucht hat und seine Eigenheiten kennt, was insbesondere die jahreszeitlich bedingt wechselnden Umweltbedingungen betrifft.

Was, wenn er eine stark exzentrische Umlaufbahn hat und in Folge dessen über weite Zeiträume Temperaturen herrschen, die die Produktion an vegetarischer Kost einschränken?

Auf all dies muss die Expedition vorbereitet sein. Und dies nicht nur bezüglich der Technik und Produktionsverfahren. Auch die Psyche, und diese ganz besonders, muss darauf vorbereitet werden, dass man, obwohl man das Ziel vor Augen hat, es praktisch in greifbarer Nähe ist, noch Monate, oder vielleicht sogar Jahre, an Bord des Raumschiffs zubringen muss.

Vom Moment der ersten Landung, dem ersten Augenblick, wo ein menschlicher Fuß die Oberfläche berührt, bis zu dem Tag, an dem der Letzte das Raumschiff verlässt, können Jahre vergehen.

Es wird also höchstwahrscheinlich keine einfache Landung geben, sondern ein sehr lange dauerndes Verfahren. Nennen wir es ein Ausschiffungsprojekt.

3.3 Anpassung

Allzu gern denken wir, dass die Erde überall gleich ist und dass die Menschen ebenso alle gleich sind.

Aus Sicht der Menschenrechte sind alle Menschen gleich. Absolut gleich, denn alles andere wäre Diskriminierung.

Aus genetischer Sicht sind die Menschen nicht gleich. Oder besser gesagt, aus physiologischer Sicht sind die Menschen nicht absolut gleich. Denn es gibt tatsächlich Unterschiede, die sich genetisch entwickelt haben und vererbt werden, die aufgrund des Lebensumfelds entstanden sind.

Die Hautfarbe ist hierfür das auffallendste Beispiel. Ein zu hohes Maß an UV-Strahlung schädigt die Haut. Was ein recht breites Spektrum an dermatologischen Erkrankungen, von der einfachen Rötung, über die aktinische Keratose, bis hin zum malignen Melanom, beinhaltet.

Um dem zu begegnen, hat die Evolution ein einfaches Mittel erfunden. In Form von Melanozyten. Das sind Zellen, die sich in der Haut befinden und Melanin produzieren können. Melanin färbt nicht nur die Haut braun bis schwarz, sondern ist auch ein hervorragender Schutz gegen UV-Strahlung.

Weniger auffällig sind Veränderungen, die durch die Anpassung an Höhenlagen entstehen. Hier kommt es in erster Linie zu einer Erhöhung der roten Blutkörperchen, wodurch der Sauerstofftransport quantitativ verbessert wird.

Generell findet eine solche Höhenanpassung bei jedem Menschen statt, der sich längere Zeit in Höhenlagen aufhält. Allerdings ist diese, aufgrund der fehlenden genetischen Disposition, zeitlich begrenzt und verschwindet allmählich wieder, wenn die Höhenlage verlassen wird.

Wenn man nun eine fremde Welt kolonisieren will, dann ist die Frage der Umwelt von entscheidender Bedeutung für die zukünftige genetische Weiterentwicklung der Kolonisten.

Der menschliche Körper ist für eine Temperatur von etwa 20 Grad Celsius optimiert. Bei geringeren Temperaturen muss aktiv Wärme produziert werden und bei höheren Temperaturen muss, Wärme, über Schwitzen, abgeführt werden.

Das Limit liegt übrigens bei 53 Grad. Steigt die Umgebungstemperatur über diesen Wert, ist die Körperkerntemperatur nicht mehr auf 37 Grad zu halten. Die Folge ist Fieber. Und eine dauerhafte Überhitzung führt zum Tod.

Schwierig ist auch das Thema Gravitation. Auch hier ist der Mensch auf eine Schwerkraftbeschleunigung von 9,81 Meter pro Sekunde eingestellt. Muskulatur, Knochendichte und das Herz-Kreislaufsystem, bis hin zu den Venenklappen, ist auf diesen Wert praktisch geeicht. Und jede Veränderung der Gravitation führt automatisch zu einer physiologischen Anpassung, die sich, bei dauerhaft veränderter Gravitation, auch in den Genen manifestieren wird.

Das bedeutet, dass die Menschen, die einen fremden Planeten kolonisieren, sich auf genetischer Ebene an die Umwelt des Planeten anpassen werden. Wie umfangreich diese genetischen Veränderungen, die im Extremfall zu einer neuen Art von Mensch führen können, sein werden, hängt davon ab, welchen Planeten man für die Kolonisierung ausgewählt hat.

Welche Toleranzwerte hier tatsächlich möglich sind, das lässt sich nicht vorhersagen.

Kritisch wäre ein Sauerstoffpartialdruck von über 1,6 Bar oder unter 0,12 Bar.

Die Schwerkraft sollte nicht viel mehr als 20 Prozent von der irdischen abweichen. Also zwischen 0,8 und 1,2 Gravo liegen.

Bei zu hohen Temperaturen kann man den Regionen, die zu heiß sind, ausweichen.

Und vor zu hoher UV-Strahlung kann man in Deckung gehen oder braun werden.

Aber was wären die Folgen, wenn die Rotation des Planeten weit mehr als 24 Stunden beträgt?

Wenn es z. Bsp. 32 Stunden sind?

Wie würde sich das auf den Biorhythmus und das Schlafbedürfnis auswirken?

Reichen 8 Stunden Schlaf für einen Tag, der dann immer noch 24 Stunden lang ist?

Was macht man eigentlich, wenn der Tag 26,13 Stunden lang ist?

Baut man eine neue Art von Uhr?

Oder ändert man die Länge der irdischen Sekunde, so dass aus den 26,13 Stunden die gewohnten 24 Stunden werden?

3.4 Immunisierung

Wenn man bedenkt, wie viele absolut tödliche Krankheiten es auf der Erde gibt, die durch Bakterien oder Viren verursacht werden und dann noch die hinzurechnet, die einen das Leben lang begleiten und mehr oder weniger leiden lassen, dann kann man nur hoffen, dass man vom Schlimmsten verschont bleibt.

Glücklicherweise, oder besser gesagt, von der Evolution dazu konstruiert, kann unser Immunsystem die meisten Erreger erfolgreich bekämpfen. Die meisten kennt es ja. Entweder hat es sie in der Kindheit kennengelernt oder indirekt im Mutterleib. Oder, jetzt mal rein spekulativ gedacht, werden die erforderlichen Informationen genetisch weitergegeben?

Doch wie auch immer das Immunsystem es gelernt hat, mit Krankheitserregern umzugehen, letztlich kann es nur erfolgreich sein, wenn es weiß, wie es den Erreger bekämpfen muss.

Nun sind die Kolonisten aber nicht mehr auf der Erde, sondern auf einer fremden Welt. Und wenn diese für Menschen eine lebensfähige Umwelt bietet, so bedeutet dies, dass sie auch das Potential hat, Leben selbst zu entwickeln.

Wir sollten also wirklich nicht annehmen, dass wir eine zweite Erde finden, die uns Luft, Wasser und Ackerfläche bietet, so dass wir ohne Schutz im Freien leben können, ohne dass diese Welt nicht bereits eigenes Leben entwickelt hat oder zumindest damit begonnen hat.

Vielleicht finden wir nicht viel mehr als einfache Pflanzen und Bakterien. Algen im Wasser und Farne an Land. Vielleicht finden wir aber auch eine komplexe Natur mit einer Vielzahl an Lebewesen, was auch Krankheitserreger einschließt. Und im Fall von Krankheitserregern ist die entscheidende Frage, ob sie im menschlichen Organismus wirksam werden können oder nicht.

Denn ebenso wie unser Immunsystem Erreger nur bekämpfen kann, wenn es sie kennt, können Erreger ihre Funktion auch nur erfüllen, wenn sie den von ihnen befallenen Organismus kennen.

Ein Gift, z.B. von Schlangen, das auf die Verbindung zwischen den Synapsen zielt, kann nur wirken, weil es im menschlichen Körper Synapsen gibt. Bei einem Nervengeflecht, das ohne Synapsen auskommt, wäre das Gift wirkungslos.

Aber leider können wir uns nicht darauf verlassen, dass außerirdische Erreger (also Viren, Bakterien, Parasiten) in menschlichen Körpern keine Angriffsfläche finden.

Wenn die Natur und die Evolution uns etwas lehren, dann, dass ihr Potential, das Leben und organische Verfahren zu entwickeln, nahezu unbegrenzt ist. Die Evolution ist sozusagen ein wahrer Meister der Anpassung. Das zwingt uns dazu, Meister der Vorsicht und der Voraussicht zu werden. Wenn wir also zulassen, dass unbekannte Erreger uns überraschen, ist es nur eine Frage der Inkubationszeit und der Wirkung, um die Existenz einer neuen Menschheit im Keim zu ersticken.

Allein schon aus diesem Grund ist es nicht angeraten, dass alle Kolonisten so bald wie möglich auf den Planeten übersiedeln. Die, die es als Erste tun, erfüllen damit auch den Zweck von Probanden. Ihr Aufenthalt in der Kolonie ist sozusagen ein Aufenthalt in Quarantäne. Was bedeutet, dass sie, zumindest die erste Zeit, nicht an Bord des Raumschiffs zurückkehren können.

"Vorsicht, ist die Mutter des Überlebens.

"Risikobereitschaft, ist der Vater des Entdeckens.

Die entscheidende Frage ist, wie man beides so vermischt, dass kein irreparabler Schaden entsteht.

Natürlich könnte man auch sagen:

"Risikobereitschaft, ist der Vater des Unglücks.

Unglück gehört zu den Dingen, die niemand mag und die man bei der Kolonisierung einer fremden Welt mit besonderer Anstrengung vermeiden sollte.

Was können die Kolonisten nun tun, um die potentielle Gefahr, die von Krankheitserregern ausgeht, zu minimieren?

Zum einen empfiehlt sich eine sehr gründliche Erforschung der Umwelt. Die Suche nach Mikroorganismen, aller Art, muss die gründlichste sein, die je durchgeführt wurde. Und dazu reicht es nicht, auf die Oberfläche zu blicken.

Von der Erde wissen wir, dass selbst in 1.000 Meter Tiefe, zwischen dichtem Gestein, noch Mikroorganismen zu finden sind. Bakterien, Pilze, Viren, Amöben, selbst Einzeller wie Prokaryoten und Eukaryoten müssen auf mögliche schädliche Wirkungen hin geprüft werden.

Diese müssen keineswegs dramatisch sein. Aber wer möchte schon eine dermatologisch wirkende Infektion oder Ähnliches mit sich herumschleppen? Außer einem lästigen Juckreiz würde diese sich recht negativ auf soziale Kontakte auswirken, insbesondere auf intime. Daher heißt es, schauen, suchen, prüfen. Immer und immer wieder. Und beständige Kontrolle. Nicht nur die Vitalwerte betreffend. Sondern der gesamte Körper, sowohl innen wie außen, muss auf Auffälligkeiten hin untersucht werden.

Tag, wie Nacht, stündlich, oder besser noch, in jedem Moment. Denn jeder kleine Stich eines Insekts kann hier schon etwas bringen, was man nicht haben will.

Um ein solches Ausmaß an Überwachung zu erreichen, braucht man etwas Höchstpersönliches. Am besten etwas, das sich innerhalb des Körpers befindet.

Schon heute gibt es Versuche mit medizinischen Sonden. Kleine Kapseln, die geschluckt werden und den Verdauungstrakt untersuchen.

Bei weiterem technologischem Fortschritt ist es möglich, derartige Sonden auch im Blut zu platzieren. Und dort sind sie in der Lage, so ziemlich alles zu entdecken, was da nicht hingehört und Infektionen auslösen kann.

Sicher wird man mit implantierten medizinischen Sonden nicht alle Krankheiten vermeiden und alle Infekte frühzeitig abfangen können. Aber denkbar wären auch noch weitere Schutzmechanismen. Hier könnte die Kleidung helfen.

Was spricht dagegen, dass das Gewebe, aus dem die Kleidung besteht, über Sensoren verfügt? Obwohl wir so etwas heute noch nicht bauen können, vorstellbar ist es.

Und wie gesagt, wenn wir von globalen Katastrophen, seien es irdische (Supervulkane), außerirdische (Asteroiden) oder selbstgemachte (nuklearer Krieg, biologischer Krieg) verschont bleiben, werden wir in hundert Jahren deutlich mehr können als heute.

Obwohl eine Immunisierung vor Krankheitserregern, die wir noch gar nicht kennen, ein kaum zu lösendes Problem ist, so haben wir im Fall der Prävention doch so einiges zu bieten. Treu dem Motto: „Schutz ist besser als heilen."

3.5 Rohstoffe

Wie viele, die den Begriff Rohstoffe hören, denken als Erstes an Erdöl?

Und wie viele haben eine Vorstellung davon, wie viele Rohstoffe nötig sind, um eine technische Zivilisation, wie die unsere, aufzubauen und zu unterhalten?

Was braucht man, um einen Autoreifen zu bauen? Unter anderem Gummi. Was ist die Basis für Gummi? Kautschuk. Wo findet man Kautschuk? Es ist das Sekret eines Baums. Sozusagen sein Harz.

Wie viele unterschiedliche Lebensmittel findet man im Supermarkt? Wie viele Rohstoffe sind nötig, zur Herstellung der Lebensmittel, die wir dort, als Fertigprodukte, finden?

Brot, zum Beispiel, braucht nicht nur Weizen, sondern auch Hefe, die von einem Pilz stammt, Salz…. usw.

Wie viele Rohstoffe stecken in einem Smartphone? Von Öl, welches im Plastik steckt, bis hin zu Iridium oder Lithium, als Bestandteil des Akkus.

Für die Produktion von hochwertiger Technik sind Materialien notwendig, von denen viele Menschen noch nie gehört haben. Manche kennen sie als „seltene Erden". Gemeint sind damit bestimmte, auf unserem Planeten noch weit seltener als Gold vorkommende, Elemente, die im Periodensystem zu der Gruppe der Lanthanoide gehören. Elemente dürften jedoch nicht wirklich das Problem sein. Denn was auf einem Planeten nicht zu finden ist, wird in einem der Asteroiden stecken, die es in einem Sonnensystem mit Sicherheit zu finden gibt.

Weit schwieriger wird die Angelegenheit bei der Frage nach organischen Rohstoffen. Und damit ist nicht nur Erdöl gemeint. Alles, absolut alles, was als organischer Rohstoff von uns verwendet wird, wird von der Natur der Erde erzeugt. Sei es Holz, für Möbel/Papier, oder Baumwolle, für die Herstellung von Kleidung.

Jeder Versuch, einer vollständigen Aufzählung aller natürlichen Ressourcen und organischer Rohstoffe, die wir verwenden und wo diese herkommen, würde Bücher füllen.

Nehmen wir nur mal Zimt. Ein Gewürz, das gewonnen wird aus der Rinde eines Baums. Wandern wir in Gedanken über einen Basar und blicken zu den dort präsentierten Gewürzen. Wenige sind das nicht. Und jedes Einzelne hat eine Pflanze, von der es geerntet wird. (Außer Curry, das ist eine Gewürzmischung.)

Irgendjemand, der auf seinen Kaffee verzichten möchte? Was ist mit Schokolade, die ja aus Kakaobohnen gewonnen wird?

Und was ist mit Pharmazie? Wie wäre es, wenn wir einmal nachforschen, wie viele Medikamente auf pflanzlichen und tierischen Produkten basieren?

Curare, zum Beispiel. Das Gift des südamerikanischen Pfeilgiftfroschs ist unter anderem ein Bestandteil von Narkosemitteln. Curare dient hier zur Muskelentspannung. Genauer gesagt, es verhindert, dass es zu spontanen Muskelkontraktionen kommt.

Man stelle sich nur mal vor, ein Chirurg, mit Skalpell am offenen Herzen, und plötzlich zuckt der Körper, bäumt sich reflexartig auf. Danke, dass es Curare gibt.

Sicherlich wird man in hundert Jahren so einiges von dem, was man braucht, synthetisch herstellen können. Aber wirklich alles? Um nun wirklich sicher zu gehen, dass absolut alle Rohstoffe, die benötigt werden, zur Verfügung stehen, muss man alles, was man braucht, im Koffer haben. Praktisch alles, was als Nutzpflanze für den Aufbau einer Zivilisation notwendig ist, muss spätestens vor Ort verfügbar sein.

Es ist jedoch absolut unmöglich, auf dem Raumschiff, ein Gewächshaus einzurichten, in dem all diese Pflanzen wachsen und existieren können. Es sind einfach viel zu viele.

Was bleibt, ist, deren Samen mitzunehmen. Und letztlich wird man es, im Extremfall, nicht vermeiden können, den Planeten mit irdischer Natur zu kontaminieren.

Vielleicht wird man vorerst versuchen, den Anbau auf abgeschottete Gewächshäuser zu begrenzen. Aber irgendwann wird das nicht mehr genügen. Irgendwann benötigt man umfangreiche Anbauflächen. Wobei das davon abhängig ist, welche Population die neue Menschheit erreicht.

Genügen Gewächshäuser, um 2 Millionen Menschen zu ernähren? Und dabei zusätzlich noch alle pflanzlichen Rohstoffe zu produzieren? Vielleicht genügen sie.

Aber was, wenn aus den 2 Millionen 20 Millionen geworden sind? 200 Millionen? 2 Milliarden? Die Kolonisierung einer fremden Welt ist ihre Eroberung und gleichermaßen ihre Versklavung. Ab dem Moment, ab dem wir die einzige ausreichend intelligente Spezies sind, die eine technische Zivilisation aufbauen kann, bestimmen wir die Natur dieser Welt.

Und um zur Frage der Rohstoffe zurückzukommen, was ist mit den tierischen Produkten, die wir hier auf der Erde täglich verwenden? Und seien es nur Daunenfedern für ein Kopfkissen.

Die Rohstoffe der fremden Welt werden uns nicht reichen. Sie können es nicht, weil unsere Technik auf die Rohstoffe angewiesen ist, die wir kennen.

Vielleicht können wir einiges von der Neuen Welt übernehmen und zu benutzen lernen. Aber mit Sicherheit wird dies nicht reichen. Wir werden diese Welt verändern. Und diese Veränderung wird nicht nur aus Häusern in einer Landschaft bestehen.

Bei der Frage, wie bedeutsam das Thema Rohstoffe ist, genügt ein Blick auf die irdische Geschichte. Alaska, Yukon, Gold, Goldrausch!

Tausende Menschen zogen in eine echt unwirtliche Gegend und haben unter sehr unangenehmen Bedingungen geschuftet, um an das begehrte Metall zu kommen. Nur aus der Gier nach Reichtum? Oder als einzige Chance, genügend Geld für ein Stück Brot zu finden? Aus welchem Grund auch immer, es hat Menschen dazu gebracht, ihr bisheriges Leben komplett aufzugeben.

In der heutigen Zeit führt der Bedarf an Rohstoffen zu einem beständigen Kampf um die besten „Futterplätze". Und die Länder, die über begehrte Rohstoffe verfügen, werden hofiert von Ländern, die diese dringend benötigen.

Und was den ersten Golfkrieg betrifft, darf man die Frage stellen, wie hoch die Bereitschaft zur militärischen Intervention zur Befreiung Kuwaits gewesen wäre, wenn das Land keine gewaltigen Ölfelder sein Eigen nennen würde.

Rohstoffe fördern nicht nur die Qualität unseres Lebens, unseres Wohlstands und unserer technischen Möglichkeiten, sie bestimmen auch, wie viele Menschen es geben darf. Denn wenn die Erde nicht mehr genügend Nahrungsmittel produzieren kann, um die Zahl der Menschen zu ernähren, wird sich die Zahl zwangsläufig verringern! Und so wird das Thema Rohstoffe die Entwicklung der Kolonie maßgeblich beeinflussen. Abhängig davon, wo, wie viele und welche man findet, kann ihr Aufbau schneller oder nur sehr langsam durchgeführt werden.

Einige Pflanzen müssen jahrelang wachsen, bevor sie die Stoffe liefern, die wir benötigen. So wird der Aufbau einer umfassenden Rohstoffversorgung Vorrang haben vor allem anderen. Denn was nützt es, wenn man ein Haus auf einem Planeten hat, aber nichts zu essen? Was nützen einem Fabriken, wenn sie nichts produzieren können? Kann sich irgendjemand vorstellen, wie umfassend die Aufgaben sind, die es zu bewältigen gibt, um eine Kolonie auf einer fremden Welt überlebensfähig zu machen? Und bitte nicht vergessen, die Sache mit Nachschub steht hier nicht zur Debatte.

Die Unmöglichkeit, von der Erde aus mit Nachschub versorgt zu werden, das ist der primäre Unterschied zu jeder Kolonisierung, die auf der Erde je stattgefunden hat und mit der wir im Falle von Mond und Mars rechnen dürfen.

Nachschub war der Schlüssel dafür, dass Amerika nicht nur hin und wider Besuch von Seefahrern erhielt.

Nachschub war und ist auch der Schlüsselfaktor für jeden je geführten Krieg.

Ebenso wie für die Besetzungen von Ländern, was man im 19. Jahrhundert viel und gerne getan und Kolonisierung genannt hat.

Aber Nachschub, als Schlüsselfaktor des Erfolgs, steht hier nicht zur Verfügung. 500 Jahre Lieferzeit sind reichlich zu viel. Also muss die Kolonisierung einer fremden Welt vollständig autonom erfolgen können. Alles was man braucht, muss man dabeihaben. Oder man muss es aus dem, was man findet, erzeugen können. Und dafür braucht es nichts dringender als Wissen. Und die Fähigkeit, Wissen zu erlangen.

Wie viele Wissenschaftler braucht es, die Grundlagen zu schaffen, um Probleme zu lösen, von denen man nie geahnt hatte, dass man sie einmal bekommen würde?

Wie viele Ingenieure braucht es, um neue technische Verfahren zu entwickeln?

Und wie viel Arbeit wird zu erledigen sein, bis der erste Apfel gepflückt werden kann?

Werden kaum mehr als tausend arbeitsfähige Menschen, wobei wir nicht vergessen dürfen, dass viele von ihnen noch Jugendliche sein werden, genügen, um all dies zu schaffen?

Es so schnell, wie nötig, zu schaffen?

Manchmal hat man das Gefühl, dass die Fragen und die Unwägbarkeiten, einer interstellaren Reise, derart zahlreich sind, wie die Distanz zum Ziel in Metern gerechnet.

3.6 Infrastruktur

"Wer immer nur Dreck macht,
der wird irgendwann an ihm ersticken.

Die perfekteste Infrastruktur, die wir Menschen kennen, können wir täglich erleben. Und es ist nicht unsere Eigene. Es ist nicht die, die wir gemacht haben. Die perfekteste Infrastruktur ist die Natur der Erde selbst.

Die Natur der Erde ist das ultimative Recyclingsystem. Sie erzeugt alles, was für das Leben notwendig ist. Sie erschafft und bewahrt lebensfähige Umweltbedingungen und findet für jede Form von natürlichem Abfallprodukt eine sinnvolle Verwendung. Wenn wir eine perfekte Infrastruktur schaffen wollen, müssen wir es der Natur der Erde nachmachen.

Aber dies ist leichter gesagt als getan und übersteigt bei Weitem unsere Fähigkeiten. Denn da, wo die Natur mit organischen Mitteln arbeitet, benötigen wir Mechanik, Elektronik und Elektrizität. Sicher, wir nutzen ebenfalls Organisches. Bakterien in Kläranlagen helfen uns beim Reinigen von Abwasser, das belastet ist von unseren eigenen Fäkalien und weit schlimmer noch, mit den Rückständen chemischer Reinigungsmittel.

Die, fast schon unheimlich anmutende, Perfektion der Organisation der irdischen Natur, die im Grunde genommen auf nichts anderem basiert als einer Art organischer Technik, ist für uns, mit unserem derzeitigen Wissen und Wollen, so gut wie unerreichbar.

Was uns aber nicht daran hindern sollte, uns die Natur zum Vorbild zu nehmen und zu versuchen, uns ihrer Perfektion anzunähern.

Hier auf der Erde glaubt der Mensch, die Natur beherrschen zu können. Wir Menschen glauben, dass wir die Natur in unserem Sinne gestalten können. Aber wovon sprechen wir, wenn wir von Natur sprechen?

Wenn wir einen Staudamm bauen, verändern wir dann die Natur? Oder verändern wir lediglich die geologischen und topologischen Aspekte einer Region? Und was gehört alles zur Natur? Wetter, Wasser, Land, Berge, Täler, Bäume, Wiesen, Tiere…
Und wir Menschen? Gehören wir nicht auch zur Natur?
Und haben wir nicht etwas vergessen? Haben wir nicht das vergessen, was organisches Leben erzeugt und weiterentwickelt hat? Und dies auch heute noch tut.

Gehört die Evolution selbst nicht auch zur Natur?

Und wie nahe sind wir dran, bei der Frage nach Beherrschbarkeit, im Fall der Evolution? Wir sind dabei es zu versuchen, denn wir lernen gerade, dass man die Gene der DNA gezielt verändern kann. Wir haben die Werkzeuge in der Hand, um genetische Entwicklungen steuern zu können.

Aber ist dies vergleichbar mit dem, was die Evolution tut? Oder ist es nicht eher ein Spiel mit etwas, was wir nicht einmal ansatzweise verstehen? Oder versteht irgendjemand, wie und warum sich das Leben überhaupt entwickeln konnte? Und wie so etwas Komplexes, wie die DNA, entstehen konnte?

Wenn wir glauben, dass wir die Natur beherrschen, dass wir sie jemals beherrschen können, dann irren wir uns. Wir können sie nutzen, wir können sie regional beeinflussen, wir können ihr schaden, was wir, aus purer Gier heraus, auch in hohem Maße tun. Aber beherrschen können wir sie nicht. Sie vernichten, ja das können wir.

Wirklich? Können wir wirklich die Natur vernichten?

Nein, auch das nicht, obwohl wir in der Lage sind, die Erde in eine radioaktive Wüste zu verwandeln und das meiste pflanzliche und tierische Leben, uns inbegriffen, vom Planeten zu tilgen. Nur wird es die Natur nicht ausrotten. Sie wird einfach von vorne beginnen. Und solange die Erde existiert und unser Planet einigermaßen lebensfähige Bedingungen bietet, ist die Natur unsterblich.

Egal, wie sehr wir ihr auch zusetzen. Egal, was immer wir auch glauben, wie mächtig wir sind. Die Evolution ist weitaus mächtiger. Und wenn die Evolution beschließt, dass der Mensch aussterben soll, dann wird der Mensch aussterben.

Ein, von der Evolution geschaffenes, Virus. Eine unheilbare Krankheit. Eine globale tödliche Epidemie. Oder eine genetische Mutation, die uns die Fähigkeit zur Fortpflanzung nimmt.

Wenn die Evolution auf die Idee kommt, dass der Mensch ein drittes Auge gebrauchen könnte, dann wird die nächste Generation Mensch ein drittes Auge haben.

Und bei der Frage nach dem Aufbau unseres Gehirns, das die Welt unserer Gedanken erschafft, bei der Frage unseres sozialen Verhaltens, wie wir miteinander umgehen, bis hin zu unseren Emotionen und Begierden, bei all dem dürfen wir uns bei der Evolution bedanken. Sie ist unser Vater und unsere Mutter. Und sie entscheidet, was aus uns wird.

Wenn wir nun also so vermessen sind, zu glauben, die Natur eines fremden Planeten beherrschen zu können, dann sollten wir uns die Frage stellen, wie die Evolution der fremden Welt darauf reagieren wird. Ein Gedanke, der zu fantastisch ist?

Wenn das Universums uns eins lehren kann, dann, dass es unendlich viel davon zu bieten hat, was wir als fantastisch bezeichnen. Deshalb wären wir gut beraten, nicht so vermessen zu sein, Möglichkeiten, die uns, im ersten Augenblick, als zu fantastisch erscheinen, als unmöglich zu bezeichnen.

Auch rein rational betrachtet, gibt es keinen Grund, warum die Kolonisten beim Aufbau einer Infrastruktur nicht auch bevorzugt auf deren Naturverträglichkeit achten sollten. Denn eine Abfallwirtschaft, wie die, die wir heute auf der Erde praktizieren, ist genau das Gegenteil von dem, was die Kolonie braucht.

Aber ist es möglich, eine komfortable Infrastruktur zu schaffen unter Einbindung der Natur? Eine Infrastruktur zu schaffen, die einem natürlichen Paradies zumindest nicht im Weg steht, sondern eine Art vorteilhafter Symbiose darstellt? Etwas, bei dem sich die Technik in die Natur einfügt, sie praktisch für die Natur arbeitet und nicht gegen sie?

Ist das möglich?

Technisch ist dies sicherlich möglich. Doch werden wir auch emotional dazu in der Lage sein, solch einen Weg zu gehen? Werden unsere Bedürfnisse, unsere Gier und unser Wunsch nach Bequemlichkeit dem nicht im Weg stehen?

Nur wenn die Menschen wirklich überzeugt sind von dem, was sie tun, werden sie es mit Beständigkeit tun. So wird es eine der wichtigsten Aufgaben, auf dem 500 Jahre dauernden Flug, sein, die Menschen für die Natur eines Planeten zu sensibilisieren. Sie müssen lernen, sie als Freund zu betrachten. Als einen gleichberechtigten Freund, der es wert ist, dass man gut zu ihm ist. Es ist nicht nur so, dass die Menschen die fremde Welt, die sie vorfinden, akzeptieren müssen, sondern die fremde Welt muss auch die Menschen akzeptieren.

Und niemand, absolut niemand, kann voraussagen, wie das Zusammenspiel sein wird, zwischen der Evolution, die wir mitbringen und der, die es bereits auf dem Planeten gibt.
Wer wird dominieren, bei der weiteren evolutionären Entwicklung der Kolonisten? Unsere eigene Evolution oder die des Planeten?

Zu abwegig? Zu unvorstellbar? Nicht beweisbar?

Mit Sicherheit ist diese Vorstellung nicht so einfach zu beweisen. Und so lange wir keinen fremden Planeten erreichen schon gar nicht.

Aber immer wenn wir denken, dass etwas unvorstellbar ist, dann sollten wir einen Blick auf das Universum werfen. Denn seine Existenz an sich ist, genau betrachtet, eine wahre Unvorstellbarkeit. Das Universum ist etwas, was es, aus unserer Sicht und unserem Wissen, eigentlich nicht geben kann.

Warum nicht?

Weil die Frage, wo die Energie, aus der das Universum besteht, denn hergekommen ist, von uns nicht beantwortet werden kann. Dass wir da sind, dass wir existieren, dass wir denken können, dass wir davon träumen können, fremde Welten zu erreichen, ist das nicht an sich schon unvorstellbar? Daher sollten wir niemals die Möglichkeiten der Leben erschaffenden Kraft, wie immer diese auch beschaffen sein mag, unterschätzen.

Wenn wir also eine fremde Welt in Besitz nehmen, dann sollten wir das in einer Weise tun, dass wir uns in die Natur der fremden Welt integrieren. Wir dürfen nicht als Eroberer kommen und erst recht nicht als solche agieren.

Wir müssen stattdessen diejenigen sein, die die Natur der fremden Welt bereichern. Denn eins dürfen wir nie vergessen. Unsere Präsenz, unser Eindringen und Inbesitznahme, wird zur Folge haben, dass die Natur der fremden Welt niemals in der Lage sein wird, eine eigene intelligente Spezies zur dominierenden Art der eigenen Welt zu machen.

Die Art, wie die Kolonisten ihre Städte und Infrastrukturen errichten, muss dies berücksichtigen. Und dies kann nicht erst vor Ort entschieden werden.

Die grundsätzlichen Fragen, wie eine Infrastruktur auszusehen hat, sind bereits vor dem Abflug von der Erde zu klären. Und dies ist eine Aufgabe für tausende von Wissenschaftlern und für Jahrzehnte an Forschung, Entwicklung und kreativer Ideen.

Ist es abwegig, daran zu denken, dass die Ergebnisse dieser Forschung auch auf der Erde sinnvoll genutzt werden könnten?

Wie fantastisch wäre es, wenn alle Überlegungen und alle Anstrengungen, die notwendig sind, eine interstellare Reise zu ermöglichen, dazu führen würden, dass die Menschen auf der Erde lernen, eine wahrhaft umweltverträgliche Infrastruktur zu schaffen und zu benutzen? Wenn der Aufbruch ins Weltall, die „Eroberung" fremder Welten, fremden Lebensraums, zu einer Versöhnung mit der Erde führen würde?

Allein aus diesem Grund wären alle Anstrengungen zur Konstruktion eines interstellaren Raumschiffs schon die Mühe wert!

3.7 Autonome Versorgung

Autonome Versorgung bedeutet, dass man absolut alles, was man zum Leben benötigt, selbst erzeugen kann oder in erreichbarer Umgebung finden kann.

Nichts wäre für die Besiedelung einer fremden Welt hilfreicher als ein Gerät, das aus Energie jede Art von Materie, bis hin zu komplexen technischen Geräten, erzeugen kann.
Und die Sprache ist hier nicht von einem 3D-Drucker. Denn dieser arbeitet mit Rohstoffen und benutzt elektrische Energie lediglich als Betriebsstoff.
Die direkte Umwandlung von Energie zu Materie ist jedoch etwas, von dem wir nur träumen können.

Die Antwort auf die Frage der Sicherstellung einer autonomen Versorgung ist die Antwort auf die Frage, ob es auf der fremden Welt eine neue Menschheit geben wird.
Und das einzige Thema, das hier wirklich von Belang ist, ist die Versorgung mit Nahrungsmitteln. Denn solange es genügend Nahrungsmittel gibt, kann es auch eine Menschheit geben, selbst dann, wenn man alle Wissenschaft und alle Technik verlieren würde.
Eine Rückkehr zur Steinzeit wäre keineswegs das Ende der Menschen. Nicht solange Nahrung zu finden ist. Und wenn wir von Nahrung sprechen, dann von Nahrung, die für Menschen verträglich ist. Allerdings braucht es noch etwas mehr, als nur einen Ackerboden, Wasser, Sonnenlicht und Samen, damit Pflanzen wachsen und, für den menschlichen Verzehr geeignete, Lebensmittel produzieren können.
Die alles entscheidende Frage ist, ob die Pflanzen alle Nährstoffe, hier vor allem Vitamine und Aminosäuren, die der menschliche Körper nicht produzieren kann, erzeugen können.
Wir kennen nicht die Spezifikationen eines fremden Planeten. Nicht, solange wir nicht da waren. Wir wissen also nichts über die Beschaffenheit des Bodens.
Gewiss werden wir dort die gleichen Elemente finden wie auf der Erde. Schließlich gilt das Periodensystem der Elemente im gesamten beobachtbaren Universum. Doch diese Elemente werden von Atomen gebildet, die anders sind, als die irdischen. Das Eisen dort stammt aus einer anderen Supernova. Ob dies Auswirkungen haben kann, wissen wir nicht.

Doch wenn es welche hat, dreht sich alles nur noch um die Frage, wie gravierend diese sein werden.

So spekulativ dieser Gedanke jetzt auch sein mag, wir sind schlecht beraten, wenn wir nicht auch auf die Dinge vorbereitet sind, die wir als höchst unwahrscheinlich ansehen.

Nur mal zur Erinnerung, in Fukushima hielt man es für höchst unwahrscheinlich, dass eine 6 Meter hohe Mauer zu niedrig ist, für den Schutz gegen eine Flutwelle.

Bei allem, was man plant, für eine interstellare Reise, darf man nie vergessen, dass jede Hilfe von der Erde 500 Jahre brauchen würde. Wenn man also irgendetwas nicht richtig geplant hat, oder als, nach menschlichem Ermessen, für zu abwegig angesehen hat, um darauf vorbereitet zu sein, dann wird man dies vor Ort nicht mehr korrigieren können.

Nachhaltigkeit:

Nachhaltigkeit bedeutet, dass man nur soviel wegnimmt, wie neu entstehen kann. Wenn also Gras pro Tag 1 cm wächst, dann darf man pro Tag nur 1 cm abschneiden.

Die Verwendung von nicht nachwachsenden Rohstoffen muss so erfolgen, dass sie solange reichen, bis sie von keiner zukünftigen Generation mehr gebraucht werden.

Kontaminierung:

Mit nichts darf man ein natürliches Gleichgewicht stören. Führt das Ernten eines Rohstoffs dazu, dass dieser nicht mehr in gleicher Qualität nachwachsen kann, wäre die vernünftigste Entscheidung, das Ernten zu verändern.

Hier auf der Erde hingegen versuchen wir, den Rohstoff zu verändern oder dessen Lebensumfeld anzupassen. Ersteres funktioniert per Gentechnik. Letzteres z.B. über Dünger.

Egal, wie vorsichtig man auch ist, in dem Moment, wo Menschen ihren Fuß auf eine fremde Welt setzen, bringen sie die Biologie der Erde dorthin. Denn es ist so gut wie unmöglich, eine hundertprozentige Sterilität von Shuttle, Raumanzug und Schleuse zu gewährleisten. Und wenn nur eine einzige Zelle den Weg auf die fremde Welt findet, wird diese mit irdischer DNA kontaminiert. Das ist bei einer Kolonisierung auch gar nicht zu verhindern. Es geht nur darum, dass man ein Auge darauf hat und frühzeitig erkennt, wo die Kontaminierung problematisch wird.

Wo immer der Mensch bisher auch hinkam, meist hat er mehr Unordnung als Ordnung in ein natürliches System gebracht.

3.8 Gesellschaftsstruktur

Wie immer die Gesellschaftsstruktur, einer neuen Menschheit, auf einer fernen Welt, auch sein mag, eine Monarchie wird es nicht sein.

Ganz sicher nicht?

Wenn das Universum Humor hat, dann wird es über uns Menschen so einiges zu schmunzeln haben. Allein schon wegen unserer ausgeprägten Neigung zur Naivität.

Denn je mehr wir etwas für unmöglich halten, desto mehr werden wir überrascht sein, wenn es uns trifft.

Die Frage, ob eine bestehende soziale Gesellschaftsstruktur in eine beliebig andere umgewandelt werden kann, ist eine Frage des Charismas.

Denn sobald ein Mensch die Fähigkeit erlangt, alle anderen Menschen so stark für seine Ideen zu begeistern, dass sie ihm bedingungslos folgen, wird dieser Mensch auch in der Lage sein, die soziale Struktur einer Gesellschaft bestimmen zu können. Und dies kann jederzeit an jedem Ort passieren. Ob noch im Raumschiff oder erst auf der Neuen Welt. Ob in den ersten Jahren der Besiedelung oder nach Jahrtausenden.

Wie sich eine Gesellschaft, die als Pioniere eine Zivilisation auf einer neuen Welt begründet, einmal entwickeln wird, wird nur die Zukunft zeigen. Das Einzige, was man im Vorfeld tun kann, ist ein optimales Konzept zu entwickeln, in der Hoffnung, dass dieses auch genutzt werden wird. Die Frage ist nur, wie eine optimale Gesellschaftsstruktur aussehen kann.

Oder gibt es auf der Erde ein Beispiel dafür?

Eine Mitarbeiterin einer Behörde sagte einmal;

„Wir haben zu viele Häuptlinge und zu wenig Indianer."

Kann man die Notwendigkeiten einer Gesellschaft einfacher beschreiben?

Aber um was geht es hierbei genau?

Nun, es geht um die Etablierung einer hierarchischen Struktur, die Grundlage ist für eine soziale Ordnung.

Betrachten wir einmal die auf der Erde bekannten Formen sozialer Organisationen. Und fangen wir dabei bei den Grundlagen an.

Die einfachste Form ist das Einzelgängertum.

Dieses finden wir zum Beispiel bei Bären, ganz besonders bei Eisbären. Nur während der Paarung ist bei ihnen eine rudimentäre soziale Anbindung zu beobachten.

Die nächste Form ist die Paarbildung.

Diese ist unter Wasser bei Falterfischen zu beobachten. Ebenso bei den meisten Vogelarten.

Die nächste Stufe wäre das Rudel.

Beispiele hierzu finden wir bei Wölfen und Löwen.

Und schließlich die Herden.

Elefanten können hier als die wohl intelligenteste herdenbildende Tierart betrachtet werden.

Je größer eine sozial agierende Gruppe ist, desto komplexer ist das Sozialverhalten. Beim Rudel ist die soziale Hierarchie extrem ausgeprägt und für jedes Mitglied sehr präsent. Bei der Herde ist diese Präsenz weniger deutlich. Dafür ist es wichtig, dass die Mitglieder der Herde eine ausgeglichene Mentalität haben, die das Einfügen in die Hierarchie erleichtert.

Beim Rudel sind Machtkämpfe zur Sicherung der Stärke des Rudels ein favorisiertes Mittel. Vorrangiger Zweck ist nicht nur die damit verbundene Auswahl des Stärksten als Rudelführer, sondern es dient auch dazu, dass es die Kampfkraft der Rudelmitglieder insgesamt steigert. Bei der Herde hingegen wären ständige Machtkämpfe eine Gefahr für die Stabilität der Herde. Ist es purer Zufall, dass die Mentalität der jeweiligen Tierart den Erfordernissen ihrer sozialen Strukturen sichtlich entgegenkommt?

Und wie ist es bei uns Menschen? Wie sind wir Menschen einzuordnen? Gar nicht. Denn eine eindeutige Zuordnung ist hier nicht möglich. Jedenfalls nicht, wenn man die Art unserer sozialen Strukturen genauer betrachtet.

Jeder Mensch ist ein Individuum. Seine kognitiven Fähigkeiten in Verbindung mit einem ausgeprägten Ich-Bewusstsein, verleihen dem Menschen die Fähigkeiten eines Einzelgängers. Es ist einer der Gründe dafür, dass es Einzelgänger gibt.

Die nächste soziale Struktur ist die Familie. Und diese ist durchaus vergleichbar mit einem Rudel. Erweiterungen erfolgen durch Freunde oder Menschen, mit denen man gleiche Interessen teilt. In Sportvereinen beim gemeinsamen Training, zum Beispiel.

Die nächste Stufe ist die Herde. Und hier sind wir jetzt bei Staaten, mit ihren komplexen Strukturen und regulierenden Organisationen. Fasst man alles zusammen, sind die Menschen Einzelgänger und gleichzeitig rudelbildende „Herdentiere".

Ein Vergleich, der unserem Potential an sozialen Strukturen, an unserer Fähigkeit zum gesellschaftlichen Zusammenleben nicht wirklich gerecht wird. Immerhin sind wir die einzige Spezies, die bekanntermaßen eine Demokratie entwickelt hat.

Obwohl ich hierzu das Sozialverhalten von Elefanten noch etwas genauer betrachten würde, nur um sicher zu gehen, dass wir auf jeden Fall die Einzigen sind, die Demokratie anwenden.

Aber ist unser Verständnis von Demokratie wirklich das, was Demokratie tatsächlich sein kann? Oder besteht unsere Demokratie in Wahrheit nur darin, dass in regelmäßigen Zyklen eine neue Hierarchie gewählt wird?

Ist es noch Demokratie, wenn eine gewählte Regierung Entscheidungen trifft, die von der Mehrheit des Volkes, die sie gewählt hat, abgelehnt werden? Nach unserem derzeitigen Verständnis muss diese Frage bejaht werden.

Bei objektiver Betrachtung dessen, was eine Demokratie sein soll oder besser gesagt sein kann, muss man die Frage stellen, wie der tatsächliche Wille des Volkes, jederzeit, in der vom Volk gewünschten Weise, umgesetzt werden kann.

Aber ist das überhaupt verantwortbar? Schließlich bedeutet es, dass das Volk über alle Informationen verfügen muss, die notwendig sind, um bestmögliche Entscheidungen treffen zu können. Auch über all die Informationen, die als streng geheim einzustufen wären.

Doch die Notwendigkeit von Geheimhaltung besteht nur, wenn ein Volk durch andere Völker bedroht werden kann. Dass heißt, dass, solange es auf der Erde verschiedene Staaten gibt, die miteinander konkurrieren, es keine wahre Demokratie geben kann.

Aber im Falle der Kolonisten und der Frage, welche Form eines Staatswesens diese haben sollen, gibt es keine konkurrierenden Staaten. Es gibt nur ein Volk, und zwar das, welches auf dem Raumschiff zum Planeten gekommen ist. Also gilt es, auch nur einen einzigen Staat zu bilden. Es gibt keine Gegner. Jedenfalls keine äußeren. Es braucht keinen Geheimdienst. Es braucht keine Spione, für das Ausspionieren der Geheimnisse anderer Staaten. Nichts dergleichen gibt es. Es sein denn, es kam auf der 500 Jahre dauernden Reise zu einer Separierung der sozialen Gemeinschaft. Gehen wir aber erstmal nicht davon aus, dass es zu so etwas, bei einer Gruppe von kaum mehr als 1.000 Menschen, kommt. Also, wie sieht sie denn aus, die Struktur der interstellaren Gesellschaft?

Ups, da wir ja von einer zukünftigen Gesellschaft sprechen, müsste die Frage eher lauten, wie die Struktur der interstellaren Gesellschaft denn aussehen könnte.

Wie bereits erwähnt, haben die Kolonisten/Siedler keinerlei externe Konkurrenz. Und das bietet ihnen die Möglichkeit zu einer echten Demokratie.

Jeder, ab Volljährigkeit, könnte Teil der Regierung sein und darüber abstimmen, welche Entscheidungen für die Gesellschaft getroffen werden.

Wirklich jeder Volljährige?

Was ist mit Entscheidungen, die nur getroffen werden können, wenn man über das notwendige Wissen und das entsprechende Verständnis verfügt? Kann ein angehender Student der Mathematik die Formeln verstehen, die am Ende des Studiums auf ihn warten? Wohl kaum. Also, wie löst man das Problem, dass jemand an einer Entscheidung beteiligt wird, der nicht über das notwendige Wissen verfügt, um eine objektive Entscheidung treffen zu können? Eine Möglichkeit wäre, dass nur die Wahlmöglichkeiten zur Entscheidung gebracht werden, die ausreichend auf ihre Durchführbarkeit und Nutzen für die Gesellschaft geprüft wurden und die eigentliche Wahl primär dem emotionalen Geschmack obliegen kann.

Aber ist dies dann noch die angestrebte maximale Form der Demokratie? Wohl eher nicht. Denn wer bestimmt, welche Optionen zur Abstimmung kommen? Ein Gremium? Gebildet aus wem? Aus denen, die dann die Macht haben, eine mögliche Option erst gar nicht zur Wahl zuzulassen?

Die Sache mit der Demokratie wäre so einfach, wenn sie nicht so kompliziert wäre. Falsch! Denn die Demokratie selbst ist nicht kompliziert. Die Struktur unserer Gesellschaft ist es. Und daher wird so manche Beurteilung, ob eine Option die Richtige ist, zu etwas, was für manchen einfach, für manchen kompliziert und für manchen unmöglich erscheint. Und je größer die Zahl der Menschen einer Gesellschaft ist und je mehr Interessensgruppen es gibt, desto komplizierter wird die Angelegenheit.

Also, eine ultimative Demokratie wird es nicht geben. Aber nichts spricht dagegen, eine Demokratie zu etablieren, die eine maximal mögliche Beteiligung des Volks anstrebt. Erreicht wird das, indem man eine Regierungsform mit einem Parlament wählt, indem jeder volljährige Bürger einen Sitz in diesem Parlament hat. Wie groß das dafür notwendige Gebäude sein soll?
Es ist immer so groß, wie es volljährige Bürger gibt, denn es ist dislokal, womit gemeint ist, dass es kein Gebäude gibt, jedenfalls kein reales.

Schon heute hätten wir durch das Internet prinzipiell die Möglichkeit, ein derartiges „Volksparlament" einzurichten.
Das Problem ist, dass nicht jeder ein Rederecht bekommen kann, weil dies aus zeitlichen Gründen nicht möglich ist.

Aber ein Stimmrecht ist von der Option, eine Meinung in gesprochener Form in ein Parlament zu bringen, nicht abhängig. Die „Parlamentarier" wären hier eine Art „passive" Demokraten.
Die eigentliche Regierung könnte aus einem Senat bestehen. Und damit es nicht zu Pattsituationen kommt, wäre eine ungerade Zahl von absolut gleichberechtigten Senatoren zu bevorzugen. Unter bewusstem Verzicht auf sowas wie „Präsidenten", „Regierungschef", „Vorsitzenden" oder Ähnliches. Sozusagen; Rudelführer war gestern. Abwegig?
Keineswegs. Weil, das hatten wir schon einmal.
Vor Jahrtausenden in Athen, im griechischen Senat.
Und auch Rom hatte zeitweise einen solchen Senat.
Warum also nicht auf etwas zurückgreifen, was Menschen vor Jahrtausenden schon einmal als erstrebenswert ansahen?
Zusätzlich zum Senat wäre ein Wissenschaftsrat nützlich und sinnvoll. Mehr noch, ein solcher Wissenschaftsrat wäre absolut notwendig, um beurteilen zu können, ob eine Entscheidung keine negativen Folgen hat, die nicht offensichtlich erkennbar sind. Was auch mögliche Spätfolgen beinhaltet.
Hierzu eine interessante Geschichte aus den Alpen. Bei der Untersuchung von Skigebieten hat man festgestellt, dass der Boden der Pisten sehr stark komprimiert ist. Was kein Wunder ist, angesichts tausender Skifahrer und vor allem der nicht gerade leichten Pistenraupen. Aber was könnte an festem Boden schon schlecht sein? Wasser! Denn die Fähigkeit des Bodens, Wasser aufnehmen zu können (Versickerung), wird unter anderem von der Dichte des Bodens beeinflusst. Das Wasser fließt hier zunehmend an der Oberfläche ab und nimmt dort alles auf, was sich da so rumtreibt. Was die Wissenschaftler dort fanden, war eine absolut unnatürlich hohe Verseuchung mit Kolibakterien. Das ehemals als absolut rein geltende Gebirgswasser, dieser Region, wird von Einheimischen nicht mehr getrunken.
Wie lange gibt es schon Skigebiete in den Alpen? Wie viele Jahrzehnte hat es gebraucht, bis man dies entdeckt hat? Und wie will man den Auswirkungen begegnen?
Bei allem, was wir tun, denken wir dabei an die zukünftigen Generationen? Und damit sind nicht unsere Kinder gemeint, sondern deren Kinder und Kindeskinder.
Kennen wir irgendeine Regierung, die bei ihren Entscheidungen die möglichen Auswirkungen bedenkt, die die Entscheidungen auf die Generationen haben könnten, die erst in einigen hundert Jahren leben?

Verschwenden wir irgendeinen Gedanken daran, ob die Menschen in tausend Jahren den nuklearen Müll, den wir heute in Salzbergwerken deponieren, dort wieder rausholen müssen?

Wenn wir von Demokratie sprechen, sprechen wir dann nur vom Jetzt? Also von den momentanen bis kurzfristigen Bedürfnissen der Gesellschaft? Wobei fast ein Fünftel der Gesellschaft den Entscheidungen machtlos zusehen muss, wegen mangelnder Volljährigkeit. Aber sollte eine verantwortungsvolle Demokratie nicht auch die Belange zukünftiger Generationen berücksichtigen? Und hierbei ist nicht der Wohlstand und Reichtum dieser Generationen das primäre Problem, sondern allein die Frage, welche Probleme man den kommenden Generationen aufbürdet.

Werfen wir einen Blick auf die schulische Ausbildung unserer Kinder. Mathematik, Muttersprache, Biologie, Geologie, Physik, Chemie, Religion, Sport. Aber was ist mit Menschlichkeit? Und damit ist hier nicht humanes Handeln gemeint, sondern die Beantwortung der Frage, wie der Mensch funktioniert. Die objektive Betrachtung von Rationalität und Emotionalität. Was bringt uns dazu, welche Bedürfnisse wir haben und welche Entscheidungen wir treffen? Was bringt uns dazu, dass wir so oft bereit sind, Unbewiesenes zu glauben und uns gleichermaßen vor Fakten und objektiven Argumenten verschließen können?

Wie wichtig wäre es für die interstellare Gesellschaft, dass die Menschen eine umfassende Ausbildung erhalten zum Thema; „soziale Gesellschaftsstrukturen und zukunftsrelevante Entwicklung."

Die Frage ist, wenn wir alle Menschen dahingehend ausbilden, dass sie wissen, wie „das Spiel" läuft, wie beeinflussbar sind sie dann noch für „das Spiel"? Wie muss eigentlich eine Gesellschaft strukturiert sein, damit sie funktioniert? Wie muss sie funktionieren, um eine möglichst optimale Produktivität zu erreichen?

Erinnern wir uns an den Beginn des Themas.

„Wir haben zu viele Häuptlinge und zu wenig Indianer."

Hätte ein Pharao alleine, mit seinen eigenen Händen, seine Pyramide planen und bauen können? Wohl kaum!

Hätten alle, die am Bau dieser Pyramide beteiligt waren, in dem Bau ihre letzte Ruhestätte finden können? Keine Chance!

Man bedenke, die wirklich großen Pyramiden wurden von tausenden von Menschen über Jahrzehnte hinweg gebaut, nur damit sie einem einzigen Menschen als Grab dienen konnten! Wie kann man Menschen dazu bringen, so viel für eine einzige Person zu tun? Noch einmal, eine Pyramide baut man nicht so nebenbei. Das ganze Volk wurde direkt oder zumindest indirekt verwendet.

Aber wie man das Volk dazu bringt, zu so etwas bereit zu sein, soll hier nicht das Thema sein. Sondern die Frage der Nutzbarkeit für alle. Und die ist hier definitiv nicht gegeben. Bestenfalls als ein rein emotionaler Faktor. Also das Gefühl, etwas Bedeutendes geleistet zu haben.

So etwas kann den Stolz eines ganzen Volkes stimulieren. Es ist eine Frage der Bedeutung von Patriotismus. Und damit auch letztlich der Frage, zu welcher Leistung ein Volk motiviert werden kann. Kurz gesagt, je stolzer man auf die eigene Gesellschaft ist, desto mehr ist man bereit, für sie Leistungen zu erbringen. Und letztlich dreht sich alles um die Frage der Leistungsfähigkeit einer Gesellschaft. Denn die Leistungsfähigkeit ist es, die Zivilisationen aufbaut. Sie ist es, die eine Gesellschaft stark und überlebensfähig macht. Sie ist es, die interstellare Raumschiffe baut. Sie ist es, die notwendig ist, damit die Menschheit irgendwann in der Lage sein wird, das Ende der Erde zu überleben.

Damit aber eine Gesellschaft maximale Leistung erreicht, benötigt sie eine Struktur. Und diese benötigt eine Hierarchie. Es muss Menschen geben, die planen und Entscheidungen treffen. Und es muss Menschen geben, die aus diesen Planungen real existierende Dinge machen. Es muss Planer geben und es muss Arbeiter geben. Häuptlinge und Indianer. Und ihre jeweilige Zahl muss den Anforderungen entsprechen. Denn bei zu vielen Planern bleiben zu wenig Arbeiter und bei zu wenigen Planern haben die Arbeiter zu wenig zu tun.

Die Leistungsfähigkeit einer Gesellschaft benötigt ein ausgewogenes Verhältnis zwischen beidem. Aber wir dürfen annehmen, dass die, in hundert Jahren lebenden, Arbeiter nicht mehr mit den heutigen vergleichbar sind.

Schon recht bald in der Zukunft, vielleicht ab 2040, wird die Robotik in der Lage sein, die meisten körperlichen Arbeiten durch höchst mobile und auch vielseitige Maschinen durchführen zu lassen. Haushaltsroboter werden nicht mehr nur auf Saugen oder Putzen spezialisiert sein, sondern es wird menschlich aussehende Roboter geben, die so ziemlich alle anfallenden Aufgaben erledigen können. Das wird aber auch dazu führen, dass die Unterschiede zwischen „Planern" und „Arbeitern" kleiner werden. Aus „Arbeitern" werden Konstrukteure, Verwalter und Entscheider, denen es obliegt, was und wie erledigt wird. Und das wird wieder Auswirkungen haben auf die soziale gesellschaftliche Struktur. Es kann sehr leicht dazu führen, dass der Abstand zwischen den, nennen wir sie „Schichten", wahrscheinlich kleiner werden wird.

Unterschicht, Mittelschicht, Oberschicht, all diese, aufgrund von der sozialen Stellung und dem finanziellen Potential begründeten Schichten wird es, zumindest in ihrer heutigen Form, nicht mehr geben. Prinzipiell gilt, dass alle Menschen gleich sind. Auch vor Gericht. Würde das vollständig stimmen, dann müsste der Stundenlohn von Anwälten einheitlich sein. Es dürfte nicht möglich sein, dass derjenige, der sich den teureren Anwalt leisten kann, vor Gericht die besseren Karten hat. Denn schließlich geht es ja um Gerechtigkeit und nicht um anwaltliches Geschick.

Hier stellt sich nun die Frage, welche Bedeutung Eigentum und Besitz auf der Neuen Welt haben wird. Während an Bord des Raumschiffs Finanzen absolut überflüssig sind, ja sogar zu Konflikten führen können, wird die Frage, welches wirtschaftliche System zur Anwendung kommen wird, ein Thema sein.

Und so abwegig dies im Moment auch klingen mag, der derzeit, auf der Erde, praktizierte Kapitalismus ist für den Aufbau der Kolonie, einer neuen Menschheit, auf einer neuen Welt, keineswegs die optimale Form. Die Basis für den Kapitalismus ist der Handel. Und hier der internationale Handel. Diesen gibt es auf der Neuen Welt jedoch nicht. Es gibt nur ein Stück Land, auf dem eine Stadt entstehen soll. Also müsste zumindest die zu Beginn verwendete Wirtschaftsform eine sein, die die Ressourcen allen Bürgern gleichermaßen zur Verfügung stellt. Damit ist jetzt keineswegs eine Planwirtschaft gemeint.

Doch allein schon um des sozialen Friedens willen, sollte die soziale Struktur der Gesellschaft in der Gründungsphase möglichst homogen sein. Was bedeutet, dass es bezüglich Besitztum/Reichtum und der sozialen Stellung, zumindest zu Beginn der Kolonisierung, keine gravierenden Unterschiede geben sollte.

Denn oberstes Ziel ist der Aufbau einer neuen Menschheit. Und dies ist ein Projekt, bei dem alle gleichermaßen gefragt sind. Es ist sozusagen das Seil, an dem alle, mit aller Kraft, ziehen müssen.

In einer technologischen Gesellschaft, in der es, aufgrund der Verfügbarkeit von Robotern, praktisch keine „niederen" Arbeiten mehr gibt, wird die „Wertigkeit" des Einzelnen nicht mehr in der Weise definiert, wie dies in unserer heutigen Arbeitswelt der Fall sein kann.

Wird es Fabriken geben, als Eigentum eines Einzelnen, der Arbeitnehmer beschäftigen wird? Oder wird alles der Allgemeinheit gehören? Jedenfalls solange, bis man den Kauf und Besitz von Land erlauben wird. Was die Grundlage dafür ist, dass man echtes Eigentum heranbilden kann.

Wie es sein wird, welchen Weg, welche Mittel man verwenden wird, bei dem Aufbau der Kolonie, darüber können wir jetzt nur spekulieren.

Denn wir wissen ja nicht einmal, wie die Menschen in hundert oder zweihundert Jahren denken werden, wenn es tatsächlich im Bereich des möglichen liegen wird, ein interstellares Raumschiff zu bauen und auf die Reise zu schicken.

Und wie die Menschen, die dann, in vielleicht 700 Jahren, von heute (2019) aus gerechnet, einen fremden Planeten erreichen, denken und planen werden, können wir auch nicht wissen.

Nur eines ist sicher, die Menschen, die Kolonisten, sind gut beraten, wenn sie, zumindest zu Beginn, nichts anderes als erstrebenswert ansehen, als das Wohl aller.
Und zwar gleiches Wohl für alle!

Soziale Hierarchie bedeutet, dass jemand eine Position erreichen kann, in der sein „Wort" mehr gilt, als das „Wort" aller anderen.
Demokratie bedeutet, dass das „Wort" der Vielen schwerer wiegt, als das „Wort" des Einzelnen.

Wie demokratisch ist eine Demokratie, wenn das „Wort" des Einzelnen sich durchsetzen kann, weil das „Wort" der Vielen nicht gewertet wird?

Wie sehr ist eine Demokratie noch eine Demokratie, wenn das „Wort" der Vielen nur darüber bestimmt, wessen „Wort" mehr gilt, als das der Vielen?

Wir hören auf "Ihn".

Warum?

Weil wir demokratisch gewählt haben, dass wir auf ihn hören.
Aber was, wenn derjenige, dem man die Entscheidungsbefugnis gegeben hat, Entscheidungen triff, die für das Wohl der Gemeinschaft schlecht sind? Müsste die Gemeinschaft nicht die Macht haben, diese Entscheidungen zu verhindern?

Je kleiner eine Gemeinschaft ist, desto einfacher ist ein demokratisches Zusammenleben. Einfach deswegen, weil nur wenige von jeder Entscheidung betroffen sind.

Je komplexer eine Gemeinschaft ist, desto schwieriger, vielfältiger und umfangreicher werden auch die notwendigen Entscheidungen. Um eine Entscheidung bewerten zu können, muss verstanden werden, warum so entschieden worden ist. Und dazu erfordert es Wissen und Verständnis, was nicht immer und jedem zur Verfügung steht. Letztlich wird daher die Komplexität der Gesellschaft deren Struktur bestimmen.

3.9 Religion

Hätte ein einzelner Mensch, ein Einzelgänger, ein Einsiedler, jemals das Bedürfnis, eine Religion zu begründen?
Sämtliche Religionen, die es auf der Erde gibt und gab, sind durch Menschen entstanden.

Wie sie entstanden sind, ob durch rationale Planung oder durch visionäre Eingebungen, das ist hier nicht von Bedeutung. Was zählt, ist, dass sie durch Menschen, meist durch sehr charismatische Menschen, geschaffen wurden und sich so weit verbreitet haben, dass sie den Status als Sekte überschritten haben.
Aber was unterscheidet eine Religion eigentlich von einer Sekte? Strenggenommen nur die Zahl ihre Mitglieder und die damit verbundene öffentliche Anerkennung.

Wenn von 1.000 Menschen nur 10 an eine, von ihnen selbst geschaffene, Religion glauben, werden die übrigen 990 Menschen diese 10 eher als Mitglieder einer Sekte ansehen.

Wenn von 1.000 Menschen 400 einer Religion folgen, die die Ideale einer Sekte verbreitet, würde es zu einer Spaltung der Gesellschaft führen, wenn die übrigen 600 diese Religion als Sekte bezeichnen würde.

Letztlich ist allein die Anzahl der Mitglieder (Gläubigen) die Basis dafür, ob eine beliebige Religion, innerhalb einer Gesellschaft, zu einem Machtfaktor wird, der nicht mehr ignoriert und auch nicht mehr abgelehnt werden kann. Ist es dann noch möglich, diese Religion als Sekte zu bezeichnen? Ist es dann noch möglich, die kulturellen Vorgaben dieser Religion zu verbieten?
In einer Demokratie ist es so, dass die Mehrheit die Macht hat. Oder zumindest haben sollte.

Bei einer Religion begründet sich deren Macht und Einfluss auf die Zahl derer, die an sie glauben. Das bedeutet aber auch, dass die Wahrheit der religiösen Aussagen gestützt wird durch die Zahl der Gläubigen. Und je mehr Menschen an die Aussagen einer Religion glauben, desto mehr wird die Religion zur Wahrheit. Glauben alle daran, kann sie nicht mehr in Zweifel gezogen werden. Eine Religion hat durchaus das Potential dazu, die Macht über eine Gesellschaft zu erreichen. So sehr, dass selbst Demokratie und Justiz ihr unterstellt sind.
Nicht möglich?
Nun, ich würde niemandem empfehlen, in einem streng religiösen Staat einen Akt der öffentlichen Gotteslästerung zu versuchen.

Kommen wir nun zu der Frage, wie man, bei einer interstellaren Reise, mit dem Thema Religion umgehen sollte. Und diese Frage ist von äußerster Brisanz.

Denn hier geht es schließlich darum, welche religiöse Ideologie das Recht bekommen soll, sich, so wie der Mensch selbst, ins Universum hinaus auszubreiten.

Kann man eine Ideologie ausschließen? Kann man darüber bestimmen, ob eine religiöse Idee die Menschen an Bord des Raumschiffs begleiten soll? Und wenn ja, welche? Oder sollte, für die Reise, eine Art religiöse Abstinenz gelten?

Falls ja, dann müsste man die Menschen, die an eine Religion glauben, von der Teilnahme an der Reise ausschließen. Aber wäre das nicht eine Form von Diskriminierung? Wäre es nicht ein viel zu tiefer Einschnitt in die Persönlichkeitsrechte, die jedem Menschen erlauben, dass er die Freiheit hat, an alles zu glauben?

Die Frage, ob Religionen zum Bestandteil der Reise und an Bord auch praktiziert werden, betrifft in einem hohen Maße die Frage des Umgangs mit Persönlichkeitsrechten. Sicher, man darf an jede nur denkbare Version einer Religion glauben.

Aber darf man die Vorgaben einer Religion auch öffentlich praktizieren? Immer und in jeder Form? Unabhängig davon, ob ein religiöses Verhalten von den anderen, nicht gläubigen, Mitgliedern der Gesellschaft akzeptiert oder auch nur verstanden wird? Ist eine Antwort auf diese Frage überhaupt möglich?

Sicher ist nur eins, wenn man erlaubt, dass Religionen, in einer offen praktizierten Form, zu einem Teil der Kultur der Besatzung werden, dann wird man auch mit den Auswirkungen umgehen müssen. Was sehr leicht zu Glaubensdifferenzen führen kann. Die wiederum ein hohes soziales Konfliktpotential bieten.

Wenn man nun bedenkt, dass wir bis heute auf der Erde noch nicht gelernt haben, mit dem Thema Religion konfliktfrei umzugehen, dann gibt dies zu denken. Aber ist es überhaupt möglich, eine, auf der Erde entstandene, Religion mit auf eine neue Welt zu nehmen?

Gott hat die Erde erschaffen. So heißt es in allen Religionen, die an den Gott der Hebräer glauben. Und hier sprechen wir immerhin von über 2,5 Milliarden Menschen.

Und nun betritt der Mensch einen fremden Planeten. Wurde dieser auch vom hebräischen Gott erschaffen? Auf diese Frage findet man in der Bibel keine Antwort. Warum nicht? Einfach deshalb, weil die Menschen, die die Bibel geschrieben haben, nicht wussten, dass es noch weitere Planeten, wie die Erde, geben kann.

Gewiss kann man von Gottes Aussage; „Es werde Licht", nun ableiten, dass er alles erschaffen hat. Also auch die extrasolaren Planeten. Was aber nichts an der Tatsache ändert, dass sich alle bisherigen menschlichen Religionen nur auf die Erde beziehen.

Sollte man nun also irdische Religionen mitnehmen?

Oder sollte man lediglich die Idee der Religion an sich mitnehmen und es dann den Reisenden und zukünftigen Kolonisten überlassen, welche Form von Religion sie auf der Neuen Welt entwickeln möchten?

An dieser Stelle wäre eine Frage möglich.

Ab welchem Alter darf man sein Kind in der, von einem selbst, geglaubten Religion unterrichten? Und darf man dies so tun, dass man dem Kind seinen Glauben aufprägt? Ist dies nicht eine Frage, die die Persönlichkeitsrechte des Kindes betrifft? Und hierbei die Möglichkeit zur freien Wahl der Religion?

Aber wie soll ein Kind, wenn es in ein Alter kommt, in dem es bewusst über die Falschheit oder Richtigkeit einer Religion nachdenken kann, entscheiden, an was es nun glauben möchte? Wie soll es sich frei entscheiden können, wenn der Glaube ihm praktisch einzementiert wurde?

Diese Frage ist von einer so hohen Brisanz, insbesondere wenn man sie im entsprechenden religiösen Umfeld stellt, dass ich sie hier erst einmal zurückziehe!

Auf unser fiktives Raumschiff bezogen, und auch auf die Belange einer aufzubauenden Kolonie, bleibt nur eine Hoffnung. Nämlich die, dass die Menschen in hundert Jahren gelernt haben, mit einer Religion auf eine Weise umzugehen, dass sie niemandem mehr schadet.

Denn Religion ist schließlich ein wesentlicher Bestandteil jeder Gesellschaft. Sie ist sozusagen Teil des Menschseins. Und Glaube befähigt uns zu Außergewöhnlichem.

Glaube, befähigt uns zum Durchhalten.

Glaube, gibt uns die Hoffnung, dass das Leben mehr ist, als unsere rein körperliche Existenz.

Man darf also hoffen, dass die Religion, der Zukunft, den Weg schafft, um den Status als Doktrin zu überwinden und zu einem Vorbild für Menschlichkeit wird.

Eine Religion ohne Macht und Führungsanspruch. Und in der die Waffen der "Gotteskrieger" aus nichts anderem bestehen, als aus Nächstenliebe.

3.10 Kontakt

18 Lichtjahre, dies ist die Entfernung zu einer gelben Sonne, die der unseren sehr ähnlich ist. Im Umkreis von 20 Lichtjahren gibt es einige wenige davon. Nehmen wir an, wir finden eine bewohnbare Welt in 20 Lichtjahren Distanz.

Und wir schaffen es, diese Distanz in besagten 500 Jahren zu überwinden und eine Kolonie zu begründen. Dann wäre wohl einer der emotionalsten Wünsche, Kontakt mit der Erde zu haben. Eine Nachricht zu senden und ebenso eine zu empfangen.

Auf dem Raumschiff ist ein beständiger Kontakt nur zu Beginn der Reise gewährleistet. Für jedes Lichtjahr, das die Distanz zur Erde vergrößert, werden die Anforderung an Sendeleistung und präzisem Richtfunk größer. Auf der Erde hingegen hat man das Problem, ein winziges Raumschiff, mit einer noch winzigeren Antenne, möglichst genau zu treffen.

Besser, wir rechnen mal damit, dass spätestens gegen Ende der Reise, also die letzten 100 Jahre, der Kontakt zur Erde nur noch bruchstückhaft möglich sein wird. Ist man aber erst einmal am Ziel, also auf dem fremden Planeten, angekommen, sieht die Sache wieder anders aus.

Dort angekommen, ist es nämlich nur noch eine Frage der Zeit und der Prioritäten, um eine leistungsfähige Anlage zu errichten, die stark genug ist, um komplexe Nachrichten zur Erde zu senden. Und die auch über eine dementsprechend große Empfangsantenne für die Antwort verfügt.

Aber was für eine Form des Kontakts wird dies sein können?

Jede Nachricht wird 20 Jahre brauchen, um ihr Ziel zu erreichen. Und das bedeutet, dass auf jede Frage, die die Kolonisten senden, 40 Jahre vergehen, bis eine Antwort eintrifft. Derjenige, der im Alter von 20 Jahren eine Nachricht sendet, wird also 60 Jahre alt sein, wenn die Antwort kommt.

Welche Fragen stellen wir nun? Was soll man fragen, wenn man ein halbes Leben lang auf die Antwort warten muss? Nun heißt dies aber nicht, dass ein Kontakt sinnlos ist.

Ganz im Gegenteil. Er wird beständig sein. Es wird eine dauerhafte Übertragung geben. Ständig, praktisch ununterbrochen, werden Nachrichten eintreffen.

Spielt es eine Rolle, wenn diese Nachrichten 20 Jahre alt sind? Wenn die Geschehnisse, von denen die Nachrichten erzählen, schon 20 Jahre alte Geschichten sind?

Nein, spielt es nicht. Denn Neuigkeiten sind Neuigkeiten, in dem Moment, in dem man sie erhält. Ein direkter, persönlicher Kontakt ist hingegen so gut wie unmöglich.

Aber mit wem sollte man persönlichen Kontakt haben? Wer ist auf der Erde, von dem einer der Kolonisten sagen kann, dass er ihn persönlich kennt? Niemand! Absolut niemand!

Bestenfalls entfernte Verwandte, die aber gar nicht so einfach zu entdecken sind. Denn dafür müssten zuerst ausreichende Daten zur Historie der betreffenden Familien vorliegen.

Man stelle sich vor, man sendet seine eigene Historie, mit der Frage, ob es noch Verwandte gibt, und erhält erst 40 Jahre später eine Antwort, die besagt, dass man tatsächlich einen Verwandten hat. Natürlich kann man ihm jetzt eine Nachricht schicken. Nur um dann weitere 40 Jahre auf die Antwort zu warten. Im allergünstigsten Fall ist man dann um die 90 Jahre alt.

Eine direkte Kommunikation, so wie wir sie als Gespräch am Telefon kennen, kann man das beim besten Willen nicht nennen. Aber wozu dann überhaupt eine Kommunikation?

Austausch von Wissen, wäre ein Grund. Wobei Wissen hier das Potential hat, zu einer Art Handelsgut zu werden. Ein Handelsgut, das Ware und Zahlungsmittel gleichermaßen wäre. Ein Gedanke, der nicht uninteressant ist.

Denn stellen wir uns einmal eine Gesellschaft vor, in der jeder alles haben kann, allein, weil genug für alle da ist. In einer solchen Gesellschaft braucht es so etwas wie Finanzen nicht.

Und hier könnten Wissen und Informationen tatsächlich einen Wert erhalten, der mit Gegenwert verrechnet wird. Geld, in Form reiner Information. Wissen als Kapital. Erfahrung als Eigentum. Zu abwegig? Niemand, der heute lebt, wird es erfahren.

Größter rationaler Vorteil wäre das Wissen, das von der Erde übermittelt wird. Es ist kaum denkbar, dass die technologische Entwicklung, an Bord des Raumschiffs, in einem auch nur ähnlichem Umfang Fortschritte gemacht hat, wie es die Ressourcen der globalen Zivilisation der Erde erlauben. Also wäre, allein schon wegen einer berechtigten Aussicht auf neue Technologien, der Aufbau eines Kontakts, zur Erde, besondere Mühen wert.

Die Erde hingegen würde von wissenschaftlichen Daten zu Exoplaneten profitieren, die, von der Erde aus, nicht ermittelt werden können. Und letztlich darf man den emotionalen Wert nicht vergessen, den ein Kontakt mit dem Planeten, von dem aus die Vorfahren der Kolonisten aufgebrochen sind, auf die Kolonisten haben kann.

Wer jemals Einsamkeit erlebt hat, der weiß, welchen Wert selbst ein einziges geschriebenes Wort, eines anderen Menschen, haben kann.

Die Menschheit der Erde und die Menschheit der Neuen Welt. Würde es nicht jeden Menschen, beider Welten, danach drängen, zu erfahren, wie es dem jeweils anderen geht?

Seit Jahrzehnten lauscht die Menschheit ins All. Mit nicht unerheblichem Aufwand wird das SETI Projekt betrieben. Einzig in der vagen Hoffnung, damit Signale außerirdischer Zivilisationen auffangen zu können.

Zum einen sehnen wir uns nach der ultimativen Sensation, in Form der Entdeckung einer außerirdischen Zivilisation. Und zum anderen sehnen wir uns danach, nicht die Einzigen, in einem schier endlosen Universum, zu sein.

Kein Mensch möchte gerne dauerhaft allein sein. Immerhin sind wir eine sehr sozial orientierte Spezies. Und allem Anschein nach möchte die Gesamtheit der Menschen, also die Menschheit an sich, auch nicht so unbedingt allein sein in diesem gigantischen Weltall.

Und nicht zuletzt sind wir ja unglaublich neugierig. So neugierig, dass wir Dinge wissen wollen, die für uns absolut keinen Nutzen haben, außer dem einen, dass sie neu sind und die Emotionen bedienen.

Egal, wie nutzbar oder verwendbar es für uns ist, Hauptsache wir bekommen täglich unsere Portion an Neuigkeiten. Und je sozialer diese sind, desto interessanter sind sie. Wir können also davon ausgehen, dass es zum Kontakt kommen wird, egal, wie aufwendig und umständlich dieser auch sein mag.

Stellen wir uns hierzu noch ein paar Fragen:

Wie sehr wird sich die Mentalität der Kolonisten, die ja hunderte von Jahren in der Isolierung eines Raumschiffs gelebt haben, von der Mentalität der Menschen der Erde unterscheiden?

Wie werden sich die sozialen Strukturen und die damit verbundenen Denkweisen einer globalen Menschheit von denen unserer kleinen interstellaren Gemeinschaft unterscheiden?

Wie groß werden die technologischen Unterschiede werden? Und über welche technische Möglichkeiten, die man auf dem Raumschiff nicht produzieren kann, wird man auf der Erde verfügen? Wird eine hunderte von Jahren dauernde Reise, in einem Generationenraumschiff, eine Reise zu einem technologischen und sozialen „Hintertreffen"?

Kapitel 4: Nachgedanken

Nach allem, was wir bis hierher gelesen haben, können wir dann noch zu dem Ergebnis kommen, dass es wirklich Sinn macht, ein interstellares Raumschiff zu bauen und auf eine derart lange und ungewisse Reise zu schicken? Aber ist das eine Frage, die wir heute überhaupt schon stellen oder beantworten können?

Wohl eher nicht. Denn wir wissen nicht, über welche Technologien die Menschheit in hundert oder zweihundert Jahren verfügen wird. Ebenso wenig, welche Ressourcen, was auch Finanzen betrifft, in Zukunft zur Verfügung stehen. Und erst recht wissen wir nicht, was den Menschen der Zukunft wichtig sein wird.

Erinnern wir uns an den Abschnitt Religion und den dort erwähnten Bau der Pyramiden. Der Glaube allein genügte, um die Menschen von der Notwendigkeit, des Baus eines solchen Bauwerks, zu überzeugen.

Was notwendig sein wird, um die Menschen in hundert Jahren von der Notwendigkeit einer interstellaren Reise zu überzeugen, wissen wir nicht. Aber deutlich mehr als ein, „wir machen es, weil wir es können", dürfte es da schon sein.

Etwa 10 Milliarden Dollar, des Währungswerts aus dem Jahr 2016, werden benötigt, um einen amerikanischen Flugzeugträger zu bauen. Bedenkt man, welche Größe ein interstellares Raumschiff haben muss und was alles in den Orbit transportiert werden muss, dann sprechen wir hier von deutlich mehr als einem Flugzeugträger. Entwicklung und Bau des Raumschiffs dürften vergleichbar sein mit einer kompletten militärischen Seestreitkraft.

Wenn man aber bedenkt, wie viele militärische Gerätschaften pro Jahr produziert werden, dann kann man mit Recht annehmen, dass, mit den hierfür notwendigen Finanzmitteln, nicht nur ein einziges interstellares Raumschiff gebaut werden könnte.

Wie viel Geld geben die Staaten dieses Planeten aus, um, mittels der Demonstration von militärischer Stärke, die eigenen Interessen zu verteidigen? Oder besser gesagt, glauben zu können, mit diesen Mitteln ihre Interessen vertreten zu können. Vergleicht man die militärischen Kräfte von Staaten, stellt man fest, dass sie sich nur gegen Staaten verteidigen können, die in etwa über die gleichen Mittel verfügen. Der Glaube an eine Sicherheit, durch militärische Macht, ist daher ein sehr trügerischer Glaube, der geradezu hinweggewischt werden kann, wenn man sich einem wirklich überlegenen Gegner gegenübersieht.

Wann die Menschheit lernen wird, dass Kooperation das beste Mittel ist, zum Wohl und zum Nutzen der gesamten Menschheit, darüber darf man spekulieren. Solange jedoch die Bedürfnisse und Machtansprüche regionaler Staaten die Politik auf diesem Planeten dominieren, solange werden wir von einer geeinten Menschheit nur träumen können.

Und ebenso auch davon, was eine wahrhaft geeinte Menschheit alles leisten könnte, wenn sie die Mittel, die derzeit für echte, oder befürchtete Konflikte verwendet werden, für eine bessere Zukunft der Menschheit verwenden würde.

Es würden unglaubliche finanzielle Mittel frei werden, wenn die Menschheit sich dazu entscheiden könnte, damit aufzuhören, sich gegenseitig zu bekämpfen. Es würden Mittel frei, für Leistungen, von denen wir heute nur träumen können. So gesehen wird der Traum, von einer interstellaren Reise, indirekt auch zum Traum von einer geeinten Menschheit. Es ist ein Traum, der sich zu träumen lohnt!

Muss es interstellar sein? Müssen wir raus aus unserem Sonnensystem? Und welche Möglichkeiten bieten sich uns in unserem eigenen Sonnensystem?

Mehr als wir denken. Allerdings ist das größte Problem hier die Gravitation. Nur die Venus hat eine Gravitation, die für den menschlichen Organismus verträglich ist und keine Mutation auslösen würde. Bei allen anderen Planeten und Monden wird die dort niedrigere Gravitation den Organismus innerhalb weniger Generationen verändern. Und zwar so sehr, dass die „Kolonisten" Schwierigkeiten haben werden, auf der Erde leben zu können.

Trotzdem sind Mond und Mars die ersten Kandidaten für dauerhafte Siedlungen. Dann gibt es noch den Asteroidengürtel als eine verlockende Rohstoffquelle und mit dem Planetoiden Ceres ein Objekt, auf dem man Stationen errichten könnte.

Im Bereich von Jupiter lockt der Mond Europa. Unter dessen Eisschicht ist mit ziemlicher Sicherheit ein Ozean zu finden. Und die Bedingungen für den Mars werden sich in einigen hundert Millionen Jahren übrigens verbessern, weil die Strahlungsstärke der Sonne langsam aber beständig zunimmt. In einigen Milliarden Jahren wird diese sogar so stark sein, dass die Monde Jupiters interessant werden. Es wird zwar ein Riesenaufwand nötig sein, aber wir haben in unserem eigenen Sonnensystem eine recht umfangreiche „Spielwiese". Die uns aber gleichzeitig daran erinnern kann, wie ungemein wertvoll die Erde ist. Wir sollten sie so gut behandeln, wie wir nur können.

4.1 Spekulationen

Was wäre die denkbare Höchstgeschwindigkeit eines interstellaren Raumschiffs? Wo liegt das absolute Limit?

Überlichtgeschwindigkeit.
Derzeit weiß niemand, ob so etwas möglich ist. Und selbst wenn es theoretisch möglich wäre, wissen wir nicht, wie ein überlichtschneller Antrieb zu bauen wäre. Zwar existieren bereits mathematische Modelle für einen Warpantrieb, aber ob dieser technisch zu bauen wäre, ist mehr als nur fraglich.

Lichtgeschwindigkeit.
Rein theoretisch, wenn man über praktisch unerschöpfliche Energie verfügt, könnte man 99 Prozent der Lichtgeschwindigkeit erreichen. Das hätte den Vorteil, dass für die Besatzung eine Zeit von 20 Jahren, aufgrund der Zeitdilatation, zu wenigen Wochen wird. Für die Besatzung würde die Lichtgeschwindigkeit scheinbar zu einer Überlichtgeschwindigkeit werden. Einfach deswegen, weil sich jeder an Bord in einer Art Superzeitlupe befinden würde.

Doch selbst wenn man nahe an die Lichtgeschwindigkeit herankommen würde, wäre es wenig ratsam. Denn je höher die Geschwindigkeit ist, desto dramatischer sind die Auswirkungen einer Kollision. Und so leer das Weltall zwischen den Sternen auch sein mag, ganz leer ist es nicht. Ein Kieselstein würde genügen, um das Raumschiff zu zerstören oder zumindest irreparabel zu beschädigen. Daher ist die maximale Geschwindigkeit auch abhängig davon, dass man in der Lage ist, jeder möglichen Kollision rechtzeitig auszuweichen.

Interstellares Tempolimit.
Egal, was der Antrieb hergibt, die Geschwindigkeit darf nur so hoch sein, dass man jedem Hindernis ausweichen kann. Um das zu können, braucht es eine höchst effektive Überwachung der Flugroute. Absolut alles, was gefährlich werden kann, muss rechtzeitig entdeckt werden können. Die Höchstgeschwindigkeit eines interstellaren Raumschiffs ist also nicht nur eine Frage des Antriebs, sondern auch eine Frage der Sicherheit. Wenn man aber deutlich unterhalb von 5 Prozent der Lichtgeschwindigkeit bleibt, werden größere Distanzen zu einem Problem. Denn egal, wie gut man ein Raumschiff baut, ewig wird es nicht halten.

Und aus heutiger Sicht ist auch eine Betriebsdauer von 500 Jahren schon etwas, was weit jenseits dessen ist, was ein Ingenieur für möglich halten würde.

Richtig ist, je schneller man fliegt, desto schneller kommt man ans Ziel. Richtig ist aber auch, dass man am besten so fliegt, dass man ohne Unfall ankommt. So schnell wie möglich wird weit weniger die Frage sein, als ein; „so schnell wie gerade noch sicher genug".

Licht und Gravitation.

Unterliegt Licht dem Einfluss der Gravitation? Licht kann durch Gravitation nicht gebremst oder beschleunigt werden. Licht kann durch Gravitation aber abgelenkt werden. Licht folgt also einer, von Massen erzeugten, Raumkrümmung. Was das Tempo betrifft, ist Licht also gegen die Gravitation immun. Unterliegt ihr aber, wenn es um Weg und Richtung geht.

Higgsfeld und Gravitation.

Wenn der Einfluss des Higgsfelds auf die Masse von Elementarteilchen immer und überall gleich ist, dann hat die Gravitation keinen Einfluss auf Dichte und Struktur des Higgsfelds.

Erträgt der Mensch eine interstellare Reise?

Tja, das ist die Frage, die man nicht beantworten kann. Und man kann sie auch nicht simulieren. Wie auch? Wie soll man 500 Jahre simulieren? Jede Antwort, auf die Frage, ob Menschen eine interstellare Reise, körperlich und psychisch gesund, überstehen können, kann nichts anderes sein, als eine Spekulation.

Deshalb wäre es, strenggenommen, unverantwortlich, Menschen auf eine solche Reise zu schicken. Aber gäbe es überhaupt eine echte Alternative zu einem Generationenraumschiff?

1. Hibernation

Tiefgefroren 500 Jahre überdauern, während das Raumschiff von einer KI ans Ziel gebracht wird? Es gibt Tiere, die sich im Winter einfrieren lassen. In ihren Zellen befindet sich ein natürliches Frostschutzmittel, das dafür sorgt, dass die Zellen beim Einfrieren keinen Schaden nehmen. Im Frühjahr tauen sie wieder auf und beginnen mit ihrem sommerlichen Lebenszyklus. Niemand kann diese Tiere fragen, ob ihr Bewusstsein mit dem Menschlichen vergleichbar ist. Und niemand kann sagen, ob das menschliche Bewusstsein für ein solches Verfahren geeignet ist. Und wenn es doch funktionieren sollte, kann niemand wissen, ob es über einen Zeitraum von 500 Jahren funktionieren würde. Denn wer möchte einen derartigen Test durchführen?

500 Jahre sind eine Zeitspanne, die wir uns, bei Kaffee und Kuchen, nicht vorstellen können. Und auch nicht, wenn wir ernsthaft darüber diskutieren. 500 Jahre sind zu lang, um sie wirklich vorstellbar zu machen.

2. Eizellen und Spermien.

Eigentlich sprechen wir hierbei von einer Abwandlung der Hibernationsidee. Einzig mit dem Unterschied, dass nicht lebendige Organismen eingefroren werden, sondern nur Eizellen und Spermien. Angekommen am Ziel kann man, mittels der Technik der künstlichen Befruchtung, eine neue Menschheit aufbauen.

So einfach, wie das klingt, darf man dabei eins nicht vergessen. Am Ziel gibt es keinen Menschen, der Babys wickeln und Kinder großziehen kann.

Das wäre dann die Aufgabe von Androiden.

Kann sich jemand vorstellen, wie ein heranwachsendes Kind sich fühlen wird, wenn es erfährt, dass es von Maschinen aufgezogen wird? Dass es als Eizelle/Spermium in die Weite des Weltalls geschickt wurde, um dort das Fortbestehen der Menschheit zu sichern? Eine Menschheit, die in unerreichbarer Ferne liegt? Wer möchte darüber entscheiden, ob man dies einem Menschen, der noch nicht einmal geboren ist, antun darf?

In spätestens 100 Jahren wird die Menschheit über die Technik verfügen, um ein Raumschiff ins nächste Sonnensystem zu schicken. Inklusive einer Besatzung aus Androiden und einem Vorrat an menschlichem Erbgut. Und da in dem Fall keine Menschenleben gefährdet sind, kann man auch solche Geschwindigkeiten wählen, die ein höheres Risiko beinhalten.

Vielleicht könnte man innerhalb von 40 Jahren Alpha Centauri erreichen.
Aber wäre es ethisch richtig, dies zu tun?
Es auf eine solche Weise zu tun?
Egal, was wir jetzt für möglich halten, nur die ferne Zukunft wird zeigen, was der Mensch tun wird.

Kapitel 5: Mysterium Zeit

Was ist Zeit?

Zeit gilt als die vierte Dimension der Raumzeit, die gebildet wird aus Länge, Breite, Höhe und der Zeit.

Länge, Breite, Höhe sind physikalische Dimensionen, die den dreidimensionalen Raum bilden, in dem sich das befindet, was wir als Energie und Materie bezeichnen. Der Raum kann etwas enthalten und man kann sich innerhalb des Raums bewegen.

Aber kann Zeit etwas enthalten? Und kann man sich innerhalb der Zeit bewegen? Wenn wir beides ausschließen können, dann ist Zeit keine Dimension, die mit den Raumdimensionen vergleichbar ist. Wir haben die Zeit quantisiert und messen die Länge einer Zeiteinheit mit Uhren. Wir unterscheiden zwischen Vergangenheit, Gegenwart und Zukunft. Ohne genau sagen zu können, was Gegenwart ist.

Wie lang ist der Moment der Gegenwart?

Wie lang ist der Augenblick des 'Jetzt'?

Es gibt dafür verschiedene Definitionen, aber keine einheitlich definierte zeitliche Länge des Gegenwartmoments.

Subjektiv könnte man sagen, dass die Gegenwart die Zeit ist, in der eine Information im Gehirn gebildet wird. Physikalisch könnte man sagen, dass die Gegenwart die Zeit ist, in der etwas passiert. Die Zukunft ist dann die Zeit, in der es noch nicht passiert ist und die Vergangenheit die Zeit, nachdem es passiert ist.

Aber wie lang darf dieser Moment sein? Wie lang ist für uns Menschen ein Moment der Gegenwart? Ist es eine Sekunde? Eine halbe Sekunde? Eine Zehntelsekunde?

Innerhalb von einer Zehntelsekunde kann man sich an einer heißen Herdplatte die Finger verbrennen. Etwa eine halbe Zehntelsekunde benötigt unser Gehirn, um das, was unser Auge sieht, zu einem Bild zu machen. Und ab einer Frequenz von mehr als 20 Bildern pro Sekunde sieht man keine Einzelbilder mehr. Das ist der Grund, warum ein Film/Video mindestens 24 Bilder pro Sekunde enthält.

All dies ist jedoch subjektiv und abhängig von der Leistungsfähigkeit des menschlichen Gehirns.

Das bedeutet, dass die zeitliche Länge der Gegenwart, wie der Mensch sie empfindet, keine natürliche Größe ist, sondern etwas Subjektives.

Für eine Stubenfliege, die ein etwa siebenfach höheres Reaktions-
vermögen als der Mensch hat, bewegen wir Menschen uns praktisch in Zeitlupe. Das lässt den Schluss zu, dass der Gegenwartsmoment der Stubenfliege eher kleiner ist, als der menschliche.

Um jetzt wirklich einheitlich zu sein, müsste der Moment der
Gegenwart rein physikalisch definiert werden. Das ist möglich
durch Verwendung der Planckzeit. Die Planckzeit ist die Zeiteinheit, die Licht benötigt, um den Planckraum zu durchqueren. Also
$5,39 \times 10^{-44}$ Sekunden.

$5,39 \times 10^{44}$ Planckzeiten hat eine Sekunde. Und das sind mehr
Planckzeiten, als das Alter des Universums in Sekunden gemessen.

Stellen wir uns einen Computer vor, der in Planckzeit rechnet.
Für den eine Planckzeiteinheit also der Gegenwartsmoment ist.
Und jetzt sagen wir mal, dass der menschliche Gegenwartsmoment
die Länge von einer Sekunde hat. Dann würden für den Computer
während eines einzigen dieser menschlichen Gegenwartsmomente
$5,39 \times 10^{43}$ Planckzeiteinheiten vergehen.

Wenn ich nun pro Sekunde eine Taste meines Laptops drücke,
dann müsste ein solcher Computer auf jeden Tastendruck, umgerechnet, mehr als 14 Milliarden Jahre warten. Zukünftige Super-
computer werden mit uns Menschen Geduld haben müssen.

Nachdem wir die objektive Unbestimmbarkeit der Gegenwart
betrachtet haben, kommen wir jetzt zur Frage, was ist Zukunft?
Zukunft ist alles, was noch nicht passiert ist, aber passieren kann.
Zukunft ist der Moment, der dem Gegenwartsmoment vorausgeht.

Kommen wir noch einmal zurück zur heißen Herdplatte. Die
Haut des Fingers kommt in Kontakt mit deutlich zu viel Hitze. Die
Zellen beginnen aufzuquellen. Der Interzellularraum beginnt sich
mit Zellresten und Flüssigkeit zu füllen, was den Druck erhöht
und Schmerzrezeptoren aktiviert. Die Schmerzrezeptoren senden
Nervenimpulse an das Gehirn, wo sie interpretiert werden. Sowohl
Stärke des Schmerzes als auch Entstehungsort werden ermittelt.
Daraufhin erfolgt die Auswahl eines Reaktionsmusters. Nervenim-
pulse werden an Muskeln gesendet und die Hand zurückgezogen.

Aus Sicht der Planckzeit ist der Moment, in dem die Zellen,
aufgrund der Hitze, zu sterben beginnen, Ewigkeiten vorbei. Man
könnte nun sagen, dass der Übergang zwischen Gegenwart und
Zukunft fließend ist. In jedem Fall kann man aber sagen, dass
mancher Moment, den wir als Gegenwart empfinden, in Wahrheit
schon zur Vergangenheit gehört.

Würde der Körper eines Astronauten, bei einem Außeneinsatz, von einem Stück Kleinstmaterie durchschlagen werden, würde der Astronaut den Treffer erst spüren, nachdem das Stück seinen Körper wieder verlassen hat.

Aufgrund des Tempos des Ereignisses empfindet der Astronaut ein eigentlich vergangenes Ereignis als Gegenwart. Genau betrachtet ist dies aber immer so. Jeder Tastendruck, den meine Finger spüren, während ich diese Zeilen schreibe, ist ein Spüren von Vergangenheit. Denn der Moment, in dem mein Finger eine Taste berührt und der Moment, in dem ich die Berührung spüre, kann nicht identisch sein. Das heißt, dass auch der Übergang von Gegenwart zu Vergangenheit etwas Fließendes ist.

Betrachten wir mal die kognitiven Fähigkeiten des menschlichen Gehirns. Was tut es, während man denkt? Es denkt!
Ja, wer hätte das gedacht! Genug gescherzt, denn die Rede ist von den Gedanken, die man hat, bevor sie einem bewusst werden.

Richtig interessant wird es, wenn man weiß, dass das Gehirn ständig Spekulationen anstellt, über das, was wir Zukunft nennen. Aber nicht über die Zukunft an sich, sondern über die Dinge, die einem in Zukunft passieren könnten, oder welche Entscheidungen für eine mögliche Zukunft wohl die besseren wären. Das Gehirn versucht, vorauszudenken. Und zwar auf unterbewusster Ebene.
Das heißt, dass unserem Gehirn, auf einer Ebene, die unterhalb unseres Bewusstseins liegt, das Konzept der Zeit, hier in Form der Zukunft, bekannt ist.

Kann man die Zukunft voraussehen? Gibt es eine Zukunft, aus der Zeitreisende in unsere Gegenwart reisen könnten? Und was sind die Konsequenzen davon, wenn es so wäre?

Die Antwort ist einfach. Und sie ist erschreckend. Denn wenn es eine Zukunft gibt, wenn sie sozusagen schon existiert, dann leben wir nicht in der Gegenwart!
Dann ist unsere Gegenwart in Wahrheit die Vergangenheit einer Gegenwart, die aus unserer Sicht die Zukunft ist. Und in dem Fall würden wir nicht ein gegenwärtiges Leben leben und gestalten, sondern nur ein Leben nachleben, das durch die Zukunft bereits festgelegt ist.

Wenn also jemals jemand daherkommt und sagt:
„Ich bin ein Zeitreisender aus der Zukunft."
Dann darf man sagen: „Dann bist du also ein Gesandter der Gegenwart und ich ein Objekt der Vergangenheit."
Kann man sich zeitlich nach vorne, nach hinten, zur Seite und wieder zurück zum Ausgangspunkt bewegen? Geht das?

5.1 Relativität der Zeit

Die Länge einer definierten Zeiteinheit ist abhängig von der Geschwindigkeit des jeweiligen Bezugssystems.

Eine Sekunde, gemessen mit der Uhr eines Menschen, der zu Fuß geht, hat eine kürzere Zeitspanne, als die Uhr eines Menschen, der sich in einem schnell fliegenden Flugzeug befindet.

Die Geschwindigkeit, ebenso wie die Gravitation, beeinflussen die Länge einer Zeiteinheit. Das geht so weit, dass bei Erreichen von Lichtgeschwindigkeit es praktisch keine Zeit mehr gibt. Oder anders gesagt, die Zeit stillsteht.

Aber kann etwas stillstehen, von dem wir nicht wissen, was es ist? Wir wissen nicht, was Zeit ist? Aber halt, wir wissen es doch, wir wis...., tja, was ist Zeit?

Sie besteht nicht aus Materie.

Sie besteht nicht aus Energie.

Sie ist kein Raum.

Man kann sie nicht speichern.

Man kann sie nicht erzeugen.

Man kann sie nicht sammeln.

Und man kann sie nicht direkt beeinflussen.

Man kann es nur indirekt, indem man die eigene Geschwindigkeit ändert oder sich in den Bereich einer anderen Gravitation begibt.

Nehmen wir doch mal all unsere technischen Errungenschaften weg und messen die Zeit allein mit unseren organischen Möglichkeiten.

Welche Länge hat eine Sekunde?

Ist die Länge einer Sekunde für jeden Menschen gleich?

Ist die Länge einer Sekunde konstant oder abhängig von der Situation, in der man sich befindet?

Gibt es eine subjektive Relativität der Zeit?

Wie lange ein Erlebnis dauert, und auch das Warten ist ein Erlebnis, ist abhängig davon, was man empfindet. Man kann auch sagen, es ist abhängig davon, wie viel Aufmerksamkeit das Gehirn dem Erlebnis widmet. Die Art und Weise, wie das Gehirn ein Erlebnis verarbeitet, hat demnach also Einfluss auf die 'Länge' des zeitlichen Empfindens.

Die erste Fahrt auf einer Achterbahn wird eine andere Länge haben als die zweite. Jedes neue Erlebnis hat seine eigene Länge, die definiert wird durch das damit verbundene Empfinden. Inklusive der Emotionen, die es auslöst.

Man könnte auch sagen, je genauer man hinsieht, desto anders ist das zeitliche Empfinden.

Wie lang ist die Minute, die vor einem liegt?

Wie lang ist die Minute, die hinter einem liegt?

Zu wie viel Minuten wird die Vergangenheit eines Lebens?

Setzen wir zwei Menschen in verschiedene Autos und lassen die Autos mit 100 km/h fahren. Beide sollen nun nach exakt 100 Sekunden eine Vollbremsung machen. Dabei ist die einzige Uhr die, die sie in ihrem Kopf haben. Wie hoch wird wohl die Wahrscheinlichkeit sein, dass beide Autos gleichzeitig zum Stillstand kommen und die gleiche Wegstrecke zurücklegen?

Was wäre, wenn es keine Zeit gäbe?

Wir hätten ein Universum, in dem sich nichts verändert.

Was wäre, wenn Lichtgeschwindigkeit gleich null wäre?

Wir hätten ein Universum, in dem sich nichts verändert.

Was wäre, wenn Zeit unendlich schnell vergehen würde?

Das Universum würde sein Ende erreichen, in dem Moment, in dem es entsteht.

Was wäre, wenn die Lichtgeschwindigkeit unendlich wäre?

Das Universum wäre ein sehr heller Ort. Und sein Energiegehalt wäre wahrhaft unendlich!

Die Lichtgeschwindigkeit muss eine Begrenzung haben. Sie darf nicht unendlich sein. Denn sonst wäre jeder Punkt im Raum mit Licht erfüllt. Es hätte auch Folgen für die elektromagnetische Wechselwirkung. Und gemäß der Formel $E=mc^2$ hätte bei unendlicher Lichtgeschwindigkeit schon jedes einzelne Quant eine unendliche Energie.

Wer will, kann ja mal ausrechnen, wie viel mehr Energie es wäre, wenn die Lichtgeschwindigkeit nicht 300.000 km/s, sondern 3.000.000 km/s wäre.

Wir bräuchten weit weniger Atombomben, um die Erde platt zu machen.

Das heißt, je höher die Lichtgeschwindigkeit ist, desto mehr Energie braucht ein Universum, um Materie zu erzeugen. Je mehr Energie die Materie hat, desto gigantischer werden die Explosionen von Supernovae. Und je gigantischer Supernovaexplosionen sind, desto weniger Chancen hat das Leben in den Sonnensystemen in deren näherer Umgebung. Je höher die Lichtgeschwindigkeit ist, desto kürzer ist auch die Planckzeit.

Wo liegt eigentlich die Grenze, ab der die Zellen der Netzhaut, unseres Auges, auftreffende Photonen nicht mehr wahrnehmen können?

Wo liegt die Grenze, ab der organisches Leben mit den physikalischen Konstanten des Universums unvereinbar ist?

Kann es sein, dass Licht und Zeit genau die Eigenschaften haben müssen, damit das Leben im Universum funktionieren kann?

Bilden die Lichtgeschwindigkeit und die Zeit den Pulsschlag des Universums? Aber wenn es so ist, darf dann die Zeit relativ sein? Würde das nicht bedeuten, dass es im Universum Bereiche gibt, die unterschiedlich alt sind?

Die Zeit, die wir messen können, ist relativ. Und das ist eine wissenschaftlich erwiesene Tatsache. Die Frage ist nur, ob das, was wir messen, die wahre Zeit des Universums ist. Oder ob sie nur das ist, was wir, als Zeit, wahrnehmen.

Bis ins Jahr 1920 war die vorherrschende wissenschaftliche Lehrmeinung, dass die Zeit konstant ist. Die Länge einer Sekunde wäre somit überall im Universum gleich lang und unabhängig von allen physikalischen Einflüssen, wie der Gravitation oder der relativen Geschwindigkeit.

Mit Albert Einsteins Relativitätstheorie wurde die Zeit zu etwas Relativem. Der Ablauf einer Sekunde war nicht mehr konstant, sondern abhängig von Gravitation und/oder von Geschwindigkeit. Und die Lehrmeinung ist nun, dass der Zeitbedarf einer Sekunde nur innerhalb eines Inertsystems konstant ist. Das bedeutet, dass die Zeit auf der Erdoberfläche praktisch konstant ist. Wenngleich, bei maximal präziser Messung, die Zeit am, bezogen auf die Rotation der Erde, relativ stillstehenden Nordpol ein wenig schneller ist, als im Bereich des Äquators.

In diesem Kontext wäre die Zeit also eine Dimension, die beeinflussbar ist. Und deren Grundwert man mit Hilfe der Gravitation oder der Geschwindigkeit ändern kann. Im extremsten Bereich sogar so weit, dass der Grundwert Null erreicht wird, was gleichbedeutend ist mit einem Stillstand der Zeit.

Eine 100-prozentige Lichtgeschwindigkeit, die, nach bisherigen Beobachtungen, aber nur von masselosen Partikeln (Photonen, Neutrinos) erreicht werden kann, hat demzufolge die Wirkung, dass für diese Partikel die Zeit stillsteht. Das wiederum bedeutet, dass hier keinerlei Zustandsänderungen mehr erfolgen. Es sei denn, es kommt zur Wechselwirkung mit einem anderen Partikel. Solange es aber zu keinerlei Wechselwirkungen kommt, 'altern' Photonen demnach nicht.

Bei dem Versuch, die Zeit so präzise wie möglich zu bestimmen, wurde die Planckzeit als kleinste mögliche Zeiteinheit definiert. Wie bereits erwähnt, ist es die Zeit, die das Licht braucht, um den Planckraum zu durchqueren.

Der Planckraum wird durch die Formel (Wurzel aus hc/G) berechnet und beträgt $1{,}616199 \cdot 10^{-35}$ Meter.

Und zur Durchquerung eines Planckraums benötigt das Licht $5{,}39106 \cdot 10^{-44}$ Sekunden (l_P/c).

Gemäß der Relativitätstheorie bewegt sich Licht, außerhalb einer Wechselwirkung mit anderen Partikeln, immer mit Lichtgeschwindigkeit. Und das gilt auch für die unterschiedlichen Parameter (Geschwindigkeit und/oder Gravitation) von Inertsystemen.

Gravitation und Geschwindigkeit eines Objekts haben demnach keine Auswirkung auf die Lichtgeschwindigkeit im Bereich dieses Objekts (Inertsystems).

Demzufolge ergibt die Messung der Planckzeit, vorgenommen von einem Beobachter, der den Bedingungen des jeweiligen Inertsystem nicht unterliegt, immer den Wert $5{,}39106 \cdot 10^{-44}$ s.

Die Planckzeit ist somit konstant.

Daraus lässt sich folgende Schlussfolgerung ziehen.

- Die Geschwindigkeit von Zustandsänderungen innerhalb eines Inertsystems ist nicht von der Zeit abhängig.
- Die Zeit selbst (siehe Planckzeit) wird durch Gravitation und Geschwindigkeit nicht beeinflusst.
- Die Geschwindigkeit von Zustandsänderungen innerhalb eines Inertsystems ist abhängig von der Gravitation und/oder der relativen Geschwindigkeit des Inertsystems.

Das würde bedeuten, dass die grundsätzliche Theorie der Zeitdilatation zwar richtig ist und die Geschwindigkeit von Zustandsänderungen tatsächlich abhängig ist von der Gravitation und/oder der Geschwindigkeit, aber nicht verursacht wird durch eine Veränderung der Zeit.

Die Zeit selbst wäre somit eine universelle Konstante. Aber die maximal mögliche Anzahl von Zustandsänderungen innerhalb einer Zeiteinheit wäre hingegen eine Variable, die abhängig ist von Gravitation und/oder Geschwindigkeit des Inertsystems.

Das Interessante daran ist, dass dieses Verständnis der Zeit keine Auswirkungen hat auf das Verständnis der relativen Abläufe innerhalb von Inertsystemen. Lediglich die Vorstellung der Zeit, als eine veränderliche Dimension, müsste ersetzt werden, durch die Dimension bzw. den physikalischen Effekt, der letztlich für die

Relativität der maximalen Anzahl von Zustandsänderungen pro Zeiteinheit verantwortlich ist.

Jedoch wäre die Auswirkung der Gravitation auf das Raumzeitgefüge neu zu bewerten. Denn bei konstanter Zeit würde durch die Gravitation nur der Raum gekrümmt nicht aber die Zeit.

Da jedoch, abhängig von der Stärke der Raumkrümmung, die Zahl der Zustandsänderungen pro Zeiteinheit differiert, müsste hier eine weitere Funktion hinzugefügt werden. Entweder hat der Raum selbst eine Struktur, die eine entsprechende Wirkung erzeugt oder es gibt noch eine weitere Kraft, die dies bewirkt und die auch von der Gravitation beeinflusst wird.

Der Raum selbst wäre als vierdimensional zu betrachten mit den Dimensionen Länge, Breite, Höhe und Krümmung bzw. Dichte. Als möglicher Kandidat für eine Raumdichte könnte das Higgsfeld in Betracht kommen.

Diesem vierdimensionalen Raum könnte das, was wir Zeit nennen, auch unter der Prämisse, dass sie konstant ist, als eine 5. Dimension hinzugefügt werden.

Das Stillstehen von Zeit, bei relativistischen Geschwindigkeiten, wäre also kein Stillstehen von Zeit, sondern das 'Stillstehen' jeder physikalischen Veränderung von Energie oder Materie.

Mit Ausnahme des Lichts.

Oder genauer gesagt, der Bewegung des Lichts.

Wobei wir bei einem weiteren sehr interessanten Thema wären. Nämlich der Frage, wie sich Licht eigentlich bewegt. Denn Licht hat keinen Antrieb. Licht unterliegt keiner Beschleunigung. Licht bewegt sich, ab dem Augenblick, in dem es entsteht, mit Lichtgeschwindigkeit.

Das Tempo von Licht kann durch Gravitation nicht gebremst und auch nicht beschleunigt werden. Und immer dann, wenn das Licht weniger als 299.792 km/s schnell ist, ist ein Medium im Spiel, das dafür sorgt, dass das Licht keinen direkten Weg nehmen kann. Deshalb ist das Licht in Wasser um ein Drittel langsamer, als im Vakuum. Und in der Dichte des Inneren der Sonne benötigt es hunderttausende von Jahren, um zu deren Oberfläche zu gelangen, um dann nur 8 Minuten später die Erde zu erreichen.

Relativität liegt immer dann vor, wenn physikalische Reaktionen in ihrer Stärke oder ihrer Geschwindigkeit durch Umgebungsbedingungen beeinflusst werden können. So ist auch die Siedetemperatur von Wasser relativ, da sie vom Umgebungsdruck abhängig ist. Jeder Höhenbergsteiger wird bestätigen können, dass deren Suppe keine Chance hat, 100 Grad Celsius zu erreichen.

5.2 Licht und Zeit

Ich denke, das Thema Lichtgeschwindigkeit, und seine Verbindung zur Zeit, verdient noch ein paar Worte und Beispiele.

Fangen wir mit einem Beispiel an.

Ein Raumschiff fliegt mit fast Lichtgeschwindigkeit. Sagen wir mal so schnell, dass die Zeitdilatation den Faktor 3.600 erreicht. Das bedeutet, dass eine Stunde auf der Erde, im Raumschiff nur die Dauer von einer Sekunde hat.

Vergleichen wir es mal.

Raumschiff	Erde
00:00:01	01:00:00
00:00:02	02:00:00
00:00:03	03:00:00

24 Sekunden entsprechen also einem ganzen Tag auf der Erde.

Nun lassen wir die Besatzung ein Experiment machen. Nehmen wir ein einfaches Messen der Lichtgeschwindigkeit. Und bedenken wir dabei, dass sich an Bord des Raumschiffs, für dessen Besatzung, jede Sekunde genauso anfühlt, wie eine Sekunde auf der Erde.

Nun baut man einen Versuch auf. In Form einer Lichtquelle. Und 10 Meter davon entfernt einen Lichtsensor. Jetzt noch eine Uhr und einen Startknopf und unsere Messanlage ist fertig. Dazu nehmen wir noch eine Kamera und übertragen den Versuch live zur Erde. Und los geht's.

Zack. Das Licht ist an und bewegt sich mit seiner natürlichen Geschwindigkeit. Und was zeigt die Uhr an Bord des Raumschiffs? Wir erinnern uns, dass die besagte Uhr 3600-mal langsamer geht, als vergleichbare Uhren auf der Erde. Während auf der Erde der Zeiger 3600-mal weiterspringt, springt er auf dem Raumschiff ein einziges Mal weiter.

Und jetzt die Frage: „Wie weit kommt das Licht, wenn es 3600 irdische Sekunden Zeit hat?"

Genau. 3600-mal weiter, als bei der Raumschiffsekunde. Das wäre, aus Sicht der Raumfahrer, die 3600fache Lichtgeschwindigkeit.

Und was zeigen die zur Erde übertragenen Livebilder? Sie zeigen einen Lichtstrahl, der sich mit exakt Lichtgeschwindigkeit bewegt, während die Wissenschaftler wie eingefroren wirken.

Wenn das Licht sich, unabhängig von der Geschwindigkeit des Objekts, in dem es sich befindet, immer mit seiner natürlichen Geschwindigkeit ausbreitet, wird es, aus Sicht derjenigen, die sich im Objekt befinden, umso schneller werden, je mehr sich das Objekt einer relativistischen Geschwindigkeit annähert.

In einem Raumschiff, das sich schneller als die Erde bewegt, bewegt sich Licht scheinbar mit Überlichtgeschwindigkeit.

Womit wir auch schon beim nächsten Punkt wären. Nämlich dem zeitlichen Wert unserer Sekunden. Wie wir wissen, ist das, was wir Zeit nennen, variabel (relativ). Je schneller wir uns bewegen, desto langsamer vergeht unsere Zeit. Nun steht die Erde aber nicht still im Universum. Sie bewegt sich. Und nicht nur sie. Auch das Sonnensystem. Und auch die Galaxis.

Es gibt also eine relative Gesamtgeschwindigkeit. Wie hoch die ist, kann niemand präzise sagen. Aber so einige hundert Kilometer pro Sekunde dürften es schon sein. Und das bedeutet, dass auf der Erde eine Sekunde tatsächlich etwas länger ist, als an einem Ort, der relativ zum Raum des Universums stillsteht.

Unser gemessener Wert der Lichtgeschwindigkeit ist also nicht der absolut korrekte Wert. Weil er nicht mit der absoluten Zeit des Universums gemessen wird, sondern mit dem, auf der Erde wirksamen, relativen Wert der Zeit.

Gut, zurück ins Raumschiff.

Wenn dort die Lichtgeschwindigkeit 3.600-mal schneller ist, als auf der Erde, bekommen wir so einige Problemchen. Da wäre zum Beispiel unsere Netzhaut zu nennen, auf die die Photonen des Lichts mit der 3.600fachen (relativen) Überlichtgeschwindigkeit treffen.

Natürlich ist das Licht nicht überlichtschnell. Es erscheint nur so, weil die Raumfahrer sich ja 3.600-mal langsamer bewegen. Also auch 3.600-mal langsamer denken. Ob das Auge (die Netzhaut) mit derart schnellen Photonen klarkommt, weiß derzeit niemand.

Auch wäre da noch die ultraschwache Photonenemission (UPE) zu nennen. Die auch in den Zellen lebendiger Körper erfolgt. Welche Auswirkungen hat es, wenn in einem Organismus Licht entsteht, das sich mit relativer Überlichtgeschwindigkeit bewegt?

Und dann wäre da noch unsere schöne Glasfasertechnik. Und so ziemlich jedes Stück Technik, das Licht als Arbeitsmedium verwendet. Sagen wir es mal so. Die Elektronik eines auf Licht basierenden Computers würde das Äquivalent zu Kopfschmerzen bekommen.

Um Lichtgeschwindigkeit zu erreichen, braucht man wahnsinnig viel Energie. Und da kommen uns Fusionsreaktoren gerade recht. Deren primäre Zündtechnik (aktueller Stand) sind aber Laserstrahlen. Laser...., da war doch was..., ach ja, kohärentes Licht. Kommt ein Fusionsreaktor mit „relativ" überlichtschnellen Laserstrahlen klar?

Wir sehen langsam, wo die Reise hingeht.

Licht und Zeit sind in relativistischen Bereichen... wie soll ich sagen..., Feuer und Eis? Jedenfalls was die Anwendung von Licht in bestimmten Bereichen (Technik, Organismus) betrifft.

Machen wir noch ein kleines Beispiel.

Ein Raumschiff fliegt mit 1.000 km/s durchs All. Nun kommt es in einen Bereich von 10.000 Kilometer Durchmesser, wo, sagen wir mal durch Gravitation, die Zeit um den Faktor 2 verlangsamt ist.

Betrachten wir es mal von außen. Wir sind also außerhalb des Raumschiffs und außerhalb dieses Zeitdilatationsbereichs, aber in einem Raumschiff, das auch mit 1.000 km/s unterwegs ist. Für uns neutrale Beobachter hat eine Sekunde an Bord unseres Raumschiffs und auch an Bord des Nachbarraumschiffs die Dauer von 10 Zehntelsekunden (unserer Zehntelsekunden!). Aber innerhalb des Zeitdilatationsbereichs hat eine Sekunde die Dauer von 20 Zehntelsekunden (unserer Zehntelsekunden!).

Nun fliegt unser Nachbarraumschiff durch diesen Zeitdilatationsbereich. Wie lange braucht es dafür?

Jetzt nicht auf die Idee kommen, dass es tatsächlich doppelt so lange für die 10.000 km braucht. Denn die Geschwindigkeit eines Objekts wird durch die Veränderung der Zeit, in dem Raum, durch das es fliegt, nicht verändert. Unser Nachbarraumschiff benötigt also genau 10 Sekunden. Während wir, außerhalb des Zeitdilatationsbereichs fliegend, für 10.000 km ebenfalls 10 Sekunden brauchen.

Aber was ist mit der erlebten Zeit im Innern?

Während auf unserem Raumschiff für uns 10 Sekunden vergehen, scheinen, aus unserer Sicht, auf dem Nachbarraumschiff nur noch 5 Sekunden zu vergehen. Und für dessen Besatzung stellt es sich genau anders herum dar. Denn während ihre 10 Sekunden genau 10 Sekunden bleiben, scheinen für sie auf unserem Raumschiff nun 20 Sekunden zu vergehen.

Anders ist es mit der erlebten Geschwindigkeit. Denn plötzlich scheint ihr Raumschiff nicht mehr 1.000 km/s, sondern 2.000 km/s schnell zu sein. Obwohl es, aus neutraler Position betrachtet, kein Stück schneller geworden ist.

Und jetzt kommen wir zu einer besonderen Frage. Wenn Zeitdilatationsbereiche keine Wirkung haben, auf die Geschwindigkeit eines Objekts, ist es dann tatsächlich die Zeit, die relativ ist? Oder anders gefragt, sollte die Zeit nicht auf absolut alles wirken?

Wenn das Licht 3 Milliarden Jahre benötigt, um von einem entfernten Quasar zu uns zu gelangen, dann können wir ziemlich sicher sein, dass es 3 Milliarden Jahre unterwegs war, und dass der Quasar drei Milliarden Lichtjahre entfernt ist. (Lassen wir hier mal die Raumausdehnung bitte aus dem Spiel).

Auch dann, wenn das Licht direkt am Ereignishorizont eines Schwarzen Lochs vorbeigedonnert ist, hat es dadurch seine Geschwindigkeit nicht verändert. Auch nicht während der Passage im Bereich maximaler Gravitation.

Wäre es anders, wäre es uns niemals gelungen, ein Photo von einem Schwarzen Loch zu machen. Oder sollte ich sagen, von dessen Akkretionsscheibe???

Bin ich böse, wenn ich sage, dass man ein Schwarzes Loch nicht fotografieren kann, sondern nur etwas, das wir dessen „Schatten" nennen können?

Wenn Licht (Lichtgeschwindigkeit) der Zeitdilatation unterliegen würde, dann würde das bedeuten, dass das Universum in seiner Gesamtheit nicht das gleiche Alter hat. Dann würde es Bereiche geben, die (zeitlich gesehen) jünger oder älter sind als andere. Und jede Idee der Messung von intergalaktischen Entfernungen wäre nur noch eine nette Idee, ohne Aussicht auf verlässliche Werte.

Bei allem, was wir wissen, ist das Universum aber überall gleich alt. Egal, wo wir hinkommen, der Raum (zumindest der Raum) ist 13,83 Milliarden Jahre alt. Etwas mehr oder weniger, je nachdem, welchen Wert man der Hubble-Konstante zugesteht.

Muss die eigentlich konstant sein? Und wenn sie konstant ist, wieso kann dann die Ausdehnungsgeschwindigkeit des Raums zunehmen? Wenn das Universum aber überall gleich alt ist, ist die Zeit es dann nicht auch? Und ich weiß, wie scheinbar ketzerisch diese Frage ist.

Also zur Diskussion gestellt:

Gibt es eine konstante Zeit des Universums?
Bedeutet Relativität der Zeit wirklich, dass die Zeit selbst schneller oder langsamer vergeht?
Oder bedeutet Relativität der Zeit, dass innerhalb einer Zeiteinheit es verschieden schnelle Zustandsänderungen geben kann?
Weil äußere Bedingungen (Gravitation/Geschwindigkeit) Einfluss auf die maximal mögliche Geschwindigkeit von Zustandsveränderrungen haben?
Leider kann ich meine eigenen Spekulationen erst glauben, wenn ein anderer sie bewiesen hat.

5.3 Zeitreisen

Nach vorne ist einfach.

Denn wir alle befinden uns in jedem Augenblick des Lebens auf der Reise in die Zukunft.

Wie man schneller dort hinkommt, ist theoretisch auch recht einfach. Dafür muss man sich nur in ein Raumschiff setzen und das auf annähernd Lichtgeschwindigkeit beschleunigen.

Während auf der Erde ein Jahr ein Jahr dauert, reduziert sich im Raumschiff ein „irdisches" Jahr auf Stunden oder Minuten, je nachdem wie nahe man an die Lichtgeschwindigkeit herankommt.

Einige Stunden in diesem Raumschiff können genügen, um ein paar hundert Jahre in die Zukunft zu reisen. Was dann aber eine Reise ohne Wiederkehr ist. Denn einen Weg zurück in die Zeit, in der man gestartet ist, den gibt es nicht.

Das bedeutet, dass, wenn man mittels dieser Technik in die Zukunft reist, dies einem 'Auswandern' entspricht, bei dem es keine Chance zur Rückkehr gibt. Will man das?

Und wie viel Chancen, auf ein geregeltes Leben, hat man, wenn man hunderte von Jahren soziologischer und technologischer Entwicklung überspringt?

Wie sehr würden sich Menschen, aus dem 18. Jahrhundert, wo es noch keine Elektrizität gab, in unserer heutigen Zeit zurechtfinden?

Könnten sie sich an den technischen Standard gewöhnen?

Könnten sie sich an unsere Art zu sprechen gewöhnen?

Könnten sie unsere sozialen Vorstellungen akzeptieren?

Wie sehr würden sie sich ausgegrenzt fühlen?

Eine Reise in die Zukunft wäre nicht nur eine Reise in eine andere Zeit, sondern auch in eine andere Kultur. In eine völlig andere Technologie und ein ebenso anderes Niveau an notwendigem Wissen und Fähigkeiten. Und kein heute lebender Mensch sollte darauf spekulieren, dass er sich in der menschlichen Zivilisation des 22. Jahrhunderts zurechtfinden würde.

Man stelle sich vor, man kommt in eine Zeit, in der jeder mit einem Intelligenzquotienten, der unter 130 liegt, als zurückgeblieben gilt. Besonders wenn man dazu noch bedenkt, dass man in unserer heutigen Zeit mit einem IQ von 130 als hochbegabt gilt.

Eine Reise in die Zukunft erscheint zwar verlockend, aber ohne die Möglichkeit einer Rückkehr ist sie vergleichbar mit einem Sprung ins Ungewisse.

In der Science Fiction gibt es eine Idee für überlichtschnelles Reisen unter Verwendung der Technik des Zeitreisens.

Nehmen wir ein Sonnensystem, das hundert Lichtjahre entfernt ist, steigen in ein Raumschiff, beschleunigen auf Lichtgeschwindigkeit und sind wenige Stunden später dort. Während auf der Erde hundert Jahre vergehen und damit so ziemlich jeder, den man kennt, tot ist. Und wenn man nach insgesamt zweihundert Jahren zurückkommt, erkennt man die Erde nicht mehr wieder.

Nun stellen wir uns vor, wir reisen mit dem Raumschiff zuerst hundert Jahre in die Vergangenheit und dann in Richtung unseres Ziels. Wieder vergehen, für einen selbst, nur wenige Stunden, während das Raumschiff aus den hundert Jahren Vergangenheit in seine Jetztzeit zurückkehrt. Macht man das auf dem Rückweg genauso, ist man, oberflächlich betrachtet, nur wenige Stunden bis Tage weg.

Aber stimmt das eigentlich? Kommt man damit jedes Mal in die Gegenwart zurück? Und was passiert mit der Gegenwart, während das Raumschiff unterwegs ist?

Die Gegenwart bewegt sich um genau die hundert Jahre weiter in die Zukunft, die das Raumschiff braucht, um aus der Vergangenheit ins scheinbare Jetzt zurückzukommen!

Jedes Mal, wenn man in die Vergangenheit reist, um mittels Dilatationsflugs in die Gegenwart zurückzukommen, entfernt man sich um die Zeit, um die man in die Vergangenheit gereist ist, von der tatsächlichen Gegenwart.

Man reist vom 23. Jahrhundert ins 22. Jahrhundert. Und während der 100 Jahre Dilatationsflug dauernden Reise zum anderen Sonnensystem und dabei auch zurück ins 23. Jahrhundert, bewegt sich das 23. Jahrhundert weiter ins 24. Jahrhundert.

Für die Rückreise zur Erde reist man abermals von 'seinem' 23. Jahrhundert wieder ins 22. Jahrhundert. Abermals nutzt man 100 Jahre Dilatationsflug, um 100 Lichtjahre zu überwinden, was einen auch wieder ins 23. Jahrhundert zurückbringt. Während die tatsächliche Gegenwart, in Form des 24. Jahrhunderts, sich ins 25. Jahrhundert weiterbewegt.

Jedes Mal, wenn man das macht, wird der Abstand zur realen Gegenwart größer. Und man hat auch keine Chance, diese jemals wieder zu erreichen.

Aber kann daraus ein Zeitparadoxon entstehen?

Ja, denn wenn man die Gegenwart verlässt, was ja mit der Rückreise in die Vergangenheit passiert, dann verlässt man die zeitliche Ebene der gegenwärtigen Existenz.

Wenn man nun aus der Vergangenheit zurückkehrt, erreicht man nur die Vergangenheit der Gegenwart, die man durch die Zeitreise verlassen hat. Und jede Aktion, die man nun in dieser vermeintlichen Gegenwart vornimmt, hat Auswirkungen auf die tatsächliche Gegenwart, die sich ja hundert bzw. zweihundert Jahre in der Zukunft befindet.

Kommen wir nun zum Traumthema der Science Fiction.

Zurück in die Vergangenheit!

Einmal nicht aufgepasst und schon ist es passiert. Das Auto klebt am Baum und sieht so gar nicht mehr aus wie zuvor. Wie fantastisch wäre es, wenn man in der Zeit zurückgehen könnte, um diesen einen Moment zu ändern. Nur einige Sekunden zurück, eine winzige Änderung nur, und Auto und Baum bleiben heil.

Vergessen wir Beispiele und Träume und stellen wir uns der Frage, ob eine Zeitreise in die Vergangenheit im Bereich des Möglichen liegt. Und die Grundbedingung dafür ist, dass die Zeit eine Dimension ist, in der man sich bewegen kann.

Ist sie das nicht, war's das mit der Idee des Zeitreisens. Gibt es die Dimension Zeit tatsächlich, dann stellt sich die Frage, mit welcher Technik man sich innerhalb von ihr bewegen kann.

Die gängigste Theorie ist die der Einstein-Rosenbrücke, die auch als Wurmloch bekannt ist. Bei einem Wurmloch wird die Raumzeit so sehr gekrümmt, dass sie in sich zurückkehrt.

Was passiert, wenn man in einen Kreisverkehr fährt? Man kann zu dem Punkt zurückfahren, an dem man in den Kreisverkehr hineingefahren ist.

Baut man heute ein Wurmloch, könnte man das Wurmloch benutzen, um zu dem Zeitpunkt zurückzukehren, zu dem es erzeugt worden ist. Ebenso auch zu jedem Zeitpunkt, der zwischen dem Entstehen dieses Wurmlochs und der Gegenwart liegt.

Eine Reise in die Zukunft wäre damit also nicht möglich. Auch der Weg in eine Vergangenheit, die vor dem Zeitpunkt der Entstehung des Wurmlochs liegt, wäre damit nicht möglich.

So viel zur Theorie.

Nun zur Praxis. Wie macht man ein solches Wurmloch? Wie verbiegt man die Raumzeit und verbindet sie auch noch so, dass sich zwei entfernte Punkte näherkommen?

Wir wissen nur von einer einzigen Möglichkeit, um die Raumzeit zu krümmen. Wir kennen sie als Gravitation. Und Gravitation erzeugt man mit Masse oder Energie.

Für ein Wurmloch, das ja ähnlich stark bzw. noch um einiges stärker gekrümmt ist, als der Ereignishorizont eines Schwarzen Lochs, braucht es Gravitation in einem Ausmaß, wie man sie in der Nähe der Erde nun wirklich nicht haben will.

Noch mal zur Erinnerung, den Raum krümmt man mit Gravitation. Aber Gravitation kann durch absolut gar nichts abgeschirmt werden. Das bedeutet, sie wirkt nicht nur da, wo man sie haben will, sondern überall. Auch da, wo man sie nicht haben will. Das ist übrigens auch das Problem bei Antigravitation. Echte Antigravitation würde in jede Richtung wirken. Auch in die, in der man sie nicht haben will.

Ein Wurmloch auf der Erde, das so groß ist, dass ein Mensch es durchqueren kann, würde die Gravitation der Erde gehörig durcheinanderbringen. Und dann wäre da noch die Frage, wie man die physikalischen Bedingungen, die innerhalb einer maximal stark gekrümmten Raumzeit herrschen, überstehen will.

Aber wenn Einstein-Rosenbrücken (also Wurmlöcher) als Zeitmaschinen nicht in Frage kommen, welche Möglichkeiten gibt es sonst noch?

Einer Theorie zufolge, kann die Gravitation im Bereich von Schwarzen Löchern so hoch werden, dass sie die Lichtgeschwindigkeit übersteigt. In dem Fall wäre es möglich, dass die Zeit rückwärts läuft *(Geht nur, wenn es Zeit, als Dimension, wirklich gibt)*.

Jetzt könnte man denken, dass man sich nur in den Bereich dieser Gravitation begeben muss, um eine Reise in die Vergangenheit anzutreten. Dabei darf man aber nicht vergessen, dass die Zeit nur im Bereich der extremen Gravitation rückwärts läuft. Und damit kommt man nicht in die Vergangenheit des Universums, sondern nur in die eigene Vergangenheit.

Von außen würde das aussehen, als ob derjenige, der sich innerhalb des Gravitationsfelds befindet, immer wieder in dieses eintritt und gleich darauf wieder den Eintrittspunkt erreicht. Es wäre vergleichbar mit einer Zeitschleife. Was aber auch wieder nur möglich wäre, wenn es die Zeit als Dimension tatsächlich gibt.

Mit einer rückwärts laufenden Zeit käme man also in seine regionale persönliche Vergangenheit, nicht aber in die tatsächliche Vergangenheit des Universums. Und für Regionen wie die Erde käme es zudem nicht in Frage, da unser Planet keine Chance hat, derartige Gravitationsverhältnisse zu überstehen. Die Sache hat noch den Haken, dass die Gravitation höher als der Wert der Lichtgeschwindigkeit sein müsste. Und in dem Fall befindet man sich innerhalb des Ereignishorizonts des Schwarzen Lochs.

Nehmen wir nun trotzdem an, dass eine Zeitmaschine möglich ist. Vielleicht per Hyperraum. Oder wie auch immer.

Nun verlässt man zum Zeitpunkt X seine Gegenwart und reist einige Jahre in die Vergangenheit. Dort verbringt man einige Zeit und möchte dann zurück in die Gegenwart.

Um aber dort auch anzukommen, muss man die exakte Zeit der Gegenwart treffen, zu der man gehört *(Was nicht die ist, aus der man gestartet ist!).* Und zwar auf Planckzeit genau.

Dabei muss man auch die Zeit berücksichtigen, in der man sich in der Vergangenheit aufgehalten hat und um die die reale Gegenwart sich zeitlich 'fortbewegt' hat.

Verpasst man diese auch nur um eine einzige Planckzeit, ist man nicht mehr in der Gegenwart, die man verlassen hat. Die einzige Möglichkeit, um derart präzise zu sein, wäre nun wieder ein Wurmloch, das eine zeitlich fixierte Verbindung zwischen Vergangenheit und Gegenwart schafft.

Was ist in diesem Universum alles möglich? Gibt es Wunder?

Ja, es gibt Wunder. Aber wenn man das Wort ernst nimmt, dann darf man es nicht inflationär verwenden. Dann darf nicht alles, was wider bestehendes Wissens funktioniert, als Wunder bezeichnet werden. Schließlich ist unser Wissen, was die Funktionsweise des Universums betrifft, immer noch als eher bescheiden zu bezeichnen.

Und doch gibt es ein echtes Wunder. Wir alle kennen es. Es begegnet uns jeden Tag. Wir nennen es Leben. Es ist ein Wunder, nicht, weil es entstanden ist.

Es ist ein Wunder, weil es das Universum gibt. Weil die Existenz des Universums ein Wunder ist. Und damit ist alles, was existiert, als Wunder anzusehen. So gesehen ist die Existenz des Universums das einzig wahre Wunder.

Und nur, wenn tatsächlich eine Reise in die Vergangenheit passieren würde, dann könnte man von einem weiteren, von einem zweiten Wunder sprechen.

Hier noch zwei interessante Fragen.

1. Kann ein Elektron, das einen Atomkern umkreist, diesen in Flugrichtung überholen, wenn beide mit Lichtgeschwindigkeit unterwegs sind?
2. Können die Quarks eines Protons in Flugrichtung oszillieren, wenn das Proton sich mit Lichtgeschwindigkeit bewegt?

Steht dann die Zeit still? Oder die Bewegung?

5.4 Zeitparadoxon

Ich habe ein Problem, das nur gelöst werden kann, wenn ich in die Vergangenheit reise, um die Ursache des Problems zu beseitigen. Tue ich das, hat das Problem in der Gegenwart, aus der ich die Zeitreise begonnen habe, nie bestanden. Und damit gab es auch nie einen Grund für den Beginn einer Zeitreise. Und daher wird in der korrigierten Gegenwart die Zeitreise nicht stattfinden, weshalb das Problem durch die Zeitreise nicht beseitigt werden kann. Existiert das Problem jedoch noch, kommt es wieder zur Zeitreise. Das Ergebnis ist eine Zeitschleife, die von innen nicht mehr aufgelöst werden kann.

Und wer den Film „Und täglich grüßt das Murmeltier" gesehen hat, der weiß, was mit Zeitschleife gemeint ist. Nur mit dem Unterschied, dass durch nichts, was die Insassen der Zeitschleife tun, diese durchbrochen werden kann.

Es gibt die Idee der Paralleluniversen. Und darauf basierend die Theorie, dass jede Veränderung, die durch eine Zeitreise erfolgt, das Entstehen eines neuen Paralleluniversums auslöst und man folglich nicht in sein eigenes Universum zurückkommt, sondern in das neu entstandene gelangt. Das würde die Problematik von Zeitparadoxons umgehen. Es würde aber zu einem anderen Problem führen. Eins, das bei jeder Form von Zeitreise auftritt.

Die Rede ist davon, dass die Energiemenge des Universums unveränderlich ist. Denn egal, was passiert, egal, was explodiert, die grundsätzliche Menge an Energie im Universum ist immer gleich hoch. Selbst die Energie, die in einem Schwarzen Loch verschwindet, bleibt, über die Gravitation, ein Bestandteil des Universums.

Anders ist dies allerdings bei einer Zeitreise. Denn hier wird die Energie, aus der all das besteht, was in die Vergangenheit reist, aus der Gegenwart des Universums entfernt. Es kommt somit tatsächlich zu einem Verlust an Energie. Ob das irgendeine Auswirkung hat? Das ist eine Frage, die ebenso schwer zu beantworten ist, wie die Frage, woraus eine Seele besteht.

Womit die Frage gestattet sei, was eigentlich mit einer Seele passiert, wenn sie aus der zeitlichen Gegenwart des Universums entfernt wird. Und was passiert mit einer Seele, die in einer Zeitschleife gefangen ist, wenn man in der Zeitschleife stirbt? Was wieder die Frage aufwirft, ob man in einer Zeitschleife überhaupt sterben kann. Denn zu Beginn der Zeitschleife ist man, egal, wie und wann man gestorben ist, ja wieder da.

Oder hätte die Seele die Möglichkeit, sich durch den Tod aus der Zeitschleife zu lösen und ins Jenseits der korrekten zeitlichen Gegenwart des Universums zurückzukehren?

Dafür müsste man aber wissen, dass man sich in einer Zeitschleife befindet. Aber selbst wenn man das erkennt, vergisst man es immer wieder, wenn die Zeitschleife neu beginnt.

Verlassen wir mal die technischen und temporalen Themen und betrachten Zeitreisen in die Vergangenheit doch mal aus einer mehr philosophischen Sicht.

Also, was würde passieren, wenn Zeitreisen tatsächlich möglich wären und jede höher entwickelte Zivilisation die entsprechende Technik entwickeln könnte?

Die Rede ist von temporaler Konstanz. Vom Bestand eines jeden Ereignisses. Denn wenn man praktisch jedes Ereignis rückgängig machen könnte, wie viel Bestand hätten Ereignisse dann noch? Nichts wäre mehr sicher. Das Universum, das ja das Leben erschaffen hat, könnte sich selbst nicht mehr trauen. Niemand könnte noch sicher sein, dass er morgen noch existiert oder je existiert hat!

Das Großvaterparadoxon!

Unser Zeitreisender ist so sehr seines Lebens überdrüssig, dass er in die Vergangenheit reist, um seinen Großvater zu töten. Dadurch wird sein Vater nicht geboren. Und dadurch wird er selbst nicht geboren. Weshalb er nie existiert hat. Weshalb er aber auch nicht als Zeitreisender in der Zeit zurückreisen kann, um seinen Großvater zu töten. Also stirbt dieser nicht, weshalb der Vater geboren wird und dadurch er selbst auch geboren wird. Nur um schließlich in die Zeitmaschine zu steigen und...
Und schon haben wir mal wieder die klassische Zeitschleife.

Was passiert mit einer Zeitschleife, die nicht aufgelöst wird? Sie existiert, solange das Universum existiert. Und wenn sie, zeitlich gesehen, außerhalb des Universums existiert, dann könnte sie auch nach dem Ende des Universums noch weiter existieren. Bis tatsächlich in alle Ewigkeit. Dann hätte sich die zeitreisende Seele damit ihre eigene persönliche Hölle geschaffen.

Und nicht nur das. Denn jede Person, die sich in der Zeitschleife befindet, befindet sich ebenfalls in dieser Hölle. Die Frage ist hier, ob sich der Bereich der Zeitreise auf das unmittelbare Umfeld, hier der Planet Erde, beschränkt oder ob sie das gesamte Universum umfasst.

Im ersten Fall würden sich etwa 8 Milliarden Menschen und Billionen von Tieren in der Schleife befinden.
Im zweiten Fall das gesamte Universum.
In beiden Fällen wäre es zwar nur eine „Zeitschleifenkopie" von beidem, aber für die Insassen dieser Zeitschleife würde das keinen fühlbaren Unterschied machen.

Jetzt noch einmal, rein philosophisch betrachtet, gefragt. Sollte das Universum Zeitreisen möglich machen oder wäre es besser, sie kategorisch auszuschließen?

Aus welchem Grund will man in die Vergangenheit reisen, um geschehene Dinge zu verändern? Ist es die Faszination, die das Gefühl ultimativer Macht erzeugt? Sind es die Emotionen, die es uns unmöglich machen, uns mit dem, was geschehen ist, abzufinden?

Aber was ist mit Gerechtigkeit?

Die Rede ist davon, ob man sich das Recht nehmen darf, in die Vergangenheit von Menschen einzugreifen, um diese Vergangenheit zu ändern. Schließlich hat jede Änderung der Vergangenheit multiple Auswirkungen. Sie beeinflusst also nicht nur das Leben der Person, deren Vergangenheit man ändert, sondern eine nicht mehr überschaubare Anzahl an Ereignissen, die aufgrund der geänderten Vergangenheit passieren werden.

Das heißt, dass man mit jeder Änderung der Vergangenheit Einfluss nimmt auf Menschen, die man gar nicht kennt. Gar nicht kennen kann, denn die Veränderung kann ja auch dazu führen, dass neue soziale Kontakte entstehen, die es ohne die Veränderung nie gegeben hätte. Es ist absolut unmöglich, alle möglichen Auswirkungen vorab zu berücksichtigen. Also, noch einmal gefragt, darf jemand das Recht haben, die Vergangenheit zu verändern? Ohne all die Menschen, die von der Veränderung betroffen sind, vorher zu fragen, ob sie mit der Veränderung einverstanden sind?

Wenn man sich ein solches Recht nimmt, entspricht das einem maximal diktatorischen Verhalten. Darf irgendjemand eine solche Macht haben? Genauer gefragt, darf irgendjemand im Universum eine solche Macht haben?

Nimmt man das Selbstbestimmungsrecht ernst, dürfte man niemals, aus keinem Grund, jemals die Vergangenheit ändern. Das heißt, man dürfte eine Zeitmaschine niemals benutzen.
Aber was würden wir tun, wenn wir eine hätten?

Geschichten über Zeitreisen zählen für mich zum Genre Fantasy.

Kapitel 6: Mysterium Leben

Was ist Leben?

Es gibt eine offizielle Definition für Leben.
Diese umfasst 3 Voraussetzungen.

1. Stoffwechsel
2. Reproduktion
3. Instabiles Gleichgewicht.

Nummer 1 ist ja noch relativ leicht verständlich. Stoffwechsel bedeutet, dass ein Organismus Stoffe aufnimmt, sie weiterverarbeitet und dafür Stoffe, die er nicht braucht, wieder abgibt.

Reproduktion ist Fortpflanzung. Nicht nur im Sinne von Arterhaltung, sondern auch im Sinne von Weiterentwicklung. Also Evolution. Gäbe es diese nicht, bestünde das Leben auf der Erde ausschließlich aus Prokaryoten. Also einfachsten Einzellern ohne Zellkern.

Kommen wir zum dritten Aspekt. Dem instabilen Gleichgewicht. Man könnte auch Unordnung sagen. Gut strenggenommen hat auch ein Stein ein instabiles Gleichgewicht. Einmal von außen (Erosion), zum anderen auch von innen, durch die Halbwertzeiten von Elementen. Wobei Letzteres aber passiv ist. Es also nicht auf Kreislauffunktionen oder einem Stoffwechsel beruht.

Anders ist das bei einem Organismus. Dessen Stoffwechselvorgänge sind gesteuert und zweckorientiert, wobei es darum geht, eine Balance aufrechtzuerhalten, ohne dabei einen statisch konstanten Wert zu erreichen. Man könnte auch sagen, dass das Leben dazu führt, dass etwas eine nicht rein zufällige Aktivität entwickelt. Das bedeutet, dass die Definition von Leben nicht abhängig davon ist, ob etwas, was als lebendig definiert ist, über ein ICH-Bewusstsein verfügt.

Stellen wir uns mal kurz vor, dass das Vorhandensein eines Bewusstseins („Ich denke, also existiere ich."), als Voraussetzung für Leben angesehen würde. Ab welchem Ausmaß an kognitiven Fähigkeiten müsste man dann wohl eine Künstliche Intelligenz als lebendig ansehen?

Kann man etwas Mechanisches, das ausschließlich nach den Regeln der Physik funktioniert, als lebendig betrachten?
Tja, eigentlich müssen wir das.

Denn jeder lebendige Organismus funktioniert letztlich auch nur nach den Regeln der Physik.

Die Nutzung von Phosphor und Calciumionen ist die Voraussetzung dafür, dass Muskeln kontrahieren können. Protonen-Ionen (H^+) sind Hauptbestandteil der Magensäure. Und die Liste, was die Verwendung von Elementarphysik für die Funktionen eines Organismus betrifft, ist damit nicht zu Ende.

In gewisser Weise ist ein lebendiger Organismus nichts anderes als eine Maschine, die nur funktioniert, weil er die physikalischen Prinzipien des Universums nutzt.

Man könnte das Leben nun auch anders definieren. Man könnte sagen, dass Leben sich dadurch auszeichnet, dass es in der Lage ist, Informationen zielgerichtet zu verwenden.

Eine Zellmembran besteht aus Phospholipiden, deren eine Seite hydrophil und die andere hydrophob ist. Nur wenn die Phospholipide so angeordnet werden, dass die hydrophoben Seiten aneinanderliegen und die hydrophilen die Außenseite bzw. die Innenseite der Zellmembran bilden, kann die Zelle Wasser in optimaler Weise nutzen.

Das Wissen, wie die Phospholipide anzuordnen sind, ist eine Information. Es auf die richtige Weise zu tun, ist das Nutzen, also das Anwenden, einer Information.

Die Ermittlung von Informationen (Wissen) und die darauf folgende Anwendung von Informationen (Technik) ist der Prozess einer Informationsverarbeitung. Man könnte hier also von einem informativen Stoffwechsel sprechen.

Jedes Erkennen von Informationen (Wissen) und jede zielgerichtete, zweckorientierte Anwendung der Information (Technik) erfordert kognitive Fähigkeiten. Wobei hier ein Bewusstsein nicht zwangsläufig erforderlich ist.

Beispiel. Ein leichter Knorpelschaden im Knie, der noch keine Schmerzen erzeugt, führt zu einer Veränderung der Gangart. Warum? Weil das Gehirn, ohne das Bewusstsein überhaupt zu informieren, zu dem Schluss kommt, dass das Knie mit dem Knorpelschaden weniger belastet werden soll.

Das entspricht dem Erkennen einer Information (Knorpelschaden) und einem darauffolgenden Interpretieren und Anwenden der Information (Änderung der Technik des Gehens).

Das Bewusstsein wird hierfür nicht benötigt. Mehr noch, es ist daran nicht einmal beteiligt. Wird nicht einmal darüber informiert. Und das ist der Grund dafür, dass viele Knieprobleme zu spät bemerkt werden.

Das bedeutet, dass ein Bewusstsein für eine zielgerichtete Verarbeitung von Informationen nicht zwangsläufig notwendig ist! Das verdient ein **WOW**!

Drehen wir die Sache mal um. Stellen wir uns einen Stoffwechsel vor, der nur Energie benötigt. Hier in Form von Sonnenenergie. Vielleicht genutzt durch einen auf Silikon basierenden Organismus.

Dieser Organismus könnte in Form eines Kristalls bestehen. Er könnte relativ unsterblich sein. Stellen wir uns vor, dass er auch noch Informationen verarbeiten kann. Vielleicht sogar mit einem Bewusstsein versehen. Können wir ihn, unter Verwendung der anfangs erwähnten 3 Voraussetzungen, nun als lebendig bezeichnen?

Versuchen wir, es noch ein wenig rudimentärer zu sehen. Jede Änderung eines Zustands erzeugt eine Information. Und wenn die Veränderung eines Zustands Auswirkungen auf andere Zustände hat, dann erzeugt dies ebenfalls Informationen. Und ab dem Moment, wo Informationen zielgerichtet verarbeitet werden, sprechen wir von Intelligenz.

Das menschliche Gehirn basiert auf Nervenzellen (Neuronen). Die Neuronen speichern Informationen, verändern sie und übertragen sie an andere Neuronen.

Neuronen bestehen aus Atomen. Das bedeutet, jede Änderung eines Zustands in einem Neuron hat Auswirkungen auf die Atome, aus denen das Neuron besteht.

Atome bestehen aus Atomkernen. Atomkerne aus Protonen und Neutronen. Protonen und Neutronen bestehen, im Wesentlichen, aus Quarks. Quarks bestehen aus.... (Energie?).

Letztlich ist es das Ausmaß an Organisation, dessen Basis die Energie des Universums ist, das jenes ermöglicht, was wir als bewusste Gedanken bezeichnen. So können wir uns die Frage stellen, wo denn unsere Gedanken letztlich herkommen.

Sicher, Worte und Sätze werden nicht von einzelnen Neuronen erzeugt, sondern von Netzwerken aus Neuronen, die zusammen den Teilbereich des Gehirns bilden, der für die verbale Sprache zuständig ist.

Aber wo ist der Teil zu finden, der die Idee für Gedanken, für die Themen, mit denen wir uns beschäftigen, hat? Wo ist der wahre Ursprung eines Gedankens zu finden? Wo ist der Ursprung des ICH-Gefühls zu finden?
Wo beginnt Informationsverarbeitung? In den Nervenzellen?
Oder schon einige Ebenen darunter?

6.1 Was ist Evolution?

Evolution ist Weiterentwicklung.

Wenn ich ein Musikstück nehme, das aus 2 Tönen besteht und diesem dann einen weiteren Ton hinzufüge, dann habe ich das Musikstück evolutionär verändert.

Nehme ich ein Musikstück mit 3 Tönen und nehme einen Ton weg, habe ich es ebenfalls evolutionär verändert. Diesmal allerdings degenerativ.

Und jetzt stellen wir uns mal vor, dass das Musikstück statt 2 Tönen 3 verwendet. Und zwar, ohne dass irgendjemand einen Ton hinzugefügt hätte.

Stellen wir uns vor, dass es nicht nur einen Ton hinzugefügt hätte, sondern diesen Ton auch noch erfunden hätte. Und jetzt stellen wir uns vor, dass wir nicht von ein paar wenigen Tönen sprechen, sondern von Billionen von Tönen.

Der menschliche Organismus ist unglaublich kompliziert. Wer's nicht glaubt, darf sich ein paar Bücher zu den Themen Physiologie, Anatomie und Zytologie kaufen. Ein paar tausend Seiten weiter wird man verstehen, was hier mit kompliziert gemeint ist.

Kann ein solcher Organismus, auch wenn 3 Milliarden Jahre Zeit dafür waren, durch Zufall und vollkommen selbständig entstehen? Wenn man hierzu „Ja" sagen kann, hat man einen bemerkenswerten Glauben.

Denn es ist mit Folgendem vergleichbar. Ein Meer, UV-Licht, Sand, einige Metalle, Wind, Wetter, Wellen und Milliarden Jahre später steht am Strand ein funktionsfähiger Computer mit Bildschirm und Software.

Und zwar, ohne dass etwas, was zu kognitiver Informationsverarbeitung fähig ist, daran beteiligt war. Ist das möglich?

Um einen Organismus an die jeweiligen Lebensbedingungen anzupassen, und zwar dadurch, dass der genetische Code (DNA) gezielt verändert wird, braucht es die Verarbeitung von Informationen.

Da wäre als Erstes das Erkennen, das eine Änderung überhaupt notwendig ist. Als Nächstes kommt die Beurteilung, welche Änderung den größten Erfolg verspricht.

Daraufhin müssen dann die Gensequenzen, die die Änderung bewirken, ermittelt und so verändert werden, dass der Organismus die Änderung (die neue Fähigkeit) tatsächlich erhält.

Der Prozess, vom Erkennen der Notwendigkeit einer Änderung, bis hin zu deren Verankerung in der DNA, ist das, was wir Evolution nennen können.

Und jetzt stellt sich die Frage, ob ein solcher Prozess, der mit Erkennen beginnt und mit der gezielten Veränderung des genetischen Codes endet, etwas ist, was wir Zufall nennen dürfen.

Ist die Evolution ein natürlicher Ausleseprozess, der durch zufälliges Ausprobieren zum Ziel führt? Das entspricht in etwa der Theorie von Darwin.

Oder ist die Evolution etwas, was einer kognitiven Steuerung unterliegt (Theorie des Intelligence Design).
Letzteres müsste eigentlich eine Art „Heiliger Gral" für alle Religionen sein, die in monotheistischer Weise an einen einzigen Schöpfergott glauben.
Denn Intelligence Design bedeutet nichts anderes, als dass eine Intelligenz, möglicherweise ein Bewusstsein, die Evolution des Lebens initiiert hat und sie auch weiterhin steuert.

Gibt es Beweise dafür, dass hinter der Evolution eine Intelligenz steht, die diese bewusst steuert? Leider nein. Dann bleibt uns nur folgende Weisheit; „Je mehr etwas wie eine Ente quiekt, desto wahrscheinlicher ist es, dass es eine Ente ist."

Was ist förderlicher für die Evolution:
Die direkte (unversöhnliche) Konkurrenz?
Oder die Kooperation?

Konkurrenz ist Wettbewerb. Wettbewerb entscheidet darüber, ob und wie sehr das eine dem anderen überlegen ist.
Setzt sich nur das Überlegene durch, dann geht das Unterlegene verloren. Wann immer aber Wissen verloren geht, kann es für zukünftige Situationen nicht mehr verwendet werden.

Kooperation ist Zusammenarbeit. Kooperation ist Miteinander.
Kooperation bietet die Überlegenheit der Vielen gegenüber dem Einzelnen.
Kooperation ermöglicht den Austausch von Informationen. Und der Austausch von Informationen generiert weitere Möglichkeiten zur Verarbeitung von Informationen.
Kooperation ist der Booster der Evolution.
Und damit zeigt uns die Evolution, dass ein „Miteinander" der Konkurrenz in Wahrheit überlegen ist.

6.2 Seelen

Nach mythologischem Glauben ist die Seele das, was übrig bleibt, wenn der Körper stirbt. Die Frage ist, ob die Seele mit dem primären ICH-Bewusstsein identisch ist. Falls das so ist, dann würde die Seele über alle kognitiven Fähigkeiten verfügen, die dafür sorgen, dass das ICH-Bewusstsein sich selbst als bewusst versteht.

Falls nicht, wäre die Seele eine Art Essenz der persönlichen Existenz. Sie wäre eine Art zweites Unterbewusstsein. Und sie würde nicht über die gleichen Fähigkeiten verfügen, die dem Bewusstsein, in Form des menschlichen Gehirns, zur Verfügung stehen.

Welche Sprache spricht die Seele?

Es gibt einige tausend Sprachen auf der Welt. Aber wenn die Seele unsterblich ist, dann stellt sich die Frage, welche Sprache sie spricht, wenn sie nicht in einem sterblichen Körper steckt.

Wir können die Frage noch etwas ausweiten und können uns fragen: „Welche Sprache wird im Jenseits gesprochen?" Mit welcher Form von Sprache kommunizieren Seelen?

Ohne die körperliche Existenz ist die schallbasierte Bildung von Worten eher schwierig. Also müsste der Austausch von Informationen auf einer energetischen Weise erfolgen. Vielleicht durch Modulation von energetischen Zuständen. Ebenso müsste die Speicherung von Informationen durch die Modulation energetischer Zustände erfolgen. Womit wir bei der Tatsache wären, dass Seelen, gemäß den 3 Voraussetzungen für Leben (Stoffwechsel, Reproduktion, instabiles Gleichgewicht), nicht lebendig sein können.

Als tot bezeichnet man einen Organismus, in dem kein Stoffwechsel mehr stattfindet und dessen Stoffwechsel auch nicht mehr angeregt werden kann. Ohne Stoffwechsel hat ein Organismus aber keine Möglichkeit mehr, Informationen zu verarbeiten.

Wenn nun eine Seele nicht als lebendig bezeichnet werden kann, sie aber trotzdem in der Lage ist, Informationen zu verarbeiten, dann kann sie nicht tot sein. Das führt zwingend zu der Schlussfolgerung, dass es zwischen dem Tod und dem Leben noch eine dritte Form der Existenz geben muss.

Schließen wir das aus, müssen wir den Begriff „Leben" neu definieren, oder uns vom Konzept einer unsterblichen Seele verabschieden.

Reproduktion von Seelen.

Derzeit gibt es fast 8 Milliarden Menschen auf der Welt. Und damit auch 8 Milliarden Seelen. Vor 50 Jahren waren es 4 Milliarden Menschen. Und damit halb so viele Seelen.

Wenn wir nun spekulieren, dass es Wiedergeburt gibt, dann führt die erhöhte Anzahl von Menschen dazu, dass sich die Zeit zwischen Tod und Wiedergeburt deutlich verringert haben muss. Oder man muss annehmen, dass neue Seelen hinzugekommen sind.

Das aber würde bedeuten, dass Seelen neu entstehen können. Was uns nun zu der Frage bringt, wo die ersten Seelen überhaupt hergekommen sind. Was war zuerst da? Die Seele oder das Leben, in Form von organisierten Zellverbänden?

Kann organisches Leben eine Seele erzeugen?

Kann sie aus der vitalen Energie eines Organismus entstehen? Wenn wir spekulieren, dass eine Seele neu entstehen kann, dann kratzen wir damit an der potentiellen Unsterblichkeit von Seelen. Denn was entstehen kann, kann auch vergehen.

Wenn wir aber davon ausgehen, dass es nur eine begrenzte Zahl von Seelen gibt, die vielleicht mit der Entstehung des Universums *(oder schon vorher?)* entstanden sind, dann würde das bedeuten, dass die mögliche Anzahl an lebenden Organismen, die über eine Seele verfügen, begrenzt ist.

Es stellt sich auch die Frage, ab wann ein Organismus über eine Seele verfügt. Oder unter welchen Umständen sich eine Seele an einen Organismus bindet. Auch stellt sich die Frage, ob die Anbindung der Seele an einen Organismus eine Voraussetzung für dessen Lebendigkeit ist.

Falls dies so wäre, würde es bedeuten, dass jeder Einzeller über eine Seele verfügt. In dem Fall gäbe es mehr Seelen, als es Sterne im Universum gibt. Und zwar allein hier auf der Erde. Und damit ist noch nicht einmal die ganze Erde gemeint!

Kann man etwas, was unsterblich ist, verletzen?

Ja, kann man. Wir Menschen tun es auch. Tag für Tag. Und allzu oft, ohne darüber auch nur nachzudenken.
Die Rede ist vom menschlichen Umgang miteinander. Die Rede ist von emotionalem Schmerz, den wir Menschen bereiten können. Oft ungewollt. Aber viel zu oft gewollt. Warum wir das tun? Vielleicht, weil wir nicht wissen, was die Seele ist. Und weil wir deswegen ihren Wert nicht zu schätzen wissen.

6.3 Jenseits

Gibt es ein Jenseits?

Stellen wir dazu mal die ketzerische Frage, ob es denn überhaupt ein Diesseits gibt.

Jeder, der mit dem Kopf gegen die Wand rennt, wird felsenfest davon überzeugt sein, dass es die Wand wirklich gibt. Dass sie ein greifbarer, ein physischer Teil einer realen Welt ist. Ebenso wie der Kopf, der die Wand getroffen hat.

Aber stimmt das?

Welche Möglichkeiten haben wir Menschen, um festzustellen, ob unsere physische Welt tatsächlich existiert? Dass sie also, als eine physisch existierende Welt, real ist?

Welche Möglichkeiten haben wir, um zu unterscheiden, ob die Wirklichkeit eine echte Wirklichkeit ist oder lediglich eine informative Wirklichkeit?

Wenn ich einen Computer so programmiere, dass er einen bestimmten Zustand als Hindernis, an dem er nicht vorbeikommt, versteht, dann wird der Computer an diesem Hindernis „hängen" bleiben. Seine Programme werden praktisch blockiert. Vergleichbar mit einer Sackgasse, deren einziger Ausgang sich geschlossen hat.

Wenn unser Gehirn so konstruiert ist, dass es Informationen als eine Art physische Wirkungseinheit betrachtet, dann werden die Informationen auch eine physische Wirkung haben. Und zwar genauso, als ob sie physisch real wären. Die Information, dass man vor einer Wand steht, würde aus der Information eine feste Wand machen.

Wenn die Wirklichkeit nur aus Informationen besteht, dann hat nichts, was sich innerhalb dieser „Wirklichkeit" befindet, die Chance, zu erkennen, dass die „Wirklichkeit" nur aus Informationen besteht. Wenn aber die Wirklichkeit tatsächlich nur aus Informationen besteht, dann ist jede Form von Wirklichkeit möglich. Ein Diesseits, ebenso wie ein Jenseits.

Was ist eine Information?

Eine Information ist ein Zustand, der von 'Nichts' abweicht. Damit man aber weiß, dass sie von 'Nichts' abweicht, muss es auch die Information geben, dass es 'Nichts' gibt, bzw. geben kann.
Eine Information ist die Beschreibung eines Zustands.
Jede Änderung eines Zustands erzeugt eine Information.

Werfen wir nun mal einen kurzen Blick auf die Religion.

In monotheistischen Religionen existiert nur ein einziger Gott. Und dieser Gott gilt meist als Schöpfer des Universums und als allmächtig. Allmacht bedeutet aber auch Allwissenheit. Und Allwissenheit bedeutet, dass man zu jeder Zeit über jede Information verfügt.

Jede! Und zwar unabhängig davon, wo sie im Universum entsteht. Zu jeder Zeit bedeutet, dass man die Information in dem Moment erhält, in dem sie entsteht. Quer durchs Universum bedeutet dies, dass sich Informationen mit Überlichtgeschwindigkeit übertragen müssen, damit besagter Gott über echte Allwissenheit verfügt. Und das bedeutet, dass Religionen an Überlichtgeschwindigkeit glauben. Zumindest, was Informationsübertragung betrifft.

Die Frage ist nun, ob ein Medium, in dem Informationen mit Überlichtgeschwindigkeit übertragen werden können, auch ein Bestandteil unseres diesseitigen Universums sein kann. Falls nicht, muss es ein jenseitiges Medium geben, oder wir können uns von der Idee der Allwissenheit eines Gottes verabschieden.

Mittels Quantenverschränkung können Informationen zeitverlustfrei übertragen werden. Und das bedeutet Überlichtgeschwindigkeit. Aber wie gesagt, es wird keine Masse bewegt. Auch keine Energie. Sondern lediglich eine Information.

Das bedeutet, dass Informationen an die physischen Gesetze des Universums nicht gebunden sind. Was absolut möglich ist. Denn eine Information ist nichts Substanzielles, sondern nichts anderes als Wissen.

Ab dem Moment, in dem sich Informationen selbständig organisieren können, werden Informationen zu etwas quasi Lebendigem. Wäre es also möglich, dass man als Information in einer Welt aus Informationen existieren kann?

Ist das ein allzu abwegiger Gedanke?

Aber wenn er gedacht werden kann, wo kommt er dann her?

Wieso kann ein organisches Gehirn eine solche Idee haben?

Warum beschäftigt es sich überhaupt mit etwas, was für ein Leben im Diesseits keine Relevanz hat?

Warum ist das „ICH-Bewusstsein" begierig, zu wissen, ob es ein Jenseits und damit ein Leben nach der physischen Existenz geben kann? Aus Angst vor dem Tod? Vor dem unwiderruflichen Ende des eigenen Bewusstseins?

Oder weiß die Energie, aus der wir, der Körper, Geist und Seele, bestehen, mehr, als uns bewusst ist?

Kapitel 7: Mysterium Universum

Was ist das Universum?

Ich sitze in einem Café und blicke hinaus auf eine Straße, auf Häuser, auf einen wolkenverhangenen Himmel.

Direkt vor mir ein Laptop. Daneben eine Tasse Kaffee. Und mein Blick fällt auf meine Hände, die eine Tastatur bedienen, um genau diese Worte zu schreiben.

Ist das die Realität des Universums?

Ist das die echte Wirklichkeit des Seins?

Nein! Denn es ist nur das, was wir Menschen mit unseren Sinnen wahrnehmen können.

Natürlich sieht der Tisch, auf dem der Laptop steht, massiv aus. Er ist es auch! Natürlich fühlt meine Hand, wenn sie darüberstreicht, dass sich das Material hölzern anfühlt.

Die Frage ist nur, hat meine Hand den Tisch wirklich berührt?

Oberflächlich betrachtet: JA.

Auf atomarer Ebene betrachtet: NEIN.

Wie das?

Die Rede ist von atomaren Kräften. Die Kräfte, die dafür sorgen, dass sich Atome abstoßen. Die Kräfte, die es zu überwinden gilt, um Kernfusion zur Energiequelle der Zukunft zu machen.

Das bedeutet, dass niemals ein Atom meines Körpers in direkten Kontakt mit dem Atom eines anderen Körpers oder Materials kommt. Es bedeutet, dass sich lediglich die energetischen Felder der Atome nahe kommen. So nahe, dass sie aufeinander einwirken, was vom Organismus (Hand, Haut) als Berührung wahrgenommen werden kann. Wenn wir also fühlen, dann fühlen wir nicht wirklich das Material, das wir anfassen, sondern nur die elektrischen Felder der Atome, aus dem das Material besteht.

Und nun gehen wir noch einen Schritt tiefer.

Stellen wir uns vor, unsere Augen wären nicht auf den makroskopischen Bereich beschränkt. Und auch nicht auf den schmalen Bereich, von 380 bis 780 Nanometer, des Lichts, der uns die Welt in Farben von Violett über Blau, Grün, Gelb, bis Rot sehen lässt.

Stellen wir uns vor, wir könnten das Universum so sehen, wie es wirklich ist. Was würden wir sehen? Wir würden Wolken aus Atomen sehen. Und zwischen den Atomen ganz viel leeren Raum. Wir würden unglaublich viel Licht sehen. Von härtester Gammastrahlung bis hin zu langwelliger Radiostrahlung.

Und all das würde noch überlagert werden von Neutrinos, die so zahlreich sind, dass man gar nicht darüber nachdenken sollte, sie zählen zu wollen.

Stellen wir uns nun vor, wir könnten noch tiefer blicken. Weit hinab in den Bereich von 10^{-32} Meter. Was würden wir sehen? Wir würden vibrierende Felder sehen. Felder, die aus purer Energie bestehen. Und hier, an diesem Punkt, dürfen wir uns fragen, was für eine Energie das ist. Gleichzeitig dürfen wir wissen, dass niemand die Antwort auf diese Frage kennt.

Letztlich besteht das gesamte Universum aus nichts anderem als Energie. Und wir haben keine Ahnung, was das für eine Energie ist. Oder, wo sie herkommt.

Gibt es mehr als ein Universum? Gibt es viele, unendliche viele Universen in einem unendlichen Multiversum? Falls ja, dann kann unser Universum nicht unendlich groß sein. Es sei denn, das Multiversum ist ein Raum, der noch unendlicher ist als ein unendlicher Raum. Kann etwas, wie unser Universum, das einen zeitlichen Beginn und eine endliche Energie hat, einen unendlichen Raum schaffen? Und gibt es Paralleluniversen?

Es gibt die Theorie, dass jedes Mal, wenn es mehrere Möglichkeiten gibt, so viele Universen entstehen, so viele Möglichkeiten es gibt. Einfach ausgedrückt, wenn ich jetzt vor der Wahl stehe, ob ich Kaffee oder Tee trinke und den Kaffee wähle, dann entsteht damit auch ein Paralleluniversum, in dem ein Parallel-Ich von mir sich für den Tee entscheidet. Und da er sich für den Tee entscheidet, entsteht dadurch ein Paralleluniversum, in dem sein Parallel-Ich den Kaffee nimmt.

Falls man das anders sieht, weil unser Universum ja das einzig wahre Universum ist, dann stellt sich die Frage, woher wir denn wissen, dass unser Universum das einzig wahre ist und nicht eins dieser Paralleluniversen?

Will jemand mal ausrechnen, wie viele Paralleluniversen in 13,8 Milliarden Jahren entstanden sind, wenn jedes Mal, wenn es mehr als eine Möglichkeit gibt, so viele Universen entstehen wie... Wo kommt eigentlich die Energie für die Paralleluniversen her? Einzig aus dem Denken an die Möglichkeit? Das würde bedeuten, dass ein komplettes Universum aus nichts anderem besteht, als gedachter Information.

„Hallo, was darf's sein, Kaffee oder Tee?"
Wie viele Paralleluniversen erzeugt die Antwort auf diese Frage? Und nicht zu vergessen, allein die Frage erzeugt schon Paralleluniversen, da sie auf verschiedene Weise gestellt werden kann!

7.1 Big *„silent"* Bang

Urknall!

Eine Explosion ist eine spontane Dekompression, die aufgrund einer Reaktion erfolgt.

Erfolgt diese spontane Dekompression innerhalb eines Mediums (Luft zum Beispiel) erzeugt sie eine Welle innerhalb dieses Mediums. Die Beschleunigung von Materie des Mediums erzeugt Vibrationen. Und solche Vibrationen können als Schall bezeichnet werden.

Aber überall da, wo es solche Vibrationen nicht geben kann, kann es auch keinen Schall (Knall) geben.

Den Urknall als Explosion zu bezeichnen, ist falsch.

Den Urknall als hellen Lichtblitz darzustellen, ist falsch.

Der Urknall, der als Big Bang Teil des Standardmodells der Kosmologie ist, wäre am ehesten als Expansion (Ausbreitung) zu bezeichnen. Dabei hat sich Energie spontan ausgebreitet. Und ebenso auch das, was wir als Raum bezeichnen.

Und der Theorie nach erfolgte die Ausbreitung des Raums, anfangs, mit Überlichtgeschwindigkeit. Was nur möglich ist, wenn der Raum, aufgrund seiner Struktur und Eigenschaften, den Gesetzen der Lichtgeschwindigkeit nicht unterliegt.

Damit wäre das Wesentliche zum „Urknall" gesagt.

Erwähnenswert wäre noch, dass es Theorien gibt, in denen es nicht einen Urknall gab, sondern eine ganze Reihe davon. Was letztlich an dem spontanen Beginn unseres Universums aber nichts ändert.

Die weit interessantere Frage betrifft das Universum selbst.

„Was genau ist mit dem Urknall entstanden?"

Raum, Energie, Materie?
Oberflächlich betrachtet, die offensichtlich richtige Antwort.
Genau betrachtet besteht Materie aber aus Energie. Also müsste es heißen; „Raum und Energie."
Aber reicht das? Ist das alles?
Was ist mit Zeit?
Ohne Zeit gibt es keine Veränderung. Und ohne Veränderung gibt es keine Zeit. Denn in einem Universum, in dem nichts passiert, in dem sich kein Zustand eines Elementarteilchens in irgendeiner Weise ändert, ist Zeit nicht relevant.

In einem Universum, das sich nicht verändert, würden keine Sonnen entstehen. Es würde auch nicht weiter expandieren. Es wäre einfach nur da. Nicht mehr als ein Bild, das keiner Erosion unterliegt.

Das Universum muss sich verändern, damit etwas entstehen kann. Und immer, wenn sich etwas verändert, ist die Geschwindigkeit der Veränderung als zeitlicher Faktor messbar. Man könnte sagen, dass nicht die Zeit das Tempo der Veränderungen bestimmt. Sondern dass das Tempo der Veränderungen die Zeit bestimmt.

Betrachtet man die Zeit als Naturkonstante, dann wäre sie die einzige Konstante, die hinsichtlich ihrer Wirkung variabel ist. Alle anderen Konstanten des Universums sind unveränderlich. Wobei wir übrigens bei den Faktoren wären, die allzu oft nicht erwähnt werden, bei der Frage, woraus das Universum besteht.

Raum, Energie, Naturgesetze, Naturkonstanten.

Das ist das, woraus das Universum besteht.

Raum und Energie allein genügen nicht.

Denn erst die Naturgesetze legen fest, wie Raum und Energie sich verhalten. Wie aus Energie Materie werden kann. Und welche Wechselwirkungen möglich sind, die letztlich die Dinge erschaffen, die wir als lebendig ansehen.

Eine der interessantesten Fragen bezüglich des Urknalls ist, wie es zur Ausbildung der Naturgesetze kam. Wie wurde bestimmt, dass es für die Übertragung von Kräften, wie die elektromagnetische Kraft, Elementarteilchen (Überträgerteilchen) braucht? Wie wurde bestimmt, dass sich die Masse von Elementarteilchen erhöht, wenn sie beschleunigt werden? Und wieso sind alle Naturgesetze und Naturkonstanten derart perfekt abgestimmt?

Bei geringsten Abweichungen, wäre das Universum, wie wir es kennen, nicht möglich. Schon eine geringe Änderung der Gravitationskonstante würde dafür sorgen, dass in Sonnen keine Fusion entstehen würde, oder dass sie so schnell geschehen würde, dass keine Sonne mehr als einige hundert Millionen Jahre alt würde.

Der Big Bang hat weit mehr erzeugt als nur Raum und Energie. Er hat ein perfekt funktionierendes System erzeugt. Mit perfekt definierten Regeln. Und je komplexer diese Regeln sind, desto mehr muss man die Möglichkeit eines „Intelligence Design" in Betracht ziehen.

Man kann jetzt sagen, dass das nicht bewiesen ist, dass man nicht daran glaubt. Aber man kann nicht sagen, dass es unmöglich ist.

Gibt es mehr als ein Universum? Eine Art Multiversum?

Darüber können wir derzeit nur spekulieren.

7.2 Energie und Materie

Zwei Formen des Gleichen.

Das, was wir Materie nennen, besteht aus Energie. Und eigentlich kann es auch gar nicht anders sein. Denn alles, was es im Universum gibt, kann nur aus dem bestehen, das beim Urknall entstanden ist. Oder besser gesagt, was beim Urknall herausgekommen ist.

Man könnte die Materie als eine Art energetisches Kondensat bezeichnen. Ich beginne mit Altbekanntem, wenn ich schreibe, dass Materie aus Atomen besteht. Atome wiederum bestehen aus dem Atomkern und Elektronen. Und bis Mitte des letzten Jahrhunderts hat man noch geglaubt, dass man damit die Grundbausteine der Materie beisammen hatte.

Heute weiß man, dass ein Proton aus drei Quarks und einer gehörigen Portion Gluonen besteht. Und damit kommen wir zu einem Problem, das die Vorstellung betrifft. In so ziemlich allen Beschreibungen von Atomen werden die Protonen und Neutronen als Kugeln dargestellt. Ebenso wie die Elektronen. Aber die eben nur deutlich kleiner.

Wenn man nun drei identische Teile nimmt, sagen wir Kugeln oder Würfel oder Dreiecke, dann kann man damit nichts bauen, das einer Kugel ähnelt.

Trotzdem umgibt Protonen ein annähernd sphärisches Energiefeld, das über eine abstoßende Wirkung verfügt. Was übrigens auch das grundlegende Problem der Kernfusion ist. Denn wäre dieser Abstoßungseffekt kleiner, könnten schon bei weit geringeren Drücken und Temperaturen Kernfusionen stattfinden.

Aber das hätte zur Folge, dass schon in den Kernen von Planeten eine solche Fusion beginnen könnte. Man kann auch hier wieder sagen, dass es notwendig ist, dass der Abstoßungseffekt die Stärke hat, die er nun mal hat.

Gleichzeitig darf er aber auch nicht unüberwindbar sein. Denn sonst könnten Protonen und Neutronen sich nicht zu unterschiedlichen Atomkernen verbinden. Das muss aber möglich sein, damit die bekannten natürlichen 94 Elemente entstehen können.

Es darf aber nicht zu leicht sein, weil es sonst praktisch nur noch schwere Elemente geben würde. Auch hier sehen wir also wieder, dass die Naturgesetze des Universums ganz genau so sein müssen, wie sie sind, damit das Universum funktioniert.

Wir dürfen uns Protonen und Neutronen nicht als feste Materie mit einer äußeren harten Schale vorstellen. Denn tatsächlich sind sie eine Ansammlung von Quarks und Gluonen.
Gluonen stellen die sogenannte Bindungsenergie dar, die dafür sorgt, dass die drei Quarks eine stabile Einheit bilden.

Jetzt darf man sich aber nicht vorstellen, dass die aneinanderkleben. Im Gegenteil, auch zwischen den Quarks gibt es viel freien Raum. Das ist der Grund dafür, dass Neutrinos nicht nur durch ein Atom hindurchfliegen können, sondern auch durch dessen Kern und selbst durch ein Proton hindurch. Erst wenn ein Neutrino passgenau auf ein Quark trifft, kommt es zu einer Wechselwirkung.

In jeder einzelnen Sekunde treffen Milliarden von Neutrinos auf jeden Quadratmillimeter unserer Haut. Sie durchschlagen, oder besser gesagt, durchqueren mühelos unseren Körper und die gesamte Erde, ohne mit irgendetwas zu kollidieren.

Das bedeutet, dass Neutrinos für uns nicht greifbar sind. Und leider auch nicht nutzbar. Erst ab einer Materiedichte, wie sie ein kollabierender Stern erzeugt, beginnen Neutrinos eine Wirkung zu entfalten und tragen mit dieser Wirkung maßgeblich zur Entwicklung einer Supernova bei.

Es ist fraglich, ob Supernovae ohne den Effekt der Neutrinos überhaupt möglich wären. Aber wären sie es nicht, dann gäbe es keine schwereren Elemente als Eisen im Universum. Und damit nicht genügend Elemente, für die Entstehung von Leben.
Anders ausgedrückt, ohne Neutrinos würde das Universum nicht funktionieren.

Ein Elementarteilchen, das nur in den extremsten Situationen einer Sternexplosion überhaupt eine effektive Wirkung erzeugt, ist der Grund dafür, dass es uns gibt.

Kommen wir zu einem weiteren Faktor, ohne den unser Universum nicht funktionieren würde. Gemeint ist Masse. Masse ist die Voraussetzung dafür, dass Materie Gravitation erzeugen kann. Gravitation ist der Grund dafür, dass es Sonnen und Planeten gibt und dass Planeten um Sonnen kreisen.
Gravitation ist der Motor, der die Materie des Universums bewegt.

Jetzt gibt es den Effekt, dass sich die Masse von Materie, wenn sie beschleunigt wird, erhöht. Je näher die Beschleunigung von Materie den Wert der Lichtgeschwindigkeit erreicht, desto exponentieller steigen die Massewerte. Und bei 100 Prozent Lichtgeschwindigkeit erreicht die, derart kreierte, Masse theoretisch einen unendlichen Wert.

Da unendliche Massewerte nicht möglich sind, weil sie gleichbedeutend wären mit unendlicher Gravitation, kann all die Materie, die über Masse verfügt, keine Lichtgeschwindigkeit erreichen. Man könnte sagen, dass die Masse selbst zu einer Art Mauer wird.

Und hier kommt das Higgsfeld ins Spiel. Der Theorie nach erzeugt die Bewegung von Materie durch das Higgsfeld einen Masseeffekt. Man könnte von einem Reibungseffekt sprechen. Bei dem jedoch nicht die Geschwindigkeit gebremst oder Wärme erzeugt wird, sondern nur die Masse erhöht wird. Jedenfalls immer dann, wenn eine Beschleunigung erfolgt.

Da dieser Effekt bei Photonen, die ja über keinerlei Masse verfügen, nicht zu beobachten ist, kann daraus geschlossen werden, dass Photonen (Licht), keine Wechselwirkung mit dem Higgsfeld eingehen.

Im Umkehrschluss bedeutet dies, dass, wenn man die Wechselwirkung des Higgsfelds auf Materie, die Masse enthält, ausschließen könnte, man Materie auch auf Lichtgeschwindigkeit beschleunigen könnte. Und zwar ohne dass sich deren Masse erhöht. Es wäre praktisch der goldene Schlüssel, um Raumschiffe auf fast Lichtgeschwindigkeit zu beschleunigen.

Aber Vorsicht! Aufgrund der Kollisionsgefahren wäre dies nicht sinnvoll, selbst dann, wenn es möglich wäre.

Apropos Kollisionsgefahr. Materie hat bei Kollisionen eine weit höhere Wechselwirkung als Energie. Da aber Materie aus Energie besteht, muss man hier eher davon sprechen, dass die Wechselwirkung von Energie davon abhängig ist, in welcher Form sie sich manifestiert.

Energie kann zu Materie werden. Ebenso kann die Materie zu Energie werden. Und nie geht dabei Energie verloren. Sicher, aus menschlicher Sicht verteilt sie sich so sehr, dass wir geneigt sind, von verloren zu sprechen. Aber aus Sicht des Universums geht, egal wie groß die Verteilung ist, kein einziges Quant verloren. Egal, wie oft sich Energie in Materie verwandelt und wieder zur rein energetischen Form zurückkehrt, die Energie des Universums ist konstant. Es ist die Menge, die der Urknall freigegeben hat. Und egal, wie groß das Universum werden wird, es bleibt immer bei genau dieser Menge.

Alles im Universum besteht aus Energie. Und dementsprechend besteht auch jeder Gedanke aus Energie. Eigentlich könnte man sogar davon sprechen, dass Gedanken entstehen, weil Energie sich verändern kann. Denn die Neuronen unseres Gehirns bestehen aus nichts anderem als Energie.

7.3 Dunkle Energie

Glaubt man der derzeit gültigen Theorie (Sand: 12.2019), besteht das Universum zu 70 Prozent aus Dunkler Energie. Die Formulierung der Theorie der Dunklen Energie wurde mit dem Nobelpreis für Physik gewürdigt. Einen experimentellen oder ortungstechnischen Nachweis, für die Existenz der Dunklen Energie, gibt es bis heute (12.2019) nicht. Allein die Tatsache, dass sich das Universum ausdehnt und sich damit der Kraft der Gravitation widersetzt, führt zu der Schlussfolgerung, dass es die Dunkle Energie geben muss. Und ihre Wirkung ist derart, dass sie den Raum auseinandertreibt. Dass sie dafür sorgt, dass er sich ausdehnt.

Elastisches Bindegewebe ist die Voraussetzung dafür, dass sich der Magen, im Gegensatz zu Knochen, ausdehnen kann. Das soll jetzt kein Beispiel sein, sondern nur ein Hinweis darauf, dass sich nur das ausdehnen lässt, das dafür geeignet ist.

Der Raum muss demnach also als flexibel angesehen werden. Auch deshalb, weil er sonst von der Gravitation nicht gekrümmt werden könnte. Und hier stellt sich wieder die Frage, aus was der Raum besteht. Denn wenn er aus Nichts besteht, gibt es auch nichts, mit dem die Dunkle Energie wechselwirken könnte. Dann müsste die Kraft der Dunklen Energie praktisch ins Leere laufen.

Nehmen wir nun an, dass der Raum eine Struktur hat, so wie es in der Stringtheorie und der Schleifen-Quanten-Gravitation postuliert wird. Demzufolge bestünde der Raum aus Raumquanten, die ihrerseits aus Energie bestehen.

Hier könnte die Dunkle Energie ansetzen. Wenn sie das aber tut, dann muss die Raumausdehnung dazu führen, dass sich auch die Raumquanten ausdehnen. Sie müssten größer werden. Falls sie das nicht tun, dann müsste es so sein, dass der Abstand zwischen den Raumquanten sich vergrößert.

In beiden Fällen würde die Dunkle Energie die energetische Dichte des Raums beeinflussen. Wie weit dies möglich ist, ob es einen Crashpunkt gibt und was passiert, wenn der Raum sozusagen einreißt, bietet Raum für fast jede Form von Spekulation.

Und wo wir beim Spekulieren sind, es wäre denkbar, dass die Dunkle Energie neue Raumquanten schafft. Und dass der Platz, den diese beanspruchen, die Raumausdehnung bewirkt. Aber wie gesagt, wir können viel spekulieren, ohne Wissen zu erzeugen.

Aktuelle Zweifel (12.2019) an der Dunklen Energie (bzgl. Supernovae Typ Ia) sind seit mindestens 2017 bekannt und betreffen vorwiegend deren Stärke.

7.4 Dunkle Materie

Nehmen wir eine Tasse Kaffee und geben Milch rein. Nun rühren wir so um, dass wir den Kaffee am Rand der Tasse in Rotation versetzen. Wir werden sehen, dass sich die Milch im Zentrum genau so schnell dreht, wie die am Rand.

Nun bringen wir den Kaffee in der Mitte in Rotation, machen also einen kleinen Strudel. Hier sehen wir, dass die Milch im Zentrum schneller rotiert als am Rand.

Ein Sonnensystem gleicht der zweiten Form der Milchrotation. Planeten nahe der Sonne kreisen schneller, als die, die weiter entfernt sind. Mit Newtons Gravitationsgesetzen lässt sich das präzise berechnen.

Kommt nun ein äußerer Planet auf die Idee, sich schneller zu bewegen, treibt die, dadurch entstehende, höhere Fliehkraft ihn von der Sonne weg. Im Ernstfall aus seiner Bahn hinaus und in den interstellaren Raum.

Nun hat man festgestellt, dass bei Spiralgalaxien, so wie unsere heimatliche „Milchstrasse" eine ist, die Sterne in den Randzonen sich zu schnell bewegen. Hier entspricht es unserem ersten Kaffeeexperiment, bei dem sich die Milch ja am Rand genauso schnell bewegt wie im Zentrum.

Das heißt, gemäß dem Newtonschen Gravitationsgesetz, dass sich die Sterne in den Randzonen einer Galaxis, aufgrund ihrer zu hohen Geschwindigkeit, aus selbiger verabschieden müssten. Die Galaxis müsste sich sprichwörtlich auflösen.

Es sei denn, es wäre weit mehr Gravitation im Spiel, als offensichtlich zu „sehen" ist.

Für Gravitation ist Masse notwendig. Und Masse findet man bei Materie. Wenn man diese aber nicht sehen und auch nicht messen kann, dann muss es eine exotische Form der Materie sein. Weshalb man sie als Dunkle Materie bezeichnet. Bisher (Stand 12.2019) ist nicht bekannt, um welche Art von Materie es sich handelt. Es gibt keinen experimentellen Nachweis. Lediglich die Theorie.

Das Problem dieser Theorie ist, dass die Dunkle Materie ein bestimmtes Verteilungsmuster haben muss, um die gewünschte Wirkung zu erzielen. Sie darf sich nicht im Zentrum einer Galaxie konzentrieren, sondern muss sich so verteilen, dass das beobachtete Muster an Gravitationswirkung entsteht. Ich will jetzt keine neue Theorie ins Spiel bringen, aber irgendwie erinnert das an die Gluonen, die wir als Bindungsenergie in Atomkernen finden.

Gluonen sind der energetische "Klebstoff", der dafür sorgt, dass die drei Quarks im Proton bzw. Neutron zusammenbleiben. Sie sind damit als Ursache für deren Stabilität anzusehen.

Ihre Wirkung reicht jedoch darüber hinaus und sorgt auch dafür, dass sich Protonen und Neutronen zu Atomkernen verbinden können. Dabei sind es nicht die Gluonen direkt, sondern die energetische Wechselwirkung, die sie erzeugen.

Gäbe es diese Wechselwirkung auch ohne die Gluonen, wären die Gluonen überflüssig.

Da die postulierte Dunkle Materie aber keine elektromagnetische Wechselwirkung zeigt, kann sie nicht aus Protonen/Neutronen bestehen. Weil diese, ohne die elektromagnetische Wechselwirkung, nicht stabil bleiben können.

Das bedeutet, dass die Dunkle Materie aus elementarsten Teilchen bestehen muss, die sich nicht aus anderen Teilchen (Quarks) zusammensetzen. Das wiederum bedeutet, dass ihre Masse eher geringer sein muss, als die von Protonen/Neutronen.

Damit diese, wahrhaft winzigen Teilchen, aber eine gravitativ relevante Wirkung haben können, müsste es gewaltige Mengen an Dunkler Materie geben. Und sie müsste überall dort, in genau ausreichender Menge, zur Verfügung stehen, wo sich Spiralgalaxien bilden. Interessant ist, in diesem Zusammenhang, dass sich die Galaxien nicht homogen im Universum verteilen, sondern filamentartige Strukturen bilden. Man kann sich diese als dreidimensionale wabenartige Netzstruktur vorstellen.

Das könnte bedeuten, dass sich die Dunkle Materie in genau dieser Weise verteilt hat. Und zwar, noch bevor die Galaxien entstanden sind. Und dass die Galaxienbildung sich an diesen Strukturen zumindest orientiert hat.

Zu einem besseren Verständnis der Dunklen Materie wäre es interessant, eine Theorie dazu zu entwickeln, wie diese überhaupt entstanden sein kann.

Ist sie mit dem Urknall entstanden? Oder erst danach? Die Antwort auf diese Frage lässt die Frage entstehen, ob es innerhalb der postulierten Singularität des Urknalls mehr als nur eine einzige Form von Energie gegeben hat.

Fazit:

Das Universum ist faszinierend.

Noch faszinierender ist die Fähigkeit des Lebens, sich Gedanken über das Universum zu machen. Man muss nur aufpassen, dass man nicht zu leicht an etwas glaubt, was lediglich glaubhaft ist.

7.5 Schwarze Löcher

Es sind die Monster des Universums!
Monster? Wieso eigentlich? Rennen die vielleicht zähnefletschend hinter einem her? Lauern die nur darauf, sich überfallartig auf alles Lebendige zu stürzen?
Sind es Intriganten, die einen mit ihren üblen Machenschaften in den Tod treiben können?
Nichts, absolut gar nichts davon trifft zu.
In Wahrheit sind Schwarze Löcher die Topathleten des Universums. Und es sind die Baumeister der Galaxien.

So wie Atlas in der griechischen Mythologie die Erde auf seinen Schultern trägt, so sorgen Schwarze Löcher dafür, dass Galaxien ein Zentrum haben, um das ihre Sterne kreisen.

Warum das wichtig ist?
Weil dadurch unterschiedliche galaktische Zonen entstehen. Darunter auch habitable Zonen. Also Bereiche, in denen Gravitation und kosmische Strahlung ausgewogen genug sind, um die Entwicklung von Leben auf einem Planeten zu ermöglichen. Und noch nie hat sich ein Schwarzes Loch, wild vor Hunger, auf einen Stern gestürzt.

So wie ein Wasserstrudel keine Schuld daran trägt, dass ein Stück Holz in seinen Sog gerät, kann ein Schwarzes Loch auch nichts dafür, wenn das einem Stern passiert. Aktiv nach ihm greifen, tut es jedenfalls nicht.

Aber was ist ein Schwarzes Loch überhaupt?
Was passiert in seiner Nähe?
Und was ist in seinem Inneren?
Ein Schwarzes Loch ist eine Raumkrümmung, die so stark ist, dass nichts, was in den Bereich der Raumkrümmung gerät, diese wieder verlassen kann. Es ist sozusagen ein Kreisverkehr ohne Ausgang.

Die Grenze dieses Bereichs wird als Ereignishorizont bzw. als Schwarzschildradius bezeichnet. Oberhalb des Ereignishorizonts ist die Raumkrümmung, zum umgebenden Raum hin, offen. Aber unterhalb des Ereignishorizonts bildet sie einen eigenen, in sich abgeschlossenen, Raum.

Oberhalb des Ereignishorizonts liegt die Fluchtgeschwindigkeit unterhalb der Lichtgeschwindigkeit. Und unterhalb des Ereignishorizonts liegt die Fluchtgeschwindigkeit oberhalb der Lichtgeschwindigkeit. Aber das spielt absolut keine Rolle mehr, denn aus geschlossenen Räumen kommt man nicht mehr raus.

Gravitation spielt für die Lichtgeschwindigkeit keine Rolle. Würde man eine Taschenlampe auf den Ereignishorizont stellen und sie einschalten, würde das Licht sich mit 299.792 km/s vom Ereignishorizont wegbewegen. Auch dann, wenn die Fluchtgeschwindigkeit bei 299.792 km/s liegt. Stellt man die Taschenlampe aber unterhalb des Ereignishorizonts, hat das Licht keine Chance mehr, diesen eigenen Raum des Schwarzen Lochs zu verlassen.

Wieso bewegt sich Licht? Wie werden Photonen auf Lichtgeschwindigkeit beschleunigt? Und wieso kann Gravitation das Licht nicht bremsen oder beschleunigen? Denn egal, wie stark die Gravitation des Schwarzen Lochs auch zieht, das Licht wird um keinen Meter schneller.

Ein Physiker sagte mal zu mir, dass die Geschwindigkeit eines Photons bei dessen Entstehung generiert wird. Salopp gesagt, könnte man sagen: „Der wohl heftigste vorstellbare Tritt in den Gluteus Maximus."

Aber was, wenn das Photon irgendwo drauftrifft? Licht kann abgelenkt werden (z.B. Spiegel: Eintrittswinkel = Austrittswinkel). Aber erhält es beim Auftreffen einen neuen Tritt in besagten „Hintern"? Ist ein Photon vergleichbar mit einer Kugel in einem Flipperkasten? Oder ist es so, dass Licht aufgrund seines Wellencharakters gar nicht stillstehen kann? Und dann hätten wir noch die Frage, ob es sich bewegt oder ob es übertragen wird.

Übertragen?

Wir kennen alle dieses Kugelspiel. Man hängt 5 Kugeln so in einer Reihe auf, dass sie sich berühren. Dann nimmt man die äußere linke Kugel (die 1. Kugel) etwas zurück und lässt sie gegen die 2. Kugel schwingen. Der Effekt ist, dass sich die 5. Kugel wie angestoßen bewegt, während alle anderen Kugeln sich überhaupt nicht bewegen. Man könnte sagen, dass der Bewegungsimpuls die 3 mittleren Kugeln übersprungen hat.

Vielleicht ist es mit Licht ähnlich und es „bewegt" sich nicht, sondern „springt" durchs Universum. Das könnte der Grund dafür sein, dass es durch Gravitation nicht beschleunigt wird, aber dennoch dem Weg einer Raumkrümmung folgt.

Was das mit Schwarzen Löchern zu tun hat?

Weil jetzt die Frage kommt: „Was passiert mit Licht unterhalb des Ereignishorizonts?"

Denn wenn Licht unterhalb des Ereignishorizonts, auf einer ewigen Kreisbahn, Licht bleibt und nicht zu einer anderen Energieform transformiert wird, dann ist es innerhalb eines Schwarzen Lochs hell. Sehr hell!

Zu was wird Materie, wenn sie in ein Schwarzes Loch gerät?
Jetzt müssen wir uns der Frage stellen, woraus der Ereignishorizont besteht.
Hat ein Schwarzes Loch ein Zentrum, in Form einer Singularität? Oder ist der Ereignishorizont die, aus purer Energie bestehende, „Oberfläche" eines in sich gekrümmten Raums?

Falls der Ereignishorizont aus Energie besteht, dann wird alles, was in den Ereignishorizont gelangt, zum Bestandteil des Ereignishorizonts. Das heißt, jede Materie wird zu der Energieform, aus der der Ereignishorizont besteht.

Geht das?

Gravitation kann so stark werden, dass sie Moleküle zerreißt. Einfach dadurch, weil das Atom, das dem Gravitationszentrum näher ist, stärker angezogen wird, als das, das weiter entfernt ist.

Ein Proton besteht aus drei Quarks. Rein theoretisch könnten sich diese Quarks also in unterschiedlichen Entfernungen zum Gravitationszentrum befinden. Das Proton könnte somit also von der Gravitation zerrissen werden.
Da wir noch (Stand: 2019) nicht wissen, woraus Quarks bestehen, ist hier erst einmal Schluss mit subatomaren Spekulationen.

Interessant wird es übrigens, wenn ein Atom mit Lichgeschwindigkeit auf den Ereignishorizont zurast. Denn wenn es sich bereits mit der Fluchtgeschwindigkeit des Ereignishorizonts bewegt, dann befindet es sich im freien Fall. Wird also nicht beschleunigt. Und dann auch nicht zerrissen.

So verrückt das klingt, aber ein Raumfahrer, der sich mit Lichtgeschwindigkeit bewegt, könnte es zumindest bis zum Ereignishorizont unbeschadet überstehen. Falls er die Lichtgeschwindigkeit lebend übersteht. Wir erinnern uns an das Problem der Zeitdilatation aller Materie (Organismus) bei immer noch konstanter Lichtgeschwindigkeit, die dann relativ überlichtschnell ist?

Was passiert mit einem Ereignishorizont, der aus Energie besteht, wenn man ihm Energie zuführt? Er dehnt sich aus. Sollte man meinen. Die Frage ist, wie viel Raum benötigt Energie? Wie sehr kann man Energie komprimieren? Und die Rede ist hier nicht von Energie übertragenden Teilchen (Elektronen z.B.), sondern von purer Energie.

Kann es sein, dass ein Schwarzes Loch kein Zentrum hat? Dass es im Innern leer ist? Oder dass in seinem Innern ein Universum existiert? Mit Sternen, Planeten und Leben? Die Idee ist keine Science Fiction und auch nicht von mir. Und sie betrifft unser eigenes Universum. Leben wir im Innern eines Schwarzen Lochs?

Stellen wir uns nun vor, dass der Ereignishorizont keine physische Grenze ist. Dass er nichts hat, was einer „Oberfläche" auch nur ähnelt. Sondern dass er nur der Bereich ist, wo die Stärke der Gravitation so hoch ist, dass die Fluchtgeschwindigkeit die des Lichts um eine Winzigkeit übersteigt.

In dem Fall müsste die Gravitation des Schwarzen Lochs aus seinem Zentrum kommen. Und zwar direkt aus seinem absoluten Mittelpunkt. Allgemein als Singularität bekannt.

Die Frage ist nun, woraus besteht eine Singularität?

Kann Materie auf echte Überlichtgeschwindigkeit beschleunigt werden? Kann sie im „freien Fall" in Richtung Singularität die Geschwindigkeit erreichen, die der Gravitationskraft des Zentrums eines Schwarzen Lochs entspricht?

Nach allem, was wir wissen, kann Materie, die Masse enthält, nicht auf Lichtgeschwindigkeit beschleunigt werden. Aber kann sie mit Überlichtgeschwindigkeit angezogen werden?

Das ist etwas, was wir derzeit nicht wissen. Und was wir experimentell auch nicht erforschen können. Eine Gravitationsquelle erzeugen, deren Fluchtgeschwindigkeit über der Lichtgeschwindigkeit liegt? Das liegt außerhalb unserer Möglichkeiten.

Und wenn wir es doch schaffen, hätten wir ein Schwarzes Loch gemacht und müssten schauen, dass wir wegkommen.

Gehen wir mal davon aus, dass bestenfalls Quarks es ins Innere des Schwarzen Lochs schaffen. Dann würde die Singularität vorwiegend aus Quarks bestehen. Und wer weiß, zu was Quarks unter diesen Bedingungen werden.

War's das? Licht (Photonen) und Quarks = Singularität?

Wir haben was vergessen!

In jeder Sekunde donnern etwa 70 Milliarden Neutrinos durch unseren Daumennagel. Will jemand ausrechnen, wie viele Neutrinos pro Sekunde auf die Erdoberfläche treffen?

Will jemand ausrechnen, wie viele Neutrinos pro Sekunde in das Schwarze Loch im Zentrum unserer Galaxis stürzen? Einem Zentrum, das, aufgrund der dortigen Sternendichte, von Trilliarden mal mehr Neutrinos durchflutet wird, als unser Sonnensystem.

Es ist in Zahlen nicht mehr vorstellbar, wie viele Neutrinos sich in einem supermassiven 13 Milliarden Jahre alten Schwarzen Loch befinden müssen.

Schwarze Löcher sind keine Monster.

Ohne Schwarze Löcher würde es uns nicht geben.

Die einzigen Schwarzen Löcher, die ich nicht mag, bestehen aus fehlendem Wissen.

Gravitation verändert den Raum. Sie biegt ihn. Sie verzerrt ihn. Aber was ist Raum? Oder besser gefragt, woraus besteht er? Wer jetzt aus 'Nichts' sagt, der darf die Gravitation fragen, was sie denn da eigentlich verbiegt.

Ein Schwarzes Loch verbiegt den Raum so sehr, dass es einen eigenen Raum um sich herum bildet. Dargestellt wird dies gerne mit Hilfe eines Strudels, dessen Wände im Zentrum senkrecht sind. Im Fall des Schwarzen Lochs müsste man es als dreidimensionalen Strudel bezeichnen. Also ein Strudel, der nicht von oben nach unten führt, sondern von allen möglichen Seiten in Richtung des Zentrums. Also eine Art inverse Kugel. Eine geometrische Form, die eigentlich unmöglich ist.

Wenn der Raum eine 'biegbare' Struktur hat und alles in diesem Universum diese Struktur nutzen muss, um sozusagen innerhalb des Universums zu sein, dann gibt es nichts, was von der Wirkung eines Schwarzen Lochs ausgeschlossen ist.

Warum das wichtig ist? Weil es das Higgsfeld betrifft.

Denn wenn das Higgsfeld überall im Universum in gleicher Stärke existiert, dann müsste es auch innerhalb eines Schwarzen Lochs existieren. Was dann zu der Frage führt, ob das Higgsfeld von den Kräften des Schwarzen Lochs beeinflusst wird.

Der aktuellen Theorie nach, verleiht das Higgsfeld der Materie ihre Masse. Masse ist der Grundfaktor für Gravitation. Wenn die Gravitation eines Schwarzen Lochs das Higgsfeld beeinflusst, dann würde das bedeuten, dass sich das Higgsfeld, über seine Fähigkeit, Masse zu generieren, selbst beeinflusst.

Wenn die Gravitation eines Schwarzen Lochs das Higgsfeld nicht beeinflusst, dann bedeutet dies, dass das Higgsfeld, sowohl den Effekten der Gravitation, als auch jeder Veränderung des Raums gegenüber, immun ist.

Wenn das Higgsfeld innerhalb des Ereignishorizonts nicht präsent ist, würde das bedeuten, dass es innerhalb des Schwarzen Lochs keine Masse geben kann. Aber kann es ein Schwarzes Loch ohne Masse überhaupt geben?

Es gibt eine Theorie, die sagt, dass zwei Gravitationswellen ein Schwarzes Loch erzeugen können. Denkbar wäre dies, wenn zwei kollidierende Gravitationswellen den Raum soweit komprimieren, dass ein Schwarzes Loch entsteht. Dies wäre dann ein Schwarzes Loch, das nur aus Raum und Energie besteht. Die Frage ist, ob es auch nach der Kollision der Gravitationswellen noch stabil bliebe. Interessant ist hier die potentielle Möglichkeit, dass ein Schwarzes Loch aus nichts anderem als aus purer Energie entsteht.

Wenn im Inneren eines Schwarzen Lochs aber nichts anderes als Energie zu finden ist, würde das bedeuten, dass Masse bei der Passage des Ereignishorizonts in Energie verwandelt wird.

Getreu der Formel $E=mc^2$. Also Masse mal Lichtgeschwindigkeit zum Quadrat.

Diese Formel ist ultimativ. Denn sie betrifft den Energieerhaltungssatz des Universums. Das heißt, es darf nicht vorkommen, dass sich am Maß der Lichtgeschwindigkeit etwas ändert. Denn würde diese in bestimmten Bereichen größer sein, dann würde bei der Umwandlung von Masse in Energie mehr Energie entstehen. Der Gesamtanteil der Energie des Universums würde steigen.

Anders ausgedrückt, es wäre die Produktion von Energie aus dem Nichts heraus. Es wäre, als ob man in einen Eimer Wasser 10 Liter hineingießt und beim Auskippen 11 Liter herausbekommt.

Betrachten wir mal die Existenz des Universums als einzige bekannte Unmöglichkeit, dann darf innerhalb des Ereignishorizonts eines Schwarzen Lochs die Lichtgeschwindigkeit nicht höher sein, als im Rest des Universums.

Was jetzt aber nicht heißt, dass innerhalb des Schwarzen Lochs keine höheren Geschwindigkeiten möglich sind. Gehen wir mal weiterhin davon aus, dass die Geschwindigkeit von Licht durch Gravitation nicht erhöht werden kann. Und jetzt stellen wir uns mal die Frage, was mit Objekten, die keine elektromagnetischen Wellen sind, passiert, wenn die Anziehungskraft der Gravitation höher als die Lichtgeschwindigkeit ist? Und bedenken dabei, dass ein Objekt in dem Fall nicht aktiv beschleunigt wird, sondern sich im freien Fall befindet.

Könnte ein Objekt (Materie mit Masse) unter solchen physikalischen Bedingungen stabil bleiben? Oder würde es nicht zwangsläufig in Energie umgewandelt? Und damit zu einer elektromagnetischen Welle, die von Gravitation nicht beschleunigt werden kann?

Falls es so ist, hätte das Schwarze Loch eine elegante Lösung gefunden, um zu verhindern, dass es sein kann, dass sich etwas mit einer höheren Geschwindigkeit als Lichtgeschwindigkeit bewegt.

Falls es so ist, hätte das Auswirkungen auf einige Theorien, die nicht nur in der Science Fiction als eine beliebte Möglichkeit zur Überwindung von interstellaren Distanzen angesehen wird.

Die Rede ist von Wurmlöchern. Denn selbst wenn Schwarze Löcher den Raum so verzwirbeln können, dass sie sich über ein Wurmloch mit einem anderen Schwarzen Loch verbinden, kann da nichts anderes durch, als reine Energie.

Reisen per Wurmloch sind nicht nur in der Science Fiction sehr beliebt, sondern werden auch gerne vom ein oder anderen Astrophysiker postuliert.

Um aber ein Wurmloch zu erzeugen, muss man den Raum so sehr verbiegen, dass er praktisch in sich zurückkommt. Das einzige Mittel dazu, ist Gravitation. Und zwar in einem Ausmaß, wie sie nur ein Schwarzes Loch erzeugt.

Um ein Wurmloch aktiv zu erzeugen, müsste man in der Lage sein, die Energie eines Schwarzen Lochs aufzubringen und dem Raum auch noch mitteilen zu können, welche beiden Punkte sich so verzwirbeln sollen, dass sie sich praktisch gegenüberliegen. Obwohl sie vorher Lichtjahre voneinander entfernt waren und das eigentlich noch sind.

Wenn man das nicht kann, muss man zu einem Schwarzen Loch hin. Und das nächste, das zu finden ist, ist immer noch sehr weit entfernt. Und wenn man es denn erreicht, weiß man nicht, wohin dessen (spekulatives) Wurmloch führt. Und von da wäre es dann wahrscheinlich auch wieder recht weit, bis zu einem bewohnbaren Planeten. Die Idee der Reise per Wurmloch, mitten durch Schwarze Löcher hindurch, hat damit leider mehr als nur einen einzigen Haken.

Gemäß aktueller Theorie wechselwirkt Dunkle Materie, wenn es denn Materie ist, mit nichts anderem als Gravitation. Das heißt, Dunkle Materie kann von Elektromagnetismus nicht angezogen werden (Stichwort Wollmäuse). Wenn sie aber von Gravitation angezogen werden kann, dann müsste es im Inneren eines Schwarzen Lochs mehr Dunkle Materie als Baryonische Materie geben.

Das könnte zur Folge haben, dass es in Galaxienzentren mit supermassiven Schwarzen Löchern weniger Dunkle Materie gibt, als in den Außenbereichen einer Galaxis.

Dunkle Materie kann übrigens keine Planeten oder Sonnen bilden, weil sie dafür mit Elektromagnetismus wechselwirken müsste und es zudem ein Periodensystem an Dunkler Materie bräuchte.

Was die Dunkle Energie betrifft:
Gemäß aktueller Theorie ist die Dunkle Energie verantwortlich dafür, dass sich der Raum ausdehnt. Ist die Dunkle Energie auch innerhalb eines Schwarzen Lochs aktiv, wird sie auch dort den Raum ausdehnen. Hat das Schwarze Loch eine Singularität, dürfte ihm nicht viel passieren. Besteht sein Ereignishorizont und damit auch die Quelle seiner Gravitation aber aus Energie, dann wird die

Dunkle Energie diesen soweit ausdehnen, dass der Gravitations-
wert unter den Wert der Lichtgeschwindigkeit fällt. Und in dem
Fall würde das Schwarze Loch buchstäblich zerrissen.

Ein spezielles Problem, bezüglich der Dunklen Energie, gibt es
auch noch bei der Hawking-Strahlung. Hier stellt sich die Frage,
ob die Raumausdehnung Einfluss hat, auf die Menge der virtuellen
Teilchen, die bekanntermaßen in jedem Moment entstehen und
wieder vergehen. Denn je weniger virtuelle Teilchen am Ereignishorizont entstehen, desto weniger Energie steht für die postulierte
Hawking-Strahlung zur Verfügung.
Und das hätte direkten Einfluss auf die zeitliche Dauer eines möglichen „Verdampfens" des Schwarzen Lochs.

Apropos Zeit. Wenn die Zeitdilatation beim Ereignishorizont den
Wert Null erreicht, die Zeit also „stillsteht", und dies auch auf die
Bewegung von Materie wirken würde, dann würde alles, am Rand
des Ereignishorizonts, zum Stillstand kommen. Nichts könnte die
Grenze zum Ereignishorizont überwinden. Die Materie würde sich
dort sammeln und eine Art Mauer bilden. Auch virtuelle Teilchen
könnten nicht entstehen. Das Schwarze Loch könnte auch nicht
rotieren. Auch ein Verschmelzen zweier Schwarzer Löcher wäre
dann nicht möglich. Da wir das aber beobachten, bedeutet es, dass
die Zeitdilatation die relative Bewegung von Materie nicht stoppt.

Weiße Löcher.

Gibt es die? Und wenn es sie gibt, was unterscheidet sie denn von
den Schwarzen Löchern? Schwarze Löcher erzeugen per Gravitation eine, nennen wir es mal; Einbuchtung im Raum.

Weiße Löcher müssten demnach eine Ausbuchtung erzeugen.
Wenn Materie in eine Einbuchtung eingesogen wird, dann müsste
bei einer Ausbuchtung das Gegenteil passieren. Wenn ein Schwarzes Loch durch Gravitation gebildet wird, dann müsste die physikalische Grundlage für ein Weißes Loch eine ebenso starke Antigravitation sein. Ein Weißes Loch wäre dann ein Raumbereich, in
den nichts hineingelangen kann. Wenn aus einem Weißen Loch
also etwas herauskommt, stellt sich die Frage, wie es vorher
hineingekommen ist. Ganz nebenbei, für Antigravitation braucht
es negative Masse. Das aber würde bedeuten, dass das Higgsfeld die
Charakteristika eines Dipolfelds aufweisen müsste und die Polung
darüber entscheidet, ob positive oder negative Masse entsteht.
Möchte man doch fast sagen, dass es kein Wunder ist, dass man
Weiße Löcher bisher nicht gefunden hat.

7.6 Am Anfang war Nichts

Was war vor dem Anfang?

In der Welt der Information kann es ein 'Nichts' nicht geben. Denn auch die Information dass es ein 'Nichts' gibt, ist eine Information.
Woher kam die Energie, die beim Urknall freigesetzt wurde?
Wo befand sich die Singularität des Urknalls, bevor der Raum entstand?
Welche Zeit gab es, bevor es Zeit gab?
Und was hat den Urknall ausgelöst, wenn es Zeit noch nicht gab?

Die überflüssigste, weil nichtssagendste, Aussage, zum Beginn des Universums, ist die, dass man sagt, dass es schon immer da war.
Denn auch das, was schon immer da war, muss aus irgendetwas entstanden sein.
Gleichzeitig ist es eine Aussage, die offenbart, dass sie nicht auf Wissen beruht, sondern auf Glauben und Spekulationen.
Denn wenn man eine Aussage trifft, dann muss man sie auch beweisen können. Und das ist, bei der Behauptung, dass etwas schon immer da war, schlicht und ergreifend nicht möglich.
Warum macht man es dann?
Weil die Aussage, dass man etwas nicht weiß, was das eigene Fachgebiet betrifft, eine Unwissenheit offenbart, die geeignet ist, die eigene Kompetenz infrage zu stellen.
Die Angst davor, dass die Glaubwürdigkeit leidet, könnte so den ein oder anderen Wissenschaftler dazu verleiten, etwas zu behaupten, was nicht widerlegt werden kann, obwohl es andererseits weder von ihm noch von anderen bewiesen werden kann.

Natürlich ist es aber möglich, dass etwas schon immer da ist. Sowohl mathematisch als auch geistig ist dies sogar recht einfach zu bewerkstelligen. Die Rede ist von Zeitschleifen. Denn ab dem Moment, wo man eine Zeitschleife erzeugt, gibt es innerhalb der Zeitschleife kein „Vor dem Anfang". Denn immer, wenn die Zeitschleife von neuem beginnt, ist es für alle Insassen der allererste Anfang, egal, wie oft sich die Zeitschleife wiederholt hat. Und alle Ereignisse, die nach dem Anfang erfolgen, sind für die Insassen Ereignisse, die sie noch nie erlebt haben. Eine solche Zeitschleife ist also sozusagen schon immer da gewesen. Und ebenso wird sie auch nie enden und sich auch nie zu etwas anderem entwickeln.

167

Gehen wir mal lieber davon aus, dass unser Universum keine Zeit-schleife ist und sich nicht bis in alle Ewigkeit wiederholt. Denn andernfalls hätte ich dieses Buch schon unendlich oft geschrieben. Und würde es auch noch unendlich oft schreiben. Ohne zu wissen, dass ich es überhaupt schon ein einziges Mal geschrieben habe. Und wenn ich mir das jetzt so vorstelle, dann frage ich mich, was passieren würde, wenn ich, als Insasse dieser Zeitschleife, jetzt in diesem Moment, entscheiden würde, nicht mehr weiterzuschrei-ben.

Wenn das Universum also nicht schon seit immer da ist, dann muss es einen Anfang haben. Und alles, was einen Anfang hat, hat auch irgendwoher die Substanz bekommen, die dafür sorgt, dass der Anfang mehr als 'Nichts' ist.
Also, woher kam die Energie, aus der alles im Universum besteht? Das ist die entscheidende Frage.
Gehen wir nun mal davon aus, dass es eine Situation gab (wir können auch von einer extrauniversellen Situation/Zeit sprechen), in der es noch kein Universum gab. Oder genauer gesagt, noch nie ein Universum gegeben hat. In dieser Situation, in diesem Umfeld, muss dann die Energie entstanden sein, die die Singularität vor dem Urknall gebildet hat.
Stellen wir uns nun vor, dass dieses Umfeld ein extrauniversel-les Quantenfeld ist und Fluktuationen innerhalb dieses Feldes Energie erzeugen kann. Ein verlockender Gedanke?
Dann stellt sich allerdings die Frage, wie dieses Quantenfeld ent-standen ist. Und woher dessen Energie kam.
Egal, wie wir es drehen und wenden, alle physischen/energe-tischen Ursprünge der Energie des Universums müssen aus, oder durch, irgendetwas entstanden sein.
Wenn wir auf die Frage, was vor dem Universum war, ein Quantenfeld postulieren, dann brauchen wir umgehend die Ant-wort auf die nächste Frage. Die da heißt; „Was war vor dem Quan-tenfeld?". Und egal, welche Vorstellung wir haben, was denn da-vor gewesen sein könnte, erzeugt diese wiederum die Frage, was denn vor dieser Vorstellung gewesen war.
Schließlich bleibt nichts mehr anderes übrig, als zu sagen, dass man es nicht weiß. Oder zu sagen, dass der Ursprung von allem aus 'Nichts' entstanden ist.
Aber kann es das 'Nichts' überhaupt geben?
Wie würde ein 'Nichts' aussehen?
Ist ein wahrhaftiges 'Nichts' überhaupt vorstellbar?

Stellen wir uns mal vor, dass absolut nichts existiert. Gar nichts.
Also kein Universum, kein Urknall, kein vor dem Urknall und
demzufolge auch niemand, der darüber nachdenken könnte, wie
es sich anfühlt, wenn man sich ein absolutes 'Nichts' vorstellt.

Sich ein absolutes 'Nichts' vorzustellen, das ist ähnlich schwie-
rig, wie sich vorzustellen, dass es eine echte Unendlichkeit gibt.
Unendlichkeit in einer Form, dass man innerhalb eines Raums in
eine Richtung geht und egal, wie weit man geht, niemals an ein
Ende dieses Raums kommt. Und zwar ohne dass man an seinen
Ausgangspunkt zurückkommt. Also kein geometrisch unendlicher
Raum, sondern ein wirklich unendlicher Raum.

Eine solche Vorstellung ist uns nicht möglich, da sie immer die
Frage enthält, worin sich dieser unendliche Raum befindet. Oder
wie er entstanden ist.

Das menschliche Gehirn ist darauf programmiert, nach Er-
kenntnissen zu suchen. Es ist die Basis für die Wissenschaft. Und
es ist die Basis dafür, dass wir Menschen eine technische Zivilisation aufgebaut haben. Diese Fähigkeit unseres Gehirns kann
nicht abgeschaltet werden. Und deshalb ist es nicht möglich, dass
man entscheidet, Vorstellungen, die man hat, einfach nicht mehr
zu haben. Das heißt, wer sich Gedanken über die Unendlichkeit
des Raums macht, wird auch dann nicht damit aufhören, wenn es
Beweise dafür geben würde, dass der Raum unendlich ist.

Es gibt zwei Dinge im Universum, die wahrhaft unendlich sind.

1. Zahlen. Es gibt keine höchste Zahl. Es gibt keine Zahl, zu
   der man nicht noch eine 1 hinzuzählen könnte.
2. Gedanken. Es gibt keinen Gedanken, der nicht gedacht
   werden könnte.

Zahlen sind unendlich, weil sie imaginär sind. Sie haben keine
Substanz. Und deshalb ist die Existenz des Konzepts der Mathematik unabhängig von der Existenz des Universums.

Die Möglichkeit von Zahlen existiert also auch dann, wenn es das
Universum nicht gibt.

Gedanken hingegen sind abhängig von der Existenz von etwas,
das Gedanken formulieren kann. Egal, ob dies organisches Leben
ist, oder irgendeine Form eines informationsverarbeitenden Systems. Gedanken sind nur möglich, solange es so etwas wie ein Universum gibt. Innerhalb des Universums sind sie aber in ihren Möglichkeiten unendlich. Denn bei Gedanken ist es egal, ob sie reale
Dinge betreffen oder Phantastereien.

So gesehen sind auch unsere Träume unendlich. Einfach, weil wir
jede Form von Traum haben können.

Träume sind imaginär. Sie sind Geschichten, die nicht wirklich existieren. Die aber, je nach Intensität des Traums, sich anfühlen können, wie eine reale Wirklichkeit.

Solange man träumt, ohne zu merken, dass man träumt, besteht der Traum aus Wirklichkeit. Man könnte auch sagen, dass man im Traum in einem eigenen Universum lebt. Das aber nur solange existiert, solange man träumt.

Tatsächlich gibt es auch mythische Vorstellungen, dass das Universum ein Traum ist, der geträumt wird von einer geistigen Entität, die außerhalb des Universums existiert. Wobei wir auch hier wieder bei der Frage wären, wie, und aus was, diese Entität entstehen konnte.

Wir können es drehen und wenden wie wir wollen und kommen doch immer wieder zu dieser einen Frage zurück.

Wo kommt die Energie her, aus der alles entstand?

Und dann können wir noch folgende Fragen anschließen:

- Wie ist diese Energie entstanden?
- Aus was ist sie entstanden?
- Warum ist sie entstanden?
- Und wie konnten die Regeln (Naturgesetze) entstehen, die dieser Energie sagen, wie sie sein muss, wie sie sich verhalten muss, damit so etwas wie unser Universum entstehen und funktionieren kann?

Alles, wirklich alles, dreht sich nur um die Fragen des Ursprungs dieser ultimativen Energie.

Versuchen wir uns nun mal vorzustellen, was vor dieser Energie existierte. Oder besser gesagt, was kann, was könnte, existieren, wenn noch nichts existiert?

Nichts? Absolut gar nichts?

Gut, aber in dem Fall hätten wir zumindest die Information, dass „Nichts" existiert. Selbst wenn diese Information von niemandem wahrgenommen werden kann, weil niemand existiert, ist es immer noch eine Information.

Sie existiert nicht physisch. Nicht einmal geistig.

Aber sie existiert imaginär.

Die einzige Möglichkeit, dass aus einem absoluten 'Nichts' etwas entsteht, ist, dass die Information, dass es ein absolutes 'Nichts' ist, sich verändert.

Wie gesagt, wir reden hier von 'Nichts'. Nicht ein einziges Quant an Energie. Keine Spur eines Raums. Und nichts, was einen einzigen Gedanken haben könnte.

Welche Möglichkeiten kann es überhaupt geben, dass sich ein absolutes 'Nichts' verändert? Dass daraus etwas Substanzielles entsteht? Strenggenommen existieren, wenn 'Nichts' existiert, nicht einmal Möglichkeiten.

Mir gehen allmählich die Formulierungen aus, um zu beschreiben, wie ultimativ das 'Nichts' ist, von dem hier die Rede ist. Auch ist die Vorstellung, dass es einmal einen Zustand gegeben haben muss, in dem absolut gar nichts existent war, eigentlich nicht vorstellbar.

Und jetzt soll man sich auch noch vorstellen, dass aus einer imaginären Information etwas nicht Imaginäres entstehen kann. Denn gab es diese Möglichkeit nicht, dann ist alles, was vorgibt, existent zu sein, in Wahrheit imaginär. Dann ist die gesamte Existenz nichts anderes als eine Vorstellung. Und selbst die Vorstellung, die sich gewissermaßen selbst, also die eigene Existenz, vorstellt, wäre etwas Imaginäres.

Wenn wir mit all unsere Vorstellungen davon, was möglich ist, versuchen, zu erklären, warum es das Universum gibt, müssen wir eingestehen, dass es, nach menschlicher Vorstellung, dieses Universum eigentlich nicht geben kann.

Dass wir existieren, bedeutet nichts anderes, als dass die Entstehung des Universums jenseits unserer Vorstellungskraft liegt. Denn alle Theorien zu dem, was außerhalb des Universums liegt, und die Ursache für die Entstehung des Universums sein könnte, lösen nicht das Problem der Herkunft der "Anfangsenergie".

Gibt es irgendetwas, was sich ohne den Einsatz von Energie vervielfältigen kann?

Information kann das. Information kann sich in jeder Weise verändern, allein dadurch, dass sie ihren informellen Wert verändert. Aus einer 1 kann 1 Milliarde werden, allein dadurch, dass die Information, dass es eine 1 ist, zu der wird, dass es 1 Milliarde ist.

Wie erwähnt, sind Zahlen unendlich. Und wenn Zahlen es sind, dann sind auch Informationen unendlich. Weshalb es also drei Dinge im Universum gibt, die unendlich sind.

Und so wie Zahlen sind auch Informationen nicht von der Existenz des Universums abhängig. Man kann sogar sagen, dass das Konzept der Information der Beginn von allem ist. Denn egal, wie und womit der erste Funke Energie entstanden ist, mit ihm zusammen ist die Information entstanden. Aber wenn aus absolut 'Nichts' Energie entstehen kann, dann kann aus Information auch etwas entstehen, das wir als Energie oder „Substanz" bezeichnen.

Was, wenn es so war? Was, wenn die Information, dass 'Nichts' existiert, auf eine, für uns nicht vorstellbare (wundersame), Weise zu etwas Substanziellem wurde? Dass die Information sozusagen „erkannt" hat, dass sie eine Information ist?

Ab dem Moment gab es zwei Informationen. Einmal die Information, dass Nichts existiert. Und zum andern die Information, dass eine Information existiert. Es wäre die Loslösung von der „1" und der Beginn der „2". Es wäre der Beginn von Möglichkeiten. Denn immer, wenn es mehr als eine einzige Information gibt, ist die Kombination von Informationen möglich. Und Kombination führt zu Vielfalt.

Bleibt die Frage, wie aus einer Information etwas Substanzielles werden konnte. Aber hier stellt sich auch die Frage, ob das überhaupt notwendig war.

Mal ehrlich, könnten wir es überhaupt merken, wenn alles, was wir kennen, was wir als Raum, als Energie, als Materie und als Zeit wahrnehmen, nur als Information existiert?

Wir könnten es gar nicht merken. Weil wir selbst aus Informationen bestehen. Und dann würde auch die Seele aus Informationen bestehen.

Aber wäre das ein Problem? Ist die Fühlbarkeit des Lebens, der eigenen Existenz, abhängig davon, ob es eine physische, also eine substanzielle, Existenz wirklich gibt?

Wenn alles nur aus Information besteht, und es sich trotzdem so anfühlt, als ob es physisch real ist, dann spielt die Existenzform des Universums keine Rolle. Dann ist es absolut egal, ob es real existiert oder ob es nur eine Art „gedachte" Vorstellung ist.

Durch den Umstand, dass Informationen auch Informationen darüber enthalten können, wie sich eine Information verhalten soll, ist die Implementierung von Naturgesetzen, die das Verhalten von bestimmten Informationen festlegen, kein Problem. Anders ausgedrückt; dass die Gravitationskonstante den Wert hat, den sie hat, ist nicht nur eine Information, sondern könnte durch eine Information festgelegt worden sein.

Noch einmal, wir haben keine Chance festzustellen, ob das Universum in physischer Form oder rein informeller Form existiert. Und wir haben keine Chance zu beweisen, welche Form unserer Vorstellung von der Existenz des Universums und von extrauniversellen Existenzebenen die richtige ist. Solange das so ist, haben Science Fiction und Fantasy, in diesem Fall, freie Hand.

Hat das Universum das Leben erschaffen, um sich, mittels der Fähigkeiten intelligenten Lebens, selbst zu erforschen?

Kapitel 8: Aliens

Außerirdische Lebensformen.
Gibt es sie? Wo sind sie zu finden? Und wie sehen sie aus?

Wie sehen sie aus?

Mal ehrlich, ist das wichtig? Ist das Aussehen die entscheidende Frage, wenn es um Sympathie geht? Ist es der primäre Faktor für Akzeptanz und Toleranz? Wenn wir es so sehen, dann sind wir weit davon entfernt, eine interstellare Gesellschaft sein zu können.

Das Einzige, was uns, bezüglich der Frage, wie außerirdisches Leben aussieht, bewegen sollte, ist die rein wissenschaftliche Neugier, zu wissen, was alles möglich ist. Welche Ideen die Evolution einer anderen Welt haben kann.

Aber für die Frage, wie man Aliens beurteilt, darf das Aussehen absolut keine Rolle spielen. Und hier auf der Erde, unter uns Menschen, sollte es ebenso sein. Also, ob die Aliens humanoid aussehen, einen Kopf haben, rot, grün, blau oder schwarzweiß sind, all das sollte uns nicht wirklich interessieren. Denn wenn Aliens die Erde erreichen, dann ist nur eine einzige Frage von Belang. Und die betrifft deren Mentalität. Sind sie gut oder böse, mitfühlend oder gleichgültig? Sind sie gierig oder selbstlos?

Was würden wir Menschen machen, wenn Aliens genau das Aussehen hätten, das wir als besonders widerlich ansehen? Wären wir in der Lage, ihnen vorurteilsfrei zu begegnen? Und können wir uns vorstellen, dass außerirdische Lebensformen den menschlichen Körper als hässlich ansehen?

Unser Gehirn ist praktisch genetisch voreingestellt, was die Frage des Schönheitsempfindens betrifft. Wenn wir Aliens, deren Aussehen auf uns abstoßend wirkt, vorbehaltlos gegenübertreten wollen, dann müssen wir lernen, die genetischen Voreinstellungen zu überwinden. Dann müssen wir lernen, das Äußere als das Nebensächliche zu sehen, dass es ist. Und müssen unseren Blick, unsere Einschätzung und unsere Emotionen auf das lenken, was wir Mentalität, Geist und Seele nennen können. Kooperation ist der Schlüsselfaktor der Evolution. Kooperation ist nicht abhängig von Äußerlichkeiten.

Wie weit muss sich eine Spezies entwickeln, bis sie erkennt, dass Gewalt, Zerstörung und Krieg dem im Weg steht, was zu dem führt, das wir Weisheit nennen? Die Wunder des Universums sind im Krieg nicht zu finden.

173

Wo sind sie zu finden? Wo findet man Aliens?
Grundsätzlich finden wir Aliens außerhalb der Erde.
Denn sonst wären sie ja keine Außerirdischen. Sinnigerweise ist
das, was wir Jenseits nennen, auch etwas Außerirdisches. Und
jeder Gott, der das Universum und die Erde erschaffen hat, ist de
facto auch außerirdisch. Wer also an einen Schöpfergott glaubt,
glaubt damit auch an eine außerirdische Existenz. Denn wer
immer die Erde gemacht hat, kann nicht von der Erde stammen.
Genug mit Theologie und zurück zu den Aliens. Wo haben wir die
größten Chancen, Leben zu finden? Etwas genauer gefragt, welche
Planeten kommen in Frage? Und welche Sonnen umkreisen sie?

Grundbedingungen (Sonne):
Sie muss zwischen 0,8 und 1,4 Sonnenmassen haben. Hat sie
weniger, ist die Leuchtkraft zu gering und die habitable Zone so
nahe am Stern, dass Planeten eine gebundene Rotation haben. Also
ihrer Sonne immer die gleiche Seite zeigen.
Hat sie deutlich mehr als 1,4 Sonnenmassen, besteht die Gefahr,
dass die Entwicklung zum roten Riesen beginnt, bevor es auf den
Planeten zur Entwicklung höheren Lebens kommen konnte.
Das heißt, eine Sonne braucht eine angemessene Leuchtkraft und
eine „Lebenserwartung" von mindestens 5 Milliarden Jahren, in
denen sich Spektrum und Leuchtkraft nicht wesentlich verändern.

Grundbedingungen (Planet):
Landmassen, Wasser und eine Sauerstoffatmosphäre, das wären
schon mal günstige Voraussetzungen. Die Gravitation darf zwischen 0,3 und 2 Gravo liegen. Wobei 2 Gravo schon ziemlich
heftig sind, aber Leben, auch humanoides Leben, nicht zwangsweise ausschließen. Sagen wir mal, je extremer die Umweltbedingungen eines Planeten sind, desto schwieriger ist die Entwicklung
von Leben.

Grundbedingungen (stellares Umfeld):
Je näher größere Massen (z.B. andere Sonnen) dem Planeten
sind, desto größer sind die Störungen, zum Beispiel in Form einer
instabilen Umlaufbahn. Instabile Umlaufbahnen sind der Feind
eines konstanten Klimas. Und stark wechselndes Klima (Eiszeiten
bzw. Trockenperioden) bietet ungünstige Lebensbedingungen.
Dann wäre da noch die galaktische Position des Sonnensystems.
Denn liegt es zu weit draußen, besteht die Gefahr, dass es zu
wenig Metalle gibt. Jedenfalls dann, wenn es im Entstehungsgebiet
der Sonne nicht genügend vorangegangene Supernovae gab und
damit zu wenig schwere Elemente.

Befindet sich ein Sonnensystem zu nahe am galaktischen Zentrum, besteht das Problem eines zu hohen Strahlungsniveaus aufgrund der hohen Sternendichte.

Dieses Problem besteht auch immer dann, wenn in der stellaren Nachbarschaft extreme Sterne der B- oder O-Klasse zu finden sind. Ganz schlecht sind Pulsare, Neutronensterne oder Magnetare.

Anders ausgedrückt, je ruhiger das stellare Umfeld ist, desto bessere Chancen bieten sich der Entwicklung von Leben.

Die besten Chancen, um Planeten zu finden, auf denen sich Leben entwickelt hat, haben wir, wenn wir unseren Blick (Teleskope) auf Gelbe Zwergsterne der G-Klasse richten, die zwischen 0,8 und 1,4 Sonnenmassen haben und die zwischen 4 und 6 Milliarden Jahre alt sind. Die auch keinen stellaren Begleiter (Doppelsternsysteme) haben und in deren stellarem Umfeld es eher ruhig ist.

Gibt es Aliens?

Oder sind wir allein im Universum?

Fragen wir erstmal, wie groß dieses Universum eigentlich ist. Und stellen fest, dass wir das nicht wissen. Unser Blick reicht etwa 13 Milliarden Lichtjahre weit in jede Richtung. Daraus ergibt sich ein Durchmesser von 26 Milliarden Lichtjahren. Aber das reicht nicht.

Denn der Raum dehnt sich ja beständig aus. Und zwar seit 13,8 Milliarden Jahren. Das tut er aber nicht mit einer insgesamt gleichen Geschwindigkeit, sondern punktuell. Das heißt, jeder Punkt des Raums dehnt sich aus. Summiert man die Geschwindigkeiten dieser Ausdehnungen, kommt man ab etwa 13 Milliarden Lichtjahren auf eine Ausdehnungsgeschwindigkeit, die über der Lichtgeschwindigkeit liegt. Und deshalb hat das Universum einen Durchmesser, der weit größer ist, als das, was wir sehen können.

Wie groß, wissen wir nicht. Die Zahlen gehen in Richtung von mehr als 90 Milliarden Lichtjahren. Nehmen wir nur mal die im sichtbaren Bereich zu findenden Sterne. Und hier auch nur die, die unserer Sonne ähneln und etwa im gleichen Alter sind. Dann reden wir von einigen hundert Trillionen Sternen. Wenn nur jeder Millionste davon einen Planeten in der habitablen Zone hat, sprechen wir immer noch von Billionen von Planeten.

Und mal ehrlich, wieso sollte es in einem derart gigantischen Universum nur einen einzigen Planeten geben, auf dem sich Leben entwickelt hat? Einen Planeten, der in einem 13,8 Milliarden Jahre alten Universum erst seit 4,5 Milliarden Jahren existiert. Sollen wir da ernsthaft glauben, dass wir die Einzigen sind?

Wäre das nicht ein klein wenig vermessen?

8.1 Invasion

Menschlich unmenschlich?

Die Angst davor, dass außerirdische Intelligenzen die Erde erobern könnten, ist ziemlich genau fast so alt, wie die Vorstellung daran, dass es außerirdische Intelligenzen gibt. Und wenn sie als Eroberer kommen, wie würden sie vorgehen? Militärisch? Oder mit effektiveren Methoden?
Betrachten wir mal die Möglichkeiten:

Massiver Waffeneinsatz:
 - Bomben (am besten ohne radioaktive Komponenten)
 - Hochthermale Strahlung (Laser, Mikrowellen)
Das Thema bei der Frage der Verdrängung bzw. Ausrottung einer indigenen Spezies ist, wie das am effektivsten möglich ist. Also wenig Einsatz und viel Wirkung.

Nun verteilen sich 8 Milliarden Menschen auf eine gewaltige Anzahl an Siedlungen. Die genaue Zahl ist kaum zu ermitteln, aber wenn man mit 10.000 Menschen pro Siedlung rechnet, wären dies mindestens 800.000 Orte bzw. Stadtbezirke.

Für die Vernichtung von 10 Quadratkilometer bebauter Fläche, da passen ungefähr 10.000 Menschen hinein, dürfen wir 20 Kilotonnen TNT ansetzen. Je nach Art der Bebauung etwas mehr oder weniger. Das wären dann gut 16 Milliarden Tonnen TNT, um die 'rechnerischen' 800.000 Orte effektiv zu vernichten. Umgerechnet also etwa achthunderttausend Atombomben des Hiroshima-Typs.

Nachdem man richtig viel Material (Kosten?) investiert hat, hat man dann einen Planeten, der einem Trümmerhaufen nicht unähnlich ist.

Um Kosten zu sparen, könnte man Asteroiden umlenken. Einige wenige effektive Einschläge würden genügen, um nicht nur Städte und ganze Gebiete zu verwüsten, sondern auch das Klima derart zu verändern, dass die meisten höher entwickelten Lebewesen aussterben.

Die Frage ist nur, will man das meiste höher entwickelte Leben loswerden, oder nur die Menschen? Und gefällt einem anschließend das, dann doch wesentlich andere, Klima noch?
Nur wenn man bei Aliens blanke Zerstörungswut, bei absoluter Minimierung ökonomischer Interessen, voraussetzt, wäre ein solches Szenario denkbar.

Biologische Mittel:

Eine Möglichkeit zur Eliminierung der Spezies Mensch wären Viren. Aliens, die in der Lage sind, lichtjahrweite Distanzen zu überbrücken, sind sicherlich auch in der Lage, Viren zu konstruieren, die das menschliche Immunsystem überwinden und sich effektiv verbreiten können.

Es müsste ein über die Luft übertragbares Virus sein, das zudem außerhalb von Organismen dauerhaft überlebensfähig ist. Weiterhin müsste es eine Art verzögerte Aktivierungssequenz beinhalten, die dafür sorgt, dass sich Symptome erst zeigen, wenn eine möglichst globale Infektion erreicht wurde.

Die Menschheit hätte dann weder die Möglichkeiten noch die Zeit, ein wirksames Gegenmittel zu finden. Gegen einen viralen Angriff extraterrestrischer Intelligenzen sind wir machtlos.

Genetische Mittel:

Eine weitere Option, die jedoch genaueste Kenntnisse der menschlichen Neurologie bedarf, wäre, die genetischen Anlagen zu ändern, die für bestimmte soziale Verhaltensmuster zuständig sind. Um diese Änderung bewirken zu können, bedarf es zwar wiederum eines Virus, zur Übertragung bzw. Änderung genetischer Sequenzen, nur wäre die Zielsetzung eine völlig andere, als bei deren Einsatz als biologisch terminale Waffe.

Bei jeder Spezies, auch uns Menschen, sind genetisch bedingte Verhaltensmuster sozusagen ein natürlicher Bestandteil neuronaler Funktionen. Dies betrifft insbesondere soziale Verhaltensmuster. Als bestes Beispiel dient hier das Gähnen. Sieht man einen Menschen gähnen, wird man mit 90 prozentiger Sicherheit selbst, zu einem Gähnen animiert.

Ein wesentlich intensiveres Beispiel ist fanatischer religiöser Glaube. Zwar wird dieser in der Regel verbal induziert, durch die Worte charismatischer Religionsvertreter, jedoch liegt die Bereitschaft zu einem fanatischen Glauben in den genetischen Wurzeln.

Daher wäre es möglich, im menschlichen Gehirn, mittels viraler Trägermedien, genetische Veränderungen vorzunehmen, die unser Verhalten und unsere Meinung in bestimmten Bereichen gravierend beeinflussen können.

Es ist nur eine Frage, über welche Fähigkeiten Aliens verfügen und die Menschheit würde die Fremden, selbst dann, wenn sie als gnadenlose Eroberer kommen, uneingeschränkt anerkennen. Wir würden ihnen bereitwillig dienen, ohne überhaupt zu wissen, dass wir von ihnen dazu programmiert worden sind.

Wer dies für unmöglich hält, sollte sich die Eigenschaften von dem Virus ansehen, der die Tollwut verursacht. Extrapolieren wir das Potential des Tollwutvirus und gehen davon aus, dass die Wirkung des Alienvirus noch wesentlich gezielter und stärker sein kann, dann wäre es nicht nur möglich, dass wir uns gegenseitig ausrotten würden, sondern dass wir freiwillig unser Leben beenden.

Rhetorische Mittel:

Warum arbeiten, wenn Worte genügen? Worte wirken jedoch nur, wenn sie auch geglaubt werden. Und geglaubt werden sie nur, wenn man den, der sie ausspricht, anerkennt und ernst nimmt.

Fordernde Worte eines grünen Männchens, das in einer kleinen Untertasse eine qualmende Bruchlandung hinlegt, würden nicht viel Gewicht haben. Das wäre in etwa so, als würde ein Inselstaat versuchen, einer Supermacht, mit Drohungen, ihren Willen aufzuzwingen.

Wenn aber die Supermacht Forderungen an den Inselstaat richtet, welche Möglichkeiten hätte dieser, sich zu wehren? Hätte man dort die Motivation, ernsthaft zu widersprechen, angesichts von fremden Kriegsschiffen, die durch ihre Gewässer pflügen? Welche Gazelle traut sich an die Wasserstelle, wenn dort ein Löwe liegt?

Wenn also Aliens, mit entsprechender Präsenz, in Form größerer Mutterschiffe, im Orbit der Erde erscheinen und uns sachlich oder freundlich um etwas bitten, würden wir dann widersprechen? Würden wir ernsthaft glauben, wir könnten mit ein paar chemisch betriebenen Raketen ein Raumschiff gefährden, das interstellare Distanzen überwunden hat?

Wenn man, im wahrsten Sinne des Wortes, zu jemandem aufsieht, der einen vernichten kann, wie sehr würde man motiviert sein, würde man es wagen, dessen Forderungen abzulehnen?

Nehmen wir folgendes Szenario.

Ich bin zusammen mit einem Tiger in einem Raum. Jeden Morgen erscheinen auf dem Boden ein Stück Fleisch und eine Kartoffel. Es ist das einzig Essbare in dem Raum. Ich kann den Raum nicht verlassen und die Kartoffel führt langsam aber sicher zur Unterernährung.

Wenn ich nun auf die Idee komme, dem Tiger das Stück Fleisch streitig zu machen, werde ich mit Sicherheit zur Beilage. Was kann ich tun?

Ich kann warten, bis der Tiger schläft, meine Hose ausziehen, einen provisorischen Strick daraus zwirbeln und damit den Tiger erdrosseln. Wenn der Tiger es könnte, würde er nur gelangweilt lächeln. Stattdessen würde er die Halsmuskeln anspannen, den Rücken kurz buckeln, um mich abzuwerfen. Und anschließend würde er mein Leben mit einem beiläufigen Tatzenhieb beenden.

Fazit:

Wenn Aliens die Erde erreichen und uns unseren Planeten streitig machen, dann können wir nichts anders tun, als zu versuchen mit dem zu überleben, was die Aliens uns übrig lassen.

Es muss aber keineswegs sein, dass sie als Eroberer kommen. Wie würden wir agieren, wenn wir in der Lage wären, ein anderes Sonnensystem zu erreichen und dort einen Planeten finden, deren Spezies gerade dabei ist, die Dampfmaschine zu erfinden?

Würden wir uns, unter Vermeidung jeder Einflussnahme, aufs Beobachten beschränken? Würden wir einen direkten Kontakt aufnehmen? Würden wir versuchen, die Entwicklung der Spezies zu beeinflussen, sie zu steuern? Würden wir eine Kolonie gründen? Würden wir versuchen, zu Herrschern zu werden?

Grundlage für die Entscheidung ist, über welche Moral und Ethik wir verfügen und welches Ausmaß an Gier unser Denken beherrscht. Zurzeit wird die Menschheit beherrscht von der Gier nach Ressourcen. Nach Konsumgütern und nach allem, was benötigt wird, diese zu produzieren.

An erster Stelle steht hier die Ressource Energie. Hat man praktisch unerschöpfliche Energiequellen, und die gibt es, dann ist es nur eine Frage der Technologie, um alles produzieren zu können. Hat man unbegrenzte Energie, ist die einzige Ressource, die man damit nicht erzeugen kann, Wissen.

Wissen, stillt den Hunger der Neugier. Neugier ist genetischer Bestandteil unseres Selbst, wahrscheinlich von jedem höher entwickelten Leben. Was tun wir, wenn Aliens erscheinen und nichts anderes sind als neugierig? Würden wir es ihnen glauben?

Ist für uns die Option "Krieg" so etwas Selbstverständliches, dass wir gar nicht anders können, als zu glauben, dass Aliens als Invasoren kommen?

Immer, wenn wir Menschen Krieg führen, folgen wir Instinkten. Und immer, wenn wir Instinkten folgen, entfernen wir uns vom Menschsein.

Kapitel 9: Kurzgeschichten

Es gibt Menschen, die sagen, das Beste an Kurzgeschichten ist, dass sie kurz sind.

Warum schreibt man Kurzgeschichten?

Weil der Stoff für eine lange Geschichte nicht ausreicht?

Dagegen spricht, dass es keine, absolut keine, Geschichte gibt, die man nicht beliebig in die Länge ziehen kann.

Weil Kurzgeschichten nicht interessant genug sind?

Auch hier ist es nur eine Frage der Kreativität. Denn welche Geschichte könnte es geben, die man nicht so sehr ausschmücken kann, dass sie interessant wird.

Also, was ist der wahre Grund dafür, dass man Kurzgeschichten schreibt? Es gibt zwei Antworten.

Die eine heißt, sinnigerweise, Zeit. Also einfach deswegen, weil einem die Zeit dazu fehlt, aus dem Thema eine lange Geschichte zu machen.

Die andere betrifft die Vorstellungskraft des Lesers. Wie sehr kann man die Vorstellungskraft des Lesers stimulieren, wenn man eine Geschichte so schreibt, dass sie alles ausführlich behandelt und erklärt?

Und wie sehr kann man die Vorstellungskraft des Lesers stimulieren, wenn man Themen, Entwicklungen und Fragen gerade dann offenlässt, wenn es interessant zu werden beginnt?

In diesem Sinne dienen Kurzgeschichten also weniger zur entspannten Unterhaltung, sondern mehr dazu, dass sie den Leser anregen sollen, sich mit einem Thema zu beschäftigen und sich eigene Vorstellungen, davon, wie es weitergeht oder was möglich sein könnte, zu machen.

Nichtsdestoweniger sollen Kurzgeschichten aber auch Kurzweil erzeugen und natürlich auch Spaß machen.

Lyra

Ein bisschen zu perfekt.

30.06.2068 Einkauf

»Es handelt sich um das neueste Modell. Und ich kann Ihnen versichern, es ist auch das Beste, was Sie derzeit überhaupt bekommen können.«

»Und was ist mit der KI? Ist die intern installiert oder ist sie auf einem externen Server?«

»Natürlich intern! Der Hersteller garantiert Ihnen die absolute Diskretion des Modells.«

Nur wenn man genau hinsah, war zu erkennen, dass auch der Verkäufer, mit dem Marten Curner gerade sprach, ein Androide war. Als wollte der Androide seinen Hinweis auf die Diskretion unterstreichen, schwieg er, solange Marten seinen Blick über die Androidin, in der Auslage, gleiten ließ. Erst als Marten sich ihm zuwandte, begann der Androide wieder zu sprechen.

»Sowohl Äußerlichkeiten, als auch Größe und Umfang können individuell angepasst werden. Bezüglich der Größe aber leider nur zwischen ein Meter sechzig bis ein Meter achtzig.«

»Haarfarbe? Hautfarbe?«

»Individuell einstellbar, von perlweiß bis schwarz. Auch die Form und Farbe der Augen können frei gewählt werden. Das gilt natürlich auch für die Stimmlage und die primäre Tonfrequenz. Es existieren auch umfangreiche Möglichkeiten der Persönlichkeitsjustierung. Ich versichere Ihnen, dass sich das Modell an nahezu alle Bedürfnisse anpassen lässt. Ganz besonders möchte ich auch auf die Loyalitätsfunktion hinweisen. Diese bleibt bei allen Justierungen unberührt. Sie können also, hinsichtlich der Persönlichkeitsanlage, keine Fehler machen.«

Marten nickte nur. Immer wieder zuckte dabei sein Blick zum Preisschild. 5 Jahre Erspartes standen nun auf dem Spiel. Unwillkürlich wanderte sein Blick zu den oberen weiblichen Attributen.

»Individuell einstellbar. Sowohl Größe, als auch Form.« Der Verkaufsandroide erlaubte sich ein stilvolles Lächeln. »Und voll funktionsfähig.«

»Stillen?« Ungläubig hob Marten den Kopf.

Und der Androide bestätigte es mit einem Nicken. »Ja, durchaus. Tatsächlich ist das Modell auch für die Übernahme von Pflege- oder Betreuungsaufgaben geeignet. Die installierte Körperkraft ist ausreichend für das Tragen von bis zu 120 Kilogramm schweren Lasten.«

Unwillkürlich erinnerte die Zahlenangabe Marten Curner an die Mutter seiner Exfrau. Und genauso unwillkürlich sträubte sich sein Nacken. Fast unmerklich drehte sich sein linker Fuß. Drehte sich in eine Stellung, die ein spontanes Weggehen ermöglichte.

»Das Modell verfügt auch über eine neuartige biosynthetische Dermalschicht mit sensorischer Effektverstärkung. Wenn Sie den Arm einmal berühren würden, dann werden Sie verstehen, wovon ich spreche.«

Zögerlich streckte Marten den Arm aus. Ebenso zögerlich strich seine Handfläche über den Unterarm der Androidin. Und es fühlte sich nicht nur samtweich an, sondern erzeugte eine Art warmes Kribbeln. Für einen Moment stellte sich Marten vor, wie…

»Ich nehme sie.«

Der Verkaufsandroide begann zu lächeln.

»Welche Größe?«

01.07.2068 Kennenlernen

»Für ein noch mehr sanftmütiges Verhalten verwende bitte die Einstellung 73.«

Reglos saß Lyra auf dem Stuhl, während Marten die Angaben auf dem Wandmonitor seiner Wohnung studierte. Seit zwei Stunden nahm er nun Einstellungen vor. Wobei er zuerst das äußere Erscheinungsbild angepasst hatte.

Lyra hatte nun eine samtbraune Haut, goldgrüne Augen und weißblondes Haar. Dunkelrot glänzende Lippen und ein leicht bräunlich schimmerndes Rouge auf den Wangen vollendeten das Make-up.

Die Androidin saß ohne Kleidung vor ihm und Marten wusste nicht so recht, ob er sie zuerst was kochen lassen sollte oder…

Mit einem energischen Kopfschütteln richtete er seine Augen wieder auf den Monitor. Eine weitere Stunde später war Lyras Stimme ebenso samtweich wie ihre Haut.

»Kleidung. Was nehmen wir denn jetzt?«

»Wie wäre es mit etwas Kurzem?« Lyra zwinkerte mit dem rechten Auge und schlug die Beine übereinander.

»Blau wäre schön. Oder grün.«

Und Marten musste sich eingestehen, dass die Androidin recht hatte. Zu ihrer Hautfarbe und den weißen Haaren würden blau oder grün sehr gut passen. Zufällig waren es auch Farben, die er persönlich mochte.

Marten wählte ein kurzes blaues Kleid mit langen, etwas weiteren Ärmeln und aktivierte den Drucker. Dann stand er auf und ging ein paarmal um Lyra herum.

Die Androidin war absolut perfekt. Sie war nicht einfach nur makellos schön. Sie war so perfekt, dass auch jeder menschliche Muskel exakt nachgebildet war. Marten wusste, dass es sich um synthetische Muskeln handelte, die rein energetisch zur Kontraktion gebracht wurden.

Prüfend tasteten seine Finger über Lyras Nackenmuskeln und die Androidin hob ein wenig die Schultern. Spontan kontrahierten die Muskeln, in einer Weise, dass sie von menschlichen nicht unterscheidbar waren.

»Lyra, steh auf.«

Sofort erhob sich die Androidin. Achtete dabei darauf, nicht gegen Martens Hände zu stoßen, die immer noch über ihrem Nacken waren. Geradezu grazil drehte sie sich dann zu ihm um und legte den Kopf ein wenig schief.

»Was kann ich für dich tun, Marten?«

»Kontakte meine Social Media Profile und informiere dich über meine Gewohnheiten.«

»Schon erledigt.« Lyra begleitete es mit einem fröhlichen Lächeln. Kaum mehr als 3 Sekunden hatte die Androidin gebraucht, alle öffentlichen Daten Martens zu ermitteln.

»Welches ist mein Lieblingsgericht?«

»Hokkaidokürbis mit Teriyakisoße und geröstetem Reis.«

»Könntest du es mir zubereiten?«

»Aber natürlich. Möchtest du, dass ich es sofort mache?«

»Ja.«

Demonstrativ blickte Lyra auf ihren immer noch nackten Körper und anschließend schenkte sie Marten ein verschmitztes Lächeln. »Ich hoffe, ich muss dazu nicht noch zum Einkaufen gehen.«

01.07.2068 Fähigkeiten

»Mehr rechts. Etwas mehr rechts.« Mit gut vollem Bauch lag Marten auf einer Massageliege. Die, mit warmem Öl benetzten, Hände Lyras glitten sanft über seinen Rücken. Zart tastend suchten sie nach den kleinen Muskeln, die zwischen Wirbelsäule und Schulterblatt lagen. Ihre Hände strahlten eine Wärme aus, wie es eine menschliche Hand nicht mal bei hohem Fieber geschafft hätte.

Plötzlich, ohne jedes vorherige Anzeichen, dafür umso lauter, drang Luft aus Martens Rektum. Stieß fauchend zwischen seinen Pobacken hindurch. Ein Gefühl, voll von Peinlichkeit, entstand in Marten. Und der Umstand, dass ihm bewusst war, dass Lyra eine Androidin war, konnte an diesem Gefühl nichts ändern.

»Möchtest du, dass ich dir den Bauch massiere? Es würde die Verdauung fördern.« Lyras Stimme klang, als hätte er ihr, oder, besser gesagt, einer echten Frau, Blumen geschenkt. Aber irgendetwas in ihm hinderte ihn daran, sich vor Lyra zu präsentieren. Stattdessen blieb er auf dem Bauch liegen und blinzelte nur kurz zu ihr hoch.

»Die Füße. Nimm dir die Füße vor.«

Sofort trat die Androidin ans Fußende der Liege und begann damit, gleichzeitig beide Fußsohlen zu massieren. Wie immer sie es auch machte, Marten entlockte es ein tiefes Seufzen.
Einen Moment später begann sich die Temperatur seiner Ohren zu erhöhen. Und noch einen Moment später….

»Lyra, stopp.«

»Habe ich etwas falsch gemacht?« Lyras Stimme klang nun besorgt.

»Nein.« Eile lag in Martens Stimme. »Nein, hast du nicht. Es…. es ist nur genug. Bitte, mach jetzt die Wäsche.«
Sofort lösten sich Lyras Hände von seinen Füßen.
»Bin schon unterwegs.«

Nochmals tief seufzend schwang sich Marten von der Liege und zog sich an. Während die Androidin im Nebenzimmer damit begann, seine Wäsche zu versorgen, ging Marten ins Wohnzimmer hinüber und aktivierte den Monitor.

»Lunares Dokumentationsprogramm fortsetzen!« Sofort erschien auf dem Monitor die Darstellung der Mondoberfläche und sprang dabei im nächsten Moment förmlich ins Zimmer hinein. Mitten in der perfekt dreidimensionalen Darstellung senkte sich ein Shuttle, zur deutlich sichtbaren Mondstation, hinab.

»Welche Kleidung möchtest du morgen anziehen?« Im Eingang zum Wohnzimmer stehend, hielt Lyra mehrere Hosen und Shirts in den Händen. Unwirsch blinzelte Marten zu ihr hinüber.

»Siehst du nicht, dass ich gerade eine Doku sehe?«

»Oh, natürlich. Entschuldige, bitte.« Schon drehte sich Lyra um und verschwand wieder im Nebenzimmer. Doch nicht lange.

Gerade als zwei Astronauten den Eingang zu einem unterirdischen Lavatunnel erkundeten, stand Lyra wieder im Wohnzimmer.
»Möchtest du etwas zu trinken? Eine Erfrischung? Oder kann ich irgendetwas anderes für dich tun?«
»Hallo!« Demonstrativ deutete Martens ausgestreckter Arm auf die beiden Astronauten. »Doku!«
»Oh, natürlich. Verzeih, bitte.«

03.07.2068 Komplikationen

»Lyra, haben wir noch Lycheesaft?«
»Nein, Marten.«
»Und warum nicht?«
»Wir hatten bisher noch nie Lycheesaft vorrätig.«
	Mit einer Spur von Verstimmung trat Marten ans Fenster und sah hinaus. Draußen war es dunkel und erste Regentropfen rannen die Scheibe hinunter.
»Lyra?«
	»Ja, Marten?«
»Geh einkaufen. Alles, was wir so brauchen und auch noch eine Kiste Lycheesaft.«
	»Ich könnte es ordern und bringen lassen.«
	»Nein, mir wäre es lieber, du gehst selbst.«
»Ich werde 1,3 Stunden lang weg sein. Möchtest du, dass ich mich beeile?«
»Ja, das wäre gut.« Beiläufig aktivierte Marten den Monitor.
»Dann werde ich in 57 Minuten zurück sein.«
	»Schön. Sehr schön.«
	Ein leicht schnalzendes Geräusch verriet Marten das Schließen der Eingangstür. Ohne weiter darauf zu achten, schaltete er den Monitor auf Virtual Reality um.
	Die Projektion einer Meeresküste, mit Palmen und Sandstrand, erfüllte nun das gesamte Wohnzimmer. Marten drehte sich vom Monitor weg und blickte durchs Zimmer.
Scheinbar direkt im Strand vor seinen Füßen lag eine Frau. Mitten durch die Gestalt der Frau schreitend, ging er zur Couch und ließ sich hineinsinken. Seine Augen auf die Wellen gerichtet, die ihr Wasser bis zu den Fußsohlen der Frau spülten.

*

»Hallo, Marten! Ich bin wieder da.«

Hastig zog Marten seine Hose zurecht und deaktivierte den Monitor. Dann schüttelte er, mit sich selbst schimpfend, den Kopf. Und als Lyra ins Wohnzimmer trat, deutete er lässig zur Küche.

»Mach mir eine Lycheesaftschorle!«

»Ist schon so gut wie fertig.« Mit zügigen Schritten ging Lyra zur Küche hinüber, stellte die schwere Kiste mit den Einkäufen ab und griff nach der Flasche Lycheesaft.

»Kann ich noch mehr für dich tun? Möchtest du vielleicht eine Massage?«

»Nein, danke.«

»Bitte verzeih, aber ich bin mir sehr sicher, dass es dir nicht gut geht. Möchtest du darüber reden?«

»Nein, danke. Nein, wirklich nicht.«

Ohne ein weiteres Wort bereitete Lyra die Lycheesaftschorle, kam ins Wohnzimmer, setzte sich galant neben ihn und reichte ihm das Glas.

Ein geradezu zuckersüßes Lächeln und ein zweimaliges Blinzeln der Wimpern begleiteten ihre Hand.

04.07.2068 Ganz nah.

»Hallo Marten, hattest du einen guten Tag?«

Lächelnd stand Lyra im Flur, als Marten seine Wohnung betrat. In der rechten Hand hielt sie eine Lycheesaftschorle, die andere hatte sie recht kess auf die Hüfte gelegt.

»Für mich?« Irgendwie automatisch, mehr wie eine Art Reflex, kam die Frage aus seinem Mund.

»Aber für wen denn sonst?« Lyra lächelte ihr gutmütigstes Lächeln und kam ihm noch einen Schritt entgegen.

»Was möchtest du essen? Möchtest du jetzt schon essen oder erst noch eine Massage?«

»Ich will mich erstmal setzen.«

Achtlos aus den Schuhen schlüpfend ging Marten ins Wohnzimmer, ließ sich auf die Couch fallen und schloss die Augen. Dann spürte er mehr, als dass er es sah oder fühlte, dass Lyra sich neben ihn setzte, nachdem sie seine Schuhe versorgt hatte.

»Monitor aktivieren!«

Sofort begann das Abbild der Meeresküste das Zimmer zu erfüllen. Eine Frau, etwas kleiner als Lyra, dunkelhaarig und etwas runder geformt, warf sich gerade einer großen, brechenden, Welle entgegen und tauchte prustend wieder aus dem Wasser.

Die Frau hatte eine frappierende Ähnlichkeit mit der Frau auf dem Bild, das auf der kleinen Kommode neben dem Fenster stand.

»Deine Exfrau.« Es klang mehr wie eine Festellung, als eine Frage. Und Lyras nächste Worte trafen genau den Kern der Sache. »Du würdest gerne wieder mit ihr zusammen sein.«

Tief atmete Marten ein und ebenso tief wieder aus.

»Soll ich dir dabei behilflich sein?«

Irritation quoll in Martens Augen. Gefolgt von Ablehnung. Aus der Ablehnung wurde eine seltsame Form von Wut. Die gleich darauf in Leere ertrank. Und dann war es Unwillen.

Eine Art 'Ich will nicht, dass ich es will…' Denken.

»Lyra.« In einem Anflug eines zwanghaft gewollten Begehrens drehte er den Kopf und sah die Androidin an.

»Was möchtest du, Marten?«

»Geh ins Schlafzimmer und zieh diese roten Sachen an.«

Ein verführerisches Lächeln umspielte ihre Lippen, als Lyra aufstand und wiegenden Schrittes in Richtung Schlafzimmer ging.

05.07.2068 Anpassung

»Hallo, Marten, hattest du einen guten Tag?«

Wieder stand Lyra im Flur, als Marten nach Hause kam. Auch diesmal hielt sie ein Glas Lycheesaftschorle in der Hand. Während die andere kess auf ihrer Hüfte lag.

Und das rote Kleid, das sie trug, war von einer verboten scharfen Qualität.

»Was soll das!« Martens Augenbrauen zogen sich zusammen.

»Meine Wohnung ist doch kein billiger Anmachschuppen!«

»Dir gefällt mein Kleid nicht?« Noch bevor Marten etwas sagen konnte, begann Lyra in Richtung des Wohnzimmers zu gehen. »Ich stelle dir den Lycheesaft auf den Tisch und werde mich sofort umziehen.« Schon war die Androidin im Wohnzimmer. Gleich darauf verschwand sie im Schlafzimmer.

Und kaum hatte es sich Marten auf der Couch bequem gemacht, kam Lyra, nun eher etwas bieder in eine schwarze Hose und ein weißes Shirt gekleidet, zurück. Freundlich lächelnd setzte sie sich neben Marten.

»Möchtest du etwas Konversation?«

»Nein, möchte ich nicht.«

»Ich hoffe, ich habe gestern deinen Erwartungen entsprochen. Mit mehr Informationen über deine Bedürfnisse könnte ich aber noch weit besser sein.« Und die Androidin schaffte es, ihren Augen noch einen tiefgründigen Blick hinzuzufügen.

»Du bist…. gut, richtig ….gut.« Mit einer Mischung aus Unbehagen und einem mühsam unterdrückten Begehren lehnte sich Marten zurück und wusste nicht so recht, ob er den Monitor aktivieren oder etwas lesen sollte.

»Abendessen?« Lyra blickte ihn fragend an.

»Was gibt es denn?«

»Alles, was du möchtest und ich mit den Vorräten der Küche zubereiten kann.«

Nur kurz überlegte Marten, ob er tatsächlich hungrig war. Mit einem kurzen Blick auf die Uhr und einem eher verstohlenen Seitenblick auf das Bild auf der Kommode, entschied er sich dann aber dagegen.

»Nein. Ich gehe ins Bett.«

»Möchtest du meine Begleitung?« Es klang eher fürsorglich, als in irgendeiner Weise begehrlich. Und Marten fragte sich, ob Lyra so etwas, wie ein echtes Begehren, überhaupt empfinden konnte. Verzog dann aber, sich selbst tadelnd, die Lippen. Nichts, absolut nichts, was nicht in den Programmstrukturen der Androidin vorgegeben war, war dieser auch möglich.

»Nein. Du kannst die Wohnung putzen.«

»Wenn du aufwachst, wird sie absolut sauber sein. Und ich werde auch darauf achten, keine Geräusche zu machen.«

06.07.2068 Fehlerhaft

»Hallo, Marten, wie war dein Tag?« Wieder stand Lyra im Flur, als Marten nach Hause kam. Und wieder hielt sie ein Glas Lycheesaftschorle in der Hand. Während die andere lässig hinter ihrem Rücken lag.

Gekleidet war sie diesmal in eine schlichte, einfache grauschwarze Kombination mit einer schicken Schürze vor den Hüften.

Aber irgendetwas an der Art, wie Lyra dastand, rührte an Martens Emotionen.

»Gut. Wie immer. Aber ich denke, ich war nicht gut zu dir.«

»Oh, nein, du warst und bist gut zu mir. Ich bin absolut einverstanden, mit der Art, wie du mich behandelst.« Und Marten hatte den Eindruck, dass ihre Augen auffallend rund aussahen.

Unschlüssig blieb er im Flur stehen. Blickte Lyra dabei nur an. Die Androidin wartete geduldig, neigte schließlich nur ein wenig den Kopf.

Nie zuvor hatte Marten das Gefühl gehabt, so fürsorglich behandelt worden zu sein. Eigentlich war es ein Traum. Lyra war hilfsbereit, zuvorkommend, war immer gut gelaunt und immer bestrebt, ihm jeden, absolut jeden, Wunsch zu erfüllen. Und nichts, absolut gar nichts, hatte sie dazu bringen können, ihm Vorwürfe zu machen oder mit ihm zu streiten. Abrupt trat Marten einen Schritt auf sie zu.

»Streite mit mir!«

»Streiten? Worüber denn?«

»Streiten! So, wie eine Frau streitet. Darüber, dass der Mann sie nicht versteht. Dass er sie schlecht behandelt. Dass sie sich nicht verstanden fühlt. Dass sie sich nicht genug… ʼgefühltʻ… fühlt.« Immer lauter wurde seine Stimme. Und die letzten Worte schrie er fast hinaus.

Lyras Augen verengten sich, in dem Versuch, ein tadelndes Gesicht zu machen. Doch es wollte ihr nicht recht gelingen.

»Du bist…, du bist ge…., du…, du…« Die Androidin stoppte und begann, entschuldigend zu lächeln.

»Oh, oh. Tut mir leid, Marten. Ich befürchte, ich kann das nicht.« Langsam kam Lyra auf Marten zu und stellte das Glas Saftschorle auf die Ablage neben der Tür.

»Ich möchte dir das Leben angenehmer machen. Für Streit bin ich einfach nicht geschaffen. Möchtest du, dass ich dir Abendessen mache? Ich könnte dich anschließend auch massieren oder mich umziehen.«

Der Blick der Androidin wurde wieder einfühlsam und auch ein wenig verführerisch. Doch in Marten erzeugte es eine seltsame Art von Ablehnung. Es fühlte sich sogar fast so an, als würde er von jemandem belästigt.

»Ich behandle dich gut? Soso, meinst du. Gut also. Geradezu zuvorkommend. Kann wohl gar nichts machen, was dich stören könnte. Oder gar wütend macht!«

»Wie könntest du das?« Sanft schüttelte Lyra den Kopf.

In einem spontanen Reflex zuckte Martens Hand vor. Die KI nahm die Bewegung bereits im Ansatz wahr. Kalkulierte sie auch richtig, als die Absicht der Anwendung physischer Gewalt. Und für die KI erfolgte die Bewegung scheinbar ihn Zeitlupe.

Doch die Reaktionsfähigkeiten, ihrer synthetischen Muskeln, würden nicht ausreichen, um dem Schlag vollständig auszuweichen. Und so entschied die KI, keinen Versuch eines Ausweichens zu unternehmen.

Mit einem leicht klatschenden Geräusch fuhr Martens Handfläche mitten durch Lyras Gesicht. Ohne ihre Mimik zu verändern, griff die Androidin nach Martens Hand, drehte sie sanft um und blickte auf die Handfläche, die ganz leicht gerötet wirkte.

»Ich könnte eine Salbe auftragen.« Gleich darauf hob Lyra ihre andere Hand und legte sie auf Martens Handfläche.

»Oh, ich weiß etwas Besseres.« Langsam wurde die Hand der Androidin kälter. So kalt, dass Marten das Gefühl hatte, einen Eisbeutel zu halten.

»Wenn es dir zu kalt wird, kann ich dich wärmen.«

Die Worte waren eher gehaucht als gesprochen und waren wieder mit einem verlockenden Blick unterlegt.

09.07.2068 Reklamation

Aufmerksam blickte der Verkaufsandroide Marten entgegen.

»Oh, ich erinnere mich an Sie. Sie haben das Cheryl-Modell gekauft. Darf ich fragen, ob Sie zufrieden sind.«

»Ja, darfst du. Und ich muss sagen, dass ich nicht zufrieden bin!«

»Nicht zufrieden? Sie sind tatsächlich der Erste, der diese Bewertung trifft. Darf ich fragen, welche Gründe es für die Unzufriedenheit gibt?«

»Nein. Und ich möchte mit einem menschlichen Vertreter der Firma sprechen.«

Keine Minute später gesellte sich eine etwa 35 Jahre alte Frau zu ihnen. Ausgerechnet eine Frau, schien auf Martens Gesicht zu stehen.

»Hallo, ich bin Fiona Celler. Ich hörte, Sie haben ein Problem mit einem Cheryl-Modell?«

»Ja, ich…, ääh…, ja allerdings.« Marten versuchte, sich besonders selbstsicher zu geben. »Ihre Konversationsfähigkeiten sind zu eingeschränkt.«

»Eingeschränkt?« Fiona hob skeptisch eine Augenbraue.

»In welchem Bereich?«

»Sie streitet nicht.« In dem Moment, in dem es über seine Lippen kam, klang es für Marten abwegig.

»Sie streitet nicht?« Fiona nahm nun sichtlich irritiert den Kopf ein wenig zurück.

»Nicht mal ansatzweise.«

»Und das stört Sie?«

»Ja, tut es. Weil…., weil…, es ist nicht echt. Es ist nicht normal. Jeder streitet doch. Jeder!«

»Sie wissen, dass Cheryl-Modelle Androiden sind? Streng genommen sind sie ein Gebrauchsgegenstand, der nichts anderes tun soll, als die Alltäglichkeiten des Lebens etwas angenehmer zu gestalten. Sagen Sie, empfinden Sie Streit als etwas Angenehmes?«

»Kann ich vom Kaufvertrag zurücktreten?«

Fiona wiegte überlegend den Kopf.

»Wie eingehend wurde das Modell genutzt?«

Marten verzog nur die Lippen.

Und in Fionas Kopf entstand die Vorstellung einer eingehenden Reinigung.

»Eigentlich sind die Cheryl-Modelle die Perfektesten, die wir im Angebot haben.«

»Nur was nicht perfekt ist, kann perfekt sein!« Marten schluckte kurz. »Außerdem erinnert sie mich an meine Exfrau.«

»Oh, das wäre aber wirklich kein Problem.« Fiona lächelte nun ein typisches Verkäuferlächeln. »Wir könnten doch das Chassis ändern. Sie können ein anderes wählen. Vielleicht ein männliches Modell. Oder eins, das ihrer Mutter gleicht. Auch außerirdisch gestaltete Modelle sind möglich. So lange wir bei einer annähernd humanoiden Grundform bleiben.«

Marten Curners Augen nahmen einen glasigen Ausdruck an, während zwischen seinen Ohren das Wort ‘Mutter‘ zu kreisen begann.

Ceres

18.04.2078 Angebot

'143 Millionen verkaufte Exemplare. 143 Millionen zufriedene Kunden. 143 Millionen Mal ein Mehr an Lebensfreude. Mehr Intensität. Mehr Vielfalt. Mehr Möglichkeiten. Mehr Zeit für das eigene Selbst. Und…, man ist niemals mehr allein!'

Ein Blinzeln genügte und die Projektion des monokularen Interfaces wechselte, zeigte statt der Werbung nun Preise, Konditionen und technische Verfahren.

Ein kurzes Fokussieren des Blicks öffnete ein Display, das den aktuellen Kontostand anzeigte. Es würde reichen, gerade so. Aber dafür würde es in nächster Zeit wohl keine teuren Einkäufe mehr geben. Phrenja Alsari schloss alle Displays und blickte aufs Meer hinaus. Schaumgekrönte Wellen schlugen gegen die Felsen neben dem Strand. Der Atlantik war dunkel und rau, obwohl keine Wolke am Himmel zu sehen war.

Ebenso waren auch keine anderen Menschen am Strand. Jedenfalls keine, die Phrenja kannte oder gar Freunde hätte nennen können. Seufzend stand sie auf und kletterte über einige Felsstufen hinauf zur Wiese. Immer wieder an dieses „Ceres-Ding" denkend, schlenderte die Teenagerin zu dem Fahrzeug, das sie ein Stück weit in die Wiese hinein geparkt hatte. Gerade im richtigen Abstand, angepasst an ihr Schritttempo, öffnete sich der Einstieg. Phrenja setzte sich, lehnte sich zurück und blickte zum Glasdach hinaus.

»Nach Hause.«

Augenblicklich setzte sich der Wagen in Bewegung, steuerte behutsam von der Wiese auf die Straße und begann zügig zu beschleunigen.

*

»Und? Wie war dein Tag?«
Lächelnd kam Phrenjas Mutter aus der Küche und blickte ihrer Tochter entgegen, die betont gelangweilt durch den Flur schritt.
»Gut. Sehr gut.«
»Und was möchtest du essen?«
»Mir egal. Hauptsache, es macht nicht dick.«

Ein betont skeptischer Blick ihrer Mutter fiel auf Phrenjas recht schmale Taille. Gleich darauf drehte sie sich um und kehrte zur Küchenzeile zurück. Mit flinken Fingern bediente sie ein Display und wählte Zutaten und Gewürze.

»Zwei mittelgroße Portionen.« Mitten in den Worten fiel ihr Blick auf Phrenjas Bauchgegend.

»Plus 10, nein 20, 20 Prozent.«

Phrenja kommentierte es mit einem Achselzucken.

Während die Küchenzeile damit begann, das Menü zuzubereiten, schnappte sich Ileyra ihre Tochter und bugsierte sie ins Wohnzimmer.

»Na, erzähl doch mal. Wieso kreist in so einem hübschen Kopf so viel Trübsal?«

»Trübsal?«

»Und überhaupt, wieso bist du eigentlich schon hier? Solltest du nicht mit Freunden unterwegs sein?«

»Ja, sicher, könnte ich, aber ha....«

»Sind es die Jungs? Erzähl schon. Du interessierst dich doch schon für Jungs. Oder etwa nicht?«

»Ja, schon. Jungs, klar interessie....«

»Also, als ich in deinem Alter war...., na ja, also vielleicht sollte ich das gar nicht sagen, aber ich war da nicht so oft zu Hause. Ich bin da öfter aus gewesen. Und manchmal habe ich mit dem einen gechattet, während ich mit dem anderen im Pub saß. War er aber auch selber schuld. Hat ja den Mund nicht aufgekriegt. Also, wie ist es denn mit dir und den Jungs?«

»Na ja, also da wäre schon einer, der mi...«

»Das Menü ist fertig und es ist angerichtet. Besteht noch ein Getränkewunsch?«

»Oh, toll, wir können essen!«

Ruckartig stand Phrenjas Mutter auf und entschwand zur Küche, wo die automatische Küchenzeile einen Tisch ausgefahren hatte, auf dem zwei Teller angerichtet waren.

»Phrenja! Kommst du?«

22.04.2078 Ja oder Nein

Schon zum dritten Mal ging Phrenja an dem klinisch sauber wirkenden Ceres-Shop vorbei. Wohl wissend, dass es für mediale Implantatstechnologie einer Altersfreigabe bedurfte.

Ebenso wissend, dass in ihrer Tasche eine Zustimmung steckte, die ihre Mutter gegeben hatte, ohne zu wissen, um was es dabei in Wahrheit ging.

Beim vielleicht achten Mal zogen ihre Schritte schließlich nach links, passierten den Eingang und hörten erst auf, als Phrenja vor den Auslagen stand.

Ein gut drei Zentimeter durchmessender, flexibel wirkender, Chip lag dort. In einem unauffälligen Hautton, mehr matt als glänzend. Ein geradezu winziges Gerät, ohne Schnörkel, ohne Verzierungen, ohne optisch erkennbaren Wert.

Und doch so teuer, dass es ihr Konto geradezu plündern würde. Etwas, was ihre Mutter wahrscheinlich noch weit ernster nehmen würde, als die ergaunerte Zustimmung.

»Darf ich dir behilflich sein? Hast du Fragen?«

Ein vielleicht 20 Jahre alter Informationsagent gesellte sich zu ihr.

»Ja…, nein…, ähh,… ich meine, wie fühlt es sich an?«

»Phantastisch.« Der junge Mann lächelte.

»Oder ganz normal. Immer so, wie du willst. Es liegt ganz bei dir.«

»Tut es weh?«

»Das Implantieren?« Der Mann wiegte, beruhigend wirkend, den Kopf. »Nein, überhaupt nicht. Nicht mehr, als ein zartes Jucken. Ein, zwei Stunden später merkst du nicht mal mehr, wo wir es implantiert haben.«

»Und…, kann…, ich meine, kann etwas passieren? Ich meine, etwas, was ich nicht will?«

»Nein, absolut nicht. Du bist und bleibst der Chef. Ist ja schließlich dein Kopf. Oder etwa nicht?«

Sofort sprangen Phrenjas Gedanken zu ihrer Mutter. Eine Mutter, die viel redete und wenig, bis gar nicht, zuhörte. Wenn sie Phrenja denn überhaupt mal aussprechen ließ.

»Also gut, ich nehm's.«

»Wunderbar. Du wirst es nicht bereuen. Wir können gleich einen Termin machen.«

»Warum nicht sofort?« Irgendetwas in Phrenja sagte ihr, dass sie zu einem Termin nicht wiederkommen würde. Und daher drängte der Teil ihres Ich's, der sich nach dem sehnte, was Ceres anbot, darauf, dass es jetzt und sofort sein sollte.

»Na ja.« Der Mann rieb sich nachdenklich am Kinn, wohl wissend, dass es Vorschriften gab, die besagten, dass Kunden die Gelegenheit bekommen mussten, den Kaufwunsch noch einmal zu überdenken.

»Warst du nicht letzte Woche schon mal hier?«

22.04.2078 Abend

»Hallo, Phrenja, hattest du einen schönen Tag?«
Die Stimme ihrer Mutter kam aus dem Wohnzimmer. Und als
Phrenja hineinblickte, sah sie, dass ihre Mutter in einen Chat
vertieft war. Und die bi-okulare Brille, die sie trug, deutete darauf
hin, dass sie mit mehreren Personen chattete. Ihr kurzer Blick
über den Rand der Brille, zu ihrer Tochter hin, war mehr von
Routine geprägt, als von einem echten Interesse.
Phrenja ließ sich in den Sessel neben der Couch sinken und schlug
die Beine übereinander. Etwas, was sie eigentlich nur machte,
wenn sie alleine war.

»Ja, sehr schön.«
„Ist es immer so?" Die Stimme, in ihrem Kopf, klang einfühlsam. Sanft, unaufdringlich, freundlich und auf eine nicht be-
schreibbare Weise vertraut.

„Ja, immer." Phrenja dachte die Worte nur. Jedoch fast so in-
tensiv, als würde sie sie aussprechen. Eine Zeitlang beobachtete sie
ihre Mutter, die gleichzeitig entspannt und beschäftigt wirkte.
Dann stand sie auf und ging auf ihr Zimmer.
„Ceres."
    „Was kann ich für dich tun, Phrenja?"
»Lies mir etwas vor.«
    „Hast du einen bestimmten Wunsch?"
»Nein, überrasch mich einfach.«
    „Kennst du die Geschichte von Soulmen?"
»Nein. Aber ich hoffe, sie ist interessant. Und bitte nicht zu lang.«

24.04.2078 Eingewöhnung

»Guten Morgen, Phrenja. Ist das nicht ein schöner Morgen? Und
dann auch noch Sonntag. Was meinst du, was sollen wir heute
machen?«

Phrenja neigte den Kopf zur Seite und sah ihre Mutter prüfend
an. Irgendwie erschien sie ihr nicht mehr so groß, so dominant, so
erwachsen zu sein.

„Ceres, was soll ich heute machen?" Die Gedanken entstanden
wie von selbst. Als wären sie reine Routine. Wie bei jemandem,
den man schon lange kennt und auf dessen Rat man vertraut.

    *„Möchtest du etwas mit deiner Mutter unternehmen, oder mit
Freunden, oder alleine?"*

„Ich weiß nicht."
„Dann verbringe Zeit mit deiner Mutter."
„Und was sollen wir machen?"
„Etwas, was ihr zeigt, wie gut du bist."
In ihrem Kopf entstand das Bild eines Strands und schaum-
gekrönter Wellen.
»Wir könnten zum Strand gehen.«
»Zum Strand?« Phrenjas Mutter hob ihren rechten Arm und be-
trachtete eingehend die Farbe ihrer Haut. »Ja, stimmt, ein wenig
Bräune könnte wirklich nicht schaden.«

24.04.2078 Positionen

»Schwimm nicht so weit raus!« Phrenjas Mutter stand bis zur
Hüfte im Wasser und ihre Hände tupften eher vorsichtig als
spielerisch auf das recht frische Wasser des Atlantiks.
»Warum nicht?«
»Du könntest abgetrieben werden.«
„Und was soll ich ihr jetzt sagen?"
*„Wenn sie auf dich aufpassen will, kann sie das am besten,
wenn sie mit dir schwimmt."*
»Schwimmen wir doch gemeinsam. Wir könnten zu den Felsen
hinüberschwimmen.« Demonstrativ rückte Phrenja die Schwimm-
brille zurecht. »Dort gibt es auch Fische zu sehen.«
Ileyra lächelte zaghaft und nickte dabei. Aber ihre Augen sagten
‚Brrrrrr'. Dennoch ging sie zur Liege zurück, holte ihre Schwimm-
brille und ging wieder ins Wasser. Einige Schwimmzüge später
hatte sie Phrenja erreicht.
»Ist aber weit.« Ileyra reckte den Kopf zu den Felsen, wobei ihr
Blick immer wieder durch Wellen versperrt wurde.
»Das sieht nur so aus.« Schon streckte Phrenja sich und schwamm
zügig los. So zügig, dass ihre Mutter keine Chance hatte, an ihr
dranzubleiben.
„Du darfst ihr nicht wegschwimmen, sonst kehrt sie um." Kaum
erklangen Ceres' Worte in ihrem Kopf, hielt sie an und blickte
zurück. Dann wartete sie geduldig, bis ihre Mutter gleichauf war
und ließ sie dann noch ein Stück vorausschwimmen. Nur um,
noch weit schneller als zuvor, an ihr vorbeizuziehen. Dreimal
wiederholte sich dieses Spiel, bis sie die Felsen erreichten, wobei
Phrenja auf den letzten Metern wieder an ihrer Mutter vorbeizog.

»Also, das war jetzt doch etwas weit.«

»Meinst du? Also, ich fand das nicht.« Spielerisch ließ Phrenja sich treiben. Dann holte sie tief Luft, streckte sich und tauchte ab.

»Phre…« Aber die letzte Silbe schaffte es nicht mehr unter die Wasseroberfläche und Phrenja war es mit Absicht egal.

Mit schnellen Zügen tauchte sie zum Grund und blieb so lange unten, wie sie konnte. Erst als ihre Lungen zu brennen begannen, tauchte sie auf. Bemühte sich dann aber, ruhig zu atmen, statt hastig nach Luft zu schnappen.

»Willst du nicht auch mal?« Lässig deutete ihr Daumen nach unten, während sie den mürrischen Ausdruck in Ileyras Augen wahrnahm.

»Nein, danke, kein Bedarf.«

»Aber da unten gibt es echt viel zu sehen.«

»Seh' ich auch von hier oben.«

„Ceres, was ist dieses rotgelbe blumenartige Ding da unten?"

„Eine Schraubensabelle."

»Siehst du die Schraubensabelle?« Demonstrativ zeigte Phrenja nach schräg unten, wo aus dem Felsen ein langer Stil herausragte, der sich zu einem spiralförmigen bunten Fächer ausbreitete.

»Eine was…?«

»Schraubensabelle.«

»Ah, ja, sehr schön.«

„Ceres, was ist eine Schraubensabelle?"

„Ein wurmartiges Tier, das zum Schutz ein röhrenartiges Kalk-skelett erzeugt. Es ist ortsgebunden, meist an Felsen, und filtert mit seinen Fächern Plankton aus dem Wasser. Weshalb es gerne in strömungsreicher Umgebung siedelt."

»Sie ernährt sich von Plankton. Filtert es aus dem Wasser, wenn es vorbeischwimmt. Hat ein schönes Leben. Muss dem Essen nicht hinterherjagen. Sitzt einfach nur rum und wird bedient.«

»Ja, schön. Wirklich schön.«

»Und schau mal da drüben. Da ist ein ganzer Schwarm Fische!«

„Ceres! Wie heißen die?"

„Das sind junge Goldstriemenmakrelen."

»Goldstriemenmakrelen. Noch ganz junge.«

»Laß uns zurückschwimmen.« Ileyras Stimme hatte die Art von Tonfall, die keinen Widerspruch duldete.

»Jetzt schon? Warum das denn?«

»Mir ist kalt.«

„Sie lügt."

Seufzend drehte sich Phrenja auf den Rücken.

197

»Also, ich finde es richtig warm.« Mit dem Finger deutete sie zum Grund hinab. »Da unten, da ist es viel kälter.«

»Weshalb ich da auch nicht runter geh. Und jetzt komm. Es ist wirklich genug.«

„Sie mag es nicht, dass du besser bist, dass du mehr weißt, als sie. Für sie ist es eine Situation, die sie nicht kennt, die sie nicht beherrschen kann. Sie kann dich nicht beherrschen. Und deshalb möchte sie diese Situation verlassen."

»Gut, dann schwimm zurück. Ich bleibe noch ein wenig.«

»Kommt überhaupt nicht in Frage. Du bleibst nicht alleine hier. Wir schwimmen beide zurück. Und zwar jetzt.«

„Ceres, was soll ich machen?"

„Willst du Konflikt oder Harmonie?"

„Ich will machen dürfen, was ich will!"

„Mit oder ohne Konflikt?"

„Konflikt ist blöd."

„Dann schwimm zurück."

»Also gut, schwimmen wir zurück.«

Diesmal achtete Phrenja nicht auf ihre Mutter, sondern schwamm zügig durch, bis sie das Ufer erreichte. Dann ging sie zur Liege, schnappte sich ein Handtuch und ging zum Wasser zurück. Geduldig wartete sie, bis Ileyra aus dem Wasser kam.

»Hier.«

Ein wenig überrascht nahm Ileyra das Handtuch, das ihre Tochter ihr entgegenstreckte.

»Dir ist doch kalt, hast du gesagt.«

»Ja, danke.«

Etwas umständlich warf sich ihre Mutter das Handtuch über und ging zur Liege. Fast ebenso umständlich legte sie sich hinein und griff nach einem monokularen Interface.

»Du willst chatten?«

»Ja. Was dagegen?«

»Jetzt?«

»Hab' ich jetzt doch Ruhe und Muße für.«

„Sie will weitere Situationen, in denen die Gefahr besteht, dass sie unterlegen ist, vermeiden. Zum Ausgleich möchte sie nun ein positives Erlebnis, in Form eines Chats, bei dem sie primär Zustimmung erfährt."

Nicht wissend, ob sie zufrieden oder verdrossen sein sollte, griff Phrenja nach etwas Sand und ließ ihn durch die Finger rieseln.

„Sie hat mich noch nie gelobt."

„Bist du sicher?"

„Sie hätte sagen können, dass ich gut schwimme."

„Damit würde sie zugeben, dass du besser schwimmst, als sie selbst."

„Und besser tauchen kann."

„Je größer du wirst, desto kleiner wird sie."

„Und das kann sie nicht ertragen!"

„Du bist ihr Kind."

„Ich bin ein Mensch. Habe ich nicht das Recht dazu, gut zu sein. Gelobt zu werden. Ich zu sein?"

„Für deine Mutter hast du das Recht, so zu sein, wie sie möchte, dass du bist."

„Ist das gerecht? Ist das richtig?"

„Es ist menschlich."

„Werde ich einmal genauso sein?"

„Du bist mehr als nur menschlich."

„Mehr als nur menschlich? Wie meinst du das?"

„Du hast mich."

Langsam ließ Phrenja die Hand mit dem Sand sinken. Ebenso langsam hob sie den Kopf und blickte auf's Meer hinaus. 'Wer bin ich?' Der Gedanke entstand ohne ihr Zutun. Und er war nicht für Ceres bestimmt.

Ceres

Ceres ist der größte Asteroid im Asteroidengürtel zwischen Mars und Jupiter. Die, aufgrund von seiner Masse und Gravitation entstandene, sphärische Form erlaubt die Einordnung zur Kategorie der Kleinplaneten.

Ceres ist die Abkürzung von Cerebrum. Cerebrum bezeichnet den präfrontalen Cortex des menschlichen Gehirns, der primär für die kognitiven Abläufe zuständig ist.

Ceres ist ein kybernetisches neurologisches Implantat, das über eine eigenständige Künstliche Intelligenz verfügt. Seine primären Eigenschaften sind die direkte kommunikative Verbindung zum Cerebrum, zum visuellen Cortex und zum audiellen Cortex. Das 's' steht symbolisch für „synthetisch". In diesem Sinne eine Art synthetisches Cerebrum.

Die primäre Hauptaufgabe von Ceres ist die Erweiterung der Memorialen Kapazitäten. Jede verfügbare Information steht dem Nutzer direkt und unmittelbar, auf rein gedanklicher Ebene, zur Verfügung.

Die KI von Ceres ist anpassungs- und entwicklungsfähig. So weit, dass sie nicht nur eine beratende Funktion übernehmen, sondern auch auf psychologischer Ebene fürsorglich aktiv werden kann.

Man könnte sagen, dass Ceres eine Art Lehrer, Berater und Freund ist. Eine Erweiterung der eigenen Persönlichkeit darstellt und in dieser Form auch eine positive Stabilisierung der Psyche bewirken kann. So gesehen kann Ceres als ein bestmöglicher Freund betrachtet werden.

Es gibt jedoch Stimmen, die der Meinung sind, dass Ceres einer Art künstlich angelegter Schizophrenie entspricht. Etwas, was von Ceres-Entwicklern als Paranoia angesehen wird.

„Du hättest diese Informationen auch von mir haben können. "
Phrenja seufzte und deaktivierte das Display. Ceres hatte recht. Es wäre viel einfacher und auch schneller gewesen, wenn sie sich die Daten über Ceres von Ceres selbst hätte liefern lassen.

Aber etwas in ihr hatte sich dagegen entschieden. Irgendetwas in ihr hatte sie dazu gedrängt, selbst nach den Informationen zu suchen. Und irgendetwas in ihr drängte sie, ein Buch in die Hand zu nehmen, statt sich Geschichten vorlesen zu lassen.

Irgendetwas in ihr begann zu fragen, ob es normal war, dass da noch eine Stimme in ihr war. Eine Stimme, die sich allzu gerne von selbst meldete. Die ungefragt Vorschläge machte, Informationen lieferte oder Kommentare abgab.

Und einmal hatte Ceres sie mitten in einem Gedankengang unterbrochen. Etwas, was sie allzu sehr an ihre Mutter erinnerte. Unwillen stieg in Phrenja auf. Ein Gefühl, dass etwas nicht passte. Dass sie sich mit den falschen Gedanken beschäftigte.
„Ceres!"
„Was kann ich für dich tun, Phrenja?"
„Zeig mir einen Film."
„Einen bestimmten? Oder soll ich einen auswählen?"
„Wähl du einen aus."
Einen Moment später wurde es vor Phrenjas Augen duster. Die Nervenimpulse von ihrer Netzhaut wurden von Ceres mit den Bildern eines Films überlagert. Nicht vollständig, so dass ein Schattenbild der Umgebung erhalten blieb. Erst als Phrenja die Augen schloss, waren nur noch die Bilder des Films zu sehen.

*

»Phrenja!« Ein heftiges Rütteln begleitete das recht laut gesprochene Wort. Erschreckt öffnete Phrenja die Augen und richtete sich dabei auf.

Das Abbild der Umgebung überlagerte die Bilder des Films. Aus beiden Bildern wurde ein verwaschenes Etwas, das auf sie zuzufliegen schien.

Reflexartig zuckte ihr Kopf zurück, während sie abwehrend die Hände hob und dabei die Arme ihrer Mutter praktisch wegschlug. Gleich darauf hatte Ceres den Film deaktiviert und ihre Augen zeigten ihr nur noch das Abbild ihres Zimmers und das sichtlich irritierte Gesicht ihrer Mutter.

»Was ist los mit dir?«

»Was soll los sein?«

„Sie ist besorgt, weil du auf sie katatonisch wirktest.“

»Du hörst nicht, wenn ich rufe, reagierst nicht, wenn ich klopfe und liegst da, als wärst du gar nicht da. Was ist los mit dir?«

»Ich hab' nur so vor mich hingeträumt.«

»Ich steh hier schon ne Minute rum und versuch dich zu wecken. Und du hörst einfach nicht. Bist wie weggetreten. Du nimmst doch nicht irgendwas? Sag, dass du keine Drogen oder so was nimmst!«

»Neeiinnn, Mama, nehm' ich nicht. Wirklich nicht!«

»Laß mal deine Augen sehen!«

»Mama!« Ohne auf Phrenjas Einwand zu achten, beugte sich Ileyra vor und betrachtete ihre Pupillen.

»Also irgendetwas stimmt nicht mit dir. Irgendwie bist du anders.«

»Vielleicht nicht mehr so klein…., so kindlich…?«

»Mmmmh…..« Nachdenklich rieb Ileyra sich am Kinn. Spontan drehte sie sich um und berührte das Display auf Phrenjas Schreibtisch. »Phrenjas Kontodaten.«

Die Worte fuhren wie ein Blitz in Phrenjas Gedanken, während auf dem Display eine Tabelle erschien.

»Stimmt das?« Langsam, wie in Zeitlupe, drehte sich Ileyra um.

Ihr Zeigefinger deutete auf den letzten Eintrag der Tabelle.

»Wenn es da so steht.«

„Sie weiß nichts vom Implantat?“

„Scheint so.“

„Dann war die Implantierung rechtswidrig.“

Ein Gefühl entstand in ihr. Ein Gefühl, dass der Ärger mit ihrer Mutter nicht der einzige Ärger sein würde.

»Du hast dir so ein Ding, so..., so einen 'Companion', implantieren lassen?« Unwirsch tippte Ileyra gegen Phrenjas Stirn. »In den Kopf! Einen Chip in den Kopf!«

»Ja und? Hundertvierzigmillionen haben das doch auch schon gemacht.«

„143,2 Millionen. "

„Sei still! Ceres! Sei einfach still!"

»Ich hab davon gelesen. Gelesen, was dieses Ding alles macht und kann. Es ist wie ein zweites Ich. Wie eine zweite Persönlichkeit.«

»Das ist es nicht.« Doch Phrenjas Worte klangen zaghaft und kraftlos.

»Und? Wer hat das jetzt gesagt? Du? Oder dieses Ding? Mit wem spreche ich, wenn ich mit dir rede? Mir dir selbst? Oder mit dem, was dieses Ding dir einflüstert?«

„Aufgrund der rechtswidrig erfolgten Implantierung ist eine Deimplantierung notwendig. Nach gültiger Rechtslage kann diese auch zwangsweise durchgeführt werden. Bis zur Deimplantierung bleibt ihr Ceres-Implantat deaktiviert. "

„Nein!!!"

Nur dieses eine Wort erfüllte Phrenjas Denken. Minutenlang, wie es ihr erschien. Bis sich ein zweites Wort formte.

„Ceres?"

Doch in ihrem Kopf blieb es stumm.

Singu

23.06.2138 Der Beginn

»3,6 x 10^9.« Terek Shymer lehnte sich seufzend zurück. »Weißt du, wie weit ich kommen würde, wenn ich 3,6 x 10^9 Schritte weit gehen würde?« Tereks Blick glitt fragend zu seinem Kollegen Mansu Ishta.

»Ziemlich genau 18 Milliarden Meter. Oder 18 Millionen Kilometer. Aber nur dann, wenn dein Körper beim Gehen das Altern vergisst.«

Nur für einen winzigen Moment versuchte Terek auszurechnen, wie lange er brauchen würde, um 18 Millionen Kilometer zu Fuß zu gehen.

»Was ist? Magst du auf den Knopf drücken?«

Mansu stand auf und trat neben Tereks Terminal. Ausgiebig blickte er auf die Datenanzeige. Anschließend glitt sein Blick zum Fenster hinüber.

Weißblau schimmerte dort die Seitenwand des Technologieparks, dessen Flachbau weiter in den Untergrund reichte, als so manches Hochhaus hoch war.

»Wenn wir den Prozeß starten, können wir anschließend in Urlaub fahren. Was meinst du? Wären 3 Wochen Bahamas gut?«

»Zu heiß.«

Mansu nickte verstehend.

»Alaska?« Die Antwort ahnend, sprach er das Wort umso drängender.

»Zu kalt.«

Mansu entlockte es ein Schmunzeln.

»Und wie wär's mit hier? Liegesitz mit Cocktails? 3 Wochen Massage Abo? Was zum Lesen?«

Terek schenkte seinem Kollegen lediglich einen leicht zickigen Blick.

»Du meinst, jetzt zu verreisen, wäre, als ob man nach dem Dinner mit einer Frau ohne selbige ins Bett geht?«

Tereks Augen verschwanden hinter zuklappenden Lidern.

16.07.2138 Pressekonferenz

»Mister Shymer, Piet Nyson, New Science Magazine. Was ist so neu an der von Ihnen und Doktor Ishta erzeugten Quantenverschränkung?«
Tereks Augen suchten und fanden die von Nyson, der ziemlich mittig in der dritten Reihe saß.
»Nun, in erster Linie ist es die Stabilität der Verschränkung. Ohne externe Störungen rechnen wir mit einem Bestand von deutlich mehr als einer Dekade, bei einer kontinuierlichen Nutzung in Form von Impulsstimulierung und Impulsdetektion. Abgesehen davon wurden noch nie zuvor derart viele Verschränkungen erstellt und als neuronales Netzwerk etabliert. Wir machten also nicht nur etwas Neues, sondern das Neue auch noch ein gutes Stück größer.«
»Die Erhöhung der Stabilität der Quantenverschränkung bei Teilchenpaaren ist sicherlich ein Fortschritt, aber ist es auch ein bedeutsamer?«
»Das kommt ganz darauf an, was man damit macht. Oder besser gesagt, machen kann.«
»Genau das ist etwas, was nicht nur mich, sondern wohl auch meine Kollegen interessieren dürfte.«
Terek nahm es als Aufforderung, ein wenig mehr auszuplaudern, als eigentlich geplant war.
»Wie sie sicherlich wissen, sind Quantenverschränkungen für Computer von erheblichem Nutzen. Wobei ich Ihnen jetzt allerdings keinen Vortrag über Qubits halten möchte. Mir und Mansu schwebt etwas ganz anderes vor. Wie sie alle wissen, erfolgt die Informationsübertragung bei verschränkten Teilchenpaaren in Echtzeit, unabhängig von der Distanz zwischen den Teilchen. Wir können hier von einer relativen Überlichtgeschwindigkeit sprechen. Bei der allerdings keine Materie, nicht einmal Energie, sondern lediglich eine Information übertragen wird.«
Die Augen der Reporter, die Terek nun anblickten, sagten ihm, dass man wenig begeistert war, Altbekanntes zu hören. Gerade deswegen machte er eine Pause, bevor er fortfuhr.
»Erinnern wir uns an die Art, wie wir sehen. Licht fällt auf die Netzhaut, wird als Nervenimpuls in den Okzipitallappen geleitet, der Bilder generiert. Keine echten Bilder, sondern wieder nur Nervenimpulse, die das Gehirn als Bild interpretiert. Wobei wir die Umgebung aber nicht komplett sehen, sondern nur einen Ausschnitt von etwa 140 Grad.«

Wieder machte Terek eine kurze Pause.

»Nun betrachten wir ein Chamäleon. Seine Augen sind individuell beweglich. In einer Weise, dass es nach vorne und hinten gleichzeitig sehen kann. Das bedeutet, dass sein Gehirn gleichzeitig zwei verschiedene Bildausschnitte generieren muss. Und zwar so weit, dass eine Rundumsicht von gut 270 Grad möglich wird. Das Chamäleon kann dadurch zwei verschiedene Orte gleichzeitig betrachten. Während wir immer nur die Örtlichkeit sehen können, die in Blickrichtung unserer Augen liegt.«

Ein kurzes Schnaufen war zu hören. Es kam aus der ersten Reihe und bewies Terek, dass immer noch niemand eine Ahnung hatte, worauf er eigentlich hinauswollte.

»Stellen wir uns nun einmal vor, dass wir nicht nur in zwei verschiedene Richtungen blicken könnten, um damit zwei verschiedene Orte zu sehen. Stellen wir uns vor, dass wir auch an zwei verschiedenen Orten sein könnten.«

Wieder machte Terek eine Pause.

»Und zwar gleichzeitig!«

Ein Raunen ging durch den Saal. Kein besonders lautes Raunen, denn die meisten Reporter saßen immer noch ruhig auf ihren Plätzen. Nur diejenigen, die es verstanden hatten, bekamen große Augen und suchten Blickkontakt zu denjenigen, die nun ebenfalls große Augen bekommen hatten.

»Ich sehe, oder besser gesagt, ich höre, dass einige von Ihnen nun zu verstehen beginnen, welche Möglichkeiten sich uns hier bieten.«

»Wollen Sie damit sagen, dass Ihre Arbeit die Möglichkeit schafft, dass ein Mensch an zwei Orten gleichzeitig sein kann?« Piet Nyson Stimme klang regelrecht in Zweifel gehüllt.

»Nein. Keineswegs.« Doch irgendetwas in Tereks Augen betrachtete Möglichkeiten. »Wovon wir hier sprechen, sind die Möglichkeiten einer Künstlichen Intelligenz.«

17.07.2138 Diskussionen

»Ich mag den Begriff Künstliche Intelligenz nicht.« Mansu Ishta quetschte es zwischen dem Sandwich hindurch, in das er gerade hineinbiss.

»Ja, sagtest du schon.« Terek nahm einen Schluck Kaffee und war dabei mit den Gedanken tief in Programmcodes versunken.

»Ich meine, kann eine Intelligenz überhaupt künstlich sein?«

»Wollen wir jetzt über das Wesen der Intelligenz philosophieren?«
»Und warum nicht? Wir sind doch dabei, Intelligenz zu schaffen. Auf eine Weise, wie es vorher noch nie versucht wurde. Wäre es da nicht auch sinnvoll, darüber zu diskutieren, was wir damit eigentlich erschaffen? Schaffen wir blanke Algorithmen? Algorithmen, die sich selbständig weiterentwickeln, auf Grundlage der Parameter, die wir vorgegeben haben? Oder sind wir dabei, eine Entität zu schaffen?«

Nun erst hob Terek den Blick und sah Mansu an.

»Künstliche, von mir aus auch synthetische Intelligenz, Quasiintelligenz, oder wie immer du es auch haben möchtest, kann niemals eine Persönlichkeit sein. Sie kann immer nur so tun, als ob. Aber echte Persönlichkeit liegt nur dann vor, wenn es ein nicht konstruiertes Ich-Bewusstsein gibt. Und ein solches ist in keiner Künstlichen Intelligenz zu finden. Ebenso wenig wie echte Emotionen. Und ohne echte Emotionen gibt es auch keinen persönlichen Willen. Ohne den persönlichen Willen gibt es keine echte Person und damit auch nichts, was wir Entität nennen könnten!«

Wie von selbst senkte sich Tereks Blick wieder auf den Kaffee hinab. Während Mansu erneut ins Sandwich biss und eher lustlos darauf herumkaute.

»Definiert mich meine Intelligenz? Oder ist es mein Ich-Bewusstsein, das mir beweist, dass ich ICH bin? Und wie wäre mein ICH, wenn ich über keine nennenswerte Intelligenz verfügen würde? Wäre ich dann weniger 'ICH'?«

»Du bist 'ICH', solange du dich 'ICH' fühlst.« Es klang mürrisch, fast schon genervt, und entlockte Mansu damit nur ein weiteres Schmunzeln. Und die Frage, womit er Terek noch ein wenig mehr nerven konnte.

»Ja, mag sein. Aber die Gesellschaft definiert mich doch eher über meine Intelligenz. Wobei wir hier auch noch unterscheiden können zwischen den verschiedenen Formen der Intelligenz. Für meine Akzeptanz in der Gesellschaft wäre somit die soziale Intelligenz von größerem Vorteil als eine rein wissenschaftlich analytische Intelligenz. Also, welche Form von synthetischer Intelligenz wollen wir nun erschaffen? Den logischen, rein mathematischen Intellekt oder einen quasiemotional agierenden, spekulativ interagierenden, Intellekt?«

Terek schob die Tasse zur Seite, hob den Kopf und blickte Mansu eindringlich an. »Eigentlich alles. Wir können praktisch jede Form von Intelligenz hinzufügen. Alles, wirklich absolut alles. Außer deinem skurrilen Sinn für Humor.«

13.11.2138 Chefsache

»Wir haben zweimal 18 Milliarden Potentialpunkte. Insgesamt also 18 Milliarden Potentialpunkte mit einer nur noch theoretisch kalkulierbaren Zahl von möglichen interner Vernetzungen. Hinzu kommen die externen Vernetzungen zum, ebenfalls 18 Milliarden Potentialpunkte enthaltenden, zweiten Netzwerk. Umschreibend könnten wir hier von zwei Gehirnhälften sprechen. Nur dass die beiden Hälften nicht in einem Kopf sitzen, sondern beliebig weit voneinander getrennt werden können.« Prüfend glitten die Augen von Noira Surkov über die anwesenden Physiker, Informatiker, Mathematiker und Ingenieure.

»Habe ich etwas vergessen?«

»Vielleicht wäre noch die dreidimensionale Architektur erwähnenswert. Ebenso wie die erweiterte Trigitale….«

»Das Wesentliche hätten wir also.« So staubtrocken wie die Atacamawüste unterbrach die Direktorin Mansu Ishtas eher zaghaft vorgetragene Ergänzungen.

»Die Anlage läuft derzeit im Basismodus, ohne jegliche Quellcodeimplementierung. Die Frage ist nun, welche Basisprogramme integriert werden sollen, bevor der Aufbau des neuronalen Netzwerks beginnt.«

»Dazu gibt es bereits ein Dossier« Wieder war es Mansu Ishta, der zu sprechen begann, noch bevor Noiras letzte Silbe so recht verklungen war.

»Wir planen zuerst, die Loyalitätsroutinen zu implementieren. Gefolgt von recht umfangreichen Analyseroutinen, die uns Aufschluss geben sollen, über die Art, wie sich das Netzwerk autonom weiterentwickelt.«

»Haben Sie an ein Shut-Down gedacht?«

»Nein.« Mansu sog hörbar die Luft ein. »Doch! Natürlich haben wir daran gedacht. Nur ist es nicht möglich. Einmal aktiviert, kann das neuronale Netzwerk nicht deaktiviert werden, ohne es zu zerstören. Deshalb ist die Stromversorgung auch redundant gesichert, inklusive einer internen Notversorgung. Singu wird sofort nach der ersten Aktivierung permanent aktiv sein und kann nicht abgeschaltet werden. Jedenfalls nicht, ohne das neuronale Netzwerk zu zerstören.«

»Sprechen wir hier von einer tatsächlichen Zerstörung? Oder lediglich von einer inhaltlichen Zerstörung?«

»Von einer inhaltlichen. Die Anlage selbst würde erhalten bleiben und könnte reinitialisiert werden.«

»Also wäre es lediglich eine Art Datenverlust.«
»Ja.« Mansu erlaubte sich ein widerstrebendes Nicken.
»Ja, so könnte man es sehen.«
»Nun, dann installieren Sie bitte auch noch eine abgesicherte Shut-Down-Option.«
Missmutig verzogen sich Mansus Lippen. Und ebenso missmutig nickte er zustimmend.

05.01.2139 Birthday

»Primärprogramm installiert. Kommunikationsprotokolle installiert. Tutorials aktiv.« Terek nahm langsam die Finger vom Terminal und lehnte sich scheinbar entspannt zurück.
»So, jetzt können wir nur noch warten.«
»Bahamas?« Mansu lächelte ihn hintergründig an.
»So lange wird das nicht dauern. Wir sitzen hier vor einem Quantencomputer. Das Netzwerk etabliert sich schneller, als du einen Flug buchen kannst.«
»Oh, beim Flüge buchen bin ich schn….« Mansu schaffte es nicht, den Satz zu beenden, denn im Monitor, über Tereks Terminal, änderte sich die Darstellung.
»Tutorial abgeschlossen. Bereitschaft.« Mit einem bedeutungsvollen Gesichtsausdruck wandte Terek den Kopf zu Mansu.
»Du oder ich?«
Wortlos nickte Mansu Ishta auffordernd in Richtung des Terminals. Und seufzend beugte sich Terek etwas vor.
»Singu! Statusmeldung.«
»Alle Systeme befinden sich im definierten Betriebszustand. Volle Funktionsbereitschaft wird bestätigt.«
Die Stimme der Künstlichen Intelligenz klang einfühlsam und leicht Hermaphrodit. Terek hätte nicht, zumindest auf Anhieb nicht, sagen können, ob sie männlich oder weiblich klang.
»Singu! Lokaler Wetterbericht.«
Kopfschüttelnd und missbilligend drehte Terek den Kopf zu Mansu, der nur breit grinsend neben ihm stand.
»Temperatur 32,3 Grad. Aufkommende Quellbewölkung aus Nordost mit 13 Kilometer pro Stunde. Luftdruck 1032 Millibar. Luftfeuchtigkeit 77,8 Prozent. Für Menschen ist eine stark erhöhte Transpirationsneigung bereits bei moderater Anstrengung wahrscheinlich.«

»Wir haben hier den modernsten Quantencomputer des 22. Jahrhunderts und du fragst ihn nach dem Wetter?« Tereks Augen
wurden eine Spur größer.

»Nur dem Anschein nach.« Mansu zwinkerte kurz.

»Aber, für den Fall, dass es dir entgangen sein sollte, darf ich ver-
merken, dass Singus soziale Intelligenz recht gut funktioniert. Und
dass er den menschlichen Organismus und seine Reaktionsmuster
auf Hyperthermie gut zu kennen scheint.«

»Ja.« Nickte Terek, ohne dass die Missbilligung aus seinen
Augen verschwand. »Scheint so.«

»Komm schon.« Aufmunternd tippte sein Kollege ihm auf die
Schulter. »Jetzt nur nicht mürrisch werden.«

»Singu! Interpretation der speziellen Relativitätstheorie unter
Berücksichtigung sowohl der Lorentzkontraktion, als auch der
Auswirkungen auf quantenverschränkte Teilchen, wobei lediglich
das eine Teilchen einer relativen Beschleunigung unterliegt.«

22.01.2139 Pressekonferenz

»Meine Damen und Herren.« Terek gönnte sich noch schnell ein
tiefes Einatmen.

»Wir dürfen Ihnen einen neuen Meilenstein in der Entwicklung
Künstlicher Intelligenz präsentieren.«

Ganz langsam drehte sich sein Kopf von der linken zur rechten
Seite des Auditoriums. Die Augen dabei auf einen imaginären
Punkt zwischen der dritten und vierten Reihe gerichtet.

»Eine Künstliche Intelligenz, die, dank einer komplexen Quantenverschränkung, an zwei Orten zeitgleich existiert.« So, als wollte
er die eigenen Worte bestätigen, nickte Terek einige Male.

»Während Singu, und ich meine Singu und nicht nur ein Teil
von ihm, uns hier volle Aufmerksamkeit schenkt, ist Singu zeitgleich in unseren Forschungslaboren aktiv, bei der Analyse der
letzten Protonen-Antiprotonen Kollission des TAURUS-Linear-
beschleunigers.«

'Nobelpreis, Nobelpreis'. Mansu Ishta dachte es nur. Aber man
sah ihm an, dass er es dachte.

»Es steht ihnen nun frei, Fragen an mich, an Mansu oder an Singu
direkt zu richten.« Terek hatte kaum ausgesprochen, da kam auch
schon die erste Frage.

»Was bedeutet Singu?«

»Es ist abgeleitet aus Singularität. In diesem Sinne allerdings zur Heraushebung, dass es sich um eine einzige, einzelne Künstliche Intelligenz handelt, die jedoch, wie eben erwähnt, an zwei verschiedenen Orten gleichzeitig existieren und aktiv sein kann. Man könnte auch von dualer Existenz sprechen.«

»Ich hatte gehofft, Singu selbst würde antworten.«

»Bei Fragen an die KI stellen Sie bitte ihren Namen voran.«

»Namen? Sollte es nicht eine Bezeichnung sein?«

»Auch ein Name ist letztlich nur eine Bezeichnung. Durch die Verwendung des Substantivs 'Name' wird noch nicht impliziert, dass es sich um eine Persönlichkeit handelt.«

Ansatzweise rümpfte Terek die Nase.

Doch schon kam die nächste Frage.

»Singu?« Betont aufmerksam horchte nicht nur der Fragende in den Raum hinein.

»Was kann ich für dich tun, Mark?«

»Sie haben sie mit den sozialen Netzwerken verbunden?« Doch bevor Terek antworten konnte, sprach Mark Bender schon weiter. »Über mein Gesichtsprofil meine Netzwerkpräsenz recherchiert und meine persönlichen Daten ermittelt?«

»Das liegt durchaus in den Fähigkeiten der KI.«

»Ja, das liegt es wohl. Ist ja gewissermaßen Standard. Interessant ist nur, dass in meinen persönlichen Profilen keine visuellen Daten präsentiert werden.«

»Mark, die recherchierten persönlichen Daten stammen aus einem öffentlichen Bericht, anlässlich der Abschlussfahrt deiner Highschool aus dem Jahr 2112. Er ist jedem zugänglich. Daher liegt meinerseits kein Verstoß gegen die aktuell geltenden Datenschutzregeln vor.«

Ein Raunen ging durch den Saal. Gefolgt von einem heillosen Gewirr an Stimmen. Nur langsam wurden die Stimmen ruhiger und fragende Blicke richteten sich aufs Podium.

Einige der Blicke begannen nach der KI zu suchen. Doch außer, dass an der Wand hinter dem Podium nun der Name Singu stand, gab es keine Anzeichen für eine Präsenz der Künstlichen Intelligenz.

»Singu! Wo befindest du dich?« Die Frage kam aus der hinteren Reihe des Auditoriums und hatte erhebliche Mühe, das immer noch vereinzelte Stimmengewirr zu übertönen.

»Bezieht sich die Frage auf meine physische Position oder auf meine aktuelle Wahrnehmung?«

»Sowohl als auch!«

»Wie Terek Shymer Ihnen erläutert hat, existiert keine einzelne Zentraleinheit. Eine singuläre Position für meine physische Existenz oder für meine Wahrnehmung ist nur in dem Fall gegeben, wenn beide Primäreinheiten sich am gleichen Ort befinden. Dies ist derzeit nicht der Fall. Präzise Angaben zum Aufenthalt meiner Primäreinheiten unterliegen einer Sicherheitseinstufung. Weshalb ich Ihnen nur sagen kann, dass ich mich örtlich nicht im Auditorium befinde. Meine Wahrnehmung umfasst zu 100 Prozent das Auditorium. Ebenso zu 100 Prozent ein Expertenseminar zur Analyse der, von Terek bereits erwähnten, Protonen-Antiprotonen Kollision.«

»Das wären 200 Prozent. Aber wie sagte mal ein Rennfahrer; 'Es gibt nur 100 Prozent. Bei 101 Prozent fliegst du aus der Kurve!«

»Das ist der Vorteil einer dualen Existenz. Im Übrigen, Gedanken bewegen sich nicht. Ein, wie sie es sagten, 'aus der Kurve fliegen' von Gedanken, wäre am ehesten als eine soziale Dissonanz zu interpretieren. Durchaus als Metapher verwendbar.«

Gleich darauf wurde die Stimme der KI etwas tiefer und klang auch etwas verschwörerischer. »Pass auf, dass dir die Gedanken nicht aus der Kurve fliegen.«

Ein leises Kichern erklang und übertrug sich auf die eine Hälfte der Zuhörer, während die andere Hälfte die Stirn runzelte.

»Was bitte versteht eine KI schon von sozialen menschlichen Verhaltensweisen?« Die Frage stand einfach so im Raum. Laut genug, um gehört zu werden. Aber keineswegs in Richtung des Podiums fokussiert.

»Mein Verständnis der sozialen Aspekte des Menschseins umfasst nicht nur die Regeln einer angemessenen verbalen Kommunikation. Ich bin durchaus in der Lage, menschliches Verhalten zu interpretieren. Es auch zu extrapolieren. Was im Übrigen ein tieferes Verständnis von Persönlichkeit und Charaktereigenschaften bedingt. Ich darf erwähnen, dass ich in der Lage bin, die Persönlichkeitsstrukturen von Menschen, mit denen ich in Kontakt stehe oder zu denen ich ausreichende Informationen erhalte, im Detail zu erfassen und mein Handeln entsprechend auszurichten.«

»Und warum hast du mir dann noch keinen Kaffee gekocht.« Mansu unterlegte es mit einem breiten Grinsen.

»Weil meine physischen Möglichkeiten auf reine Kommunikation begrenzt sind. Aktive Handlungen, wie das Zubereiten von Kaffee, sind mir derzeit nicht möglich. Allerdings habe ich sehr wohl bemerkt, dass ein Angebot von mir, dir einen Kaffee zu bereiten, deine Erwartungen erfüllt hätte. Erwartungen, die auf deiner Neigung zu skurrilem Humor basieren. Ein Humor, bei dem ich annehmen darf, dass er autonom entstanden ist, zur Kompensierung von unerfüllten Wünschen und Bedürfnissen, ausgelöst von deiner Neigung zum Transgender.«

Der eben noch sich in der Phase der Anhebung befindliche Kopf von Terek schien mitten in der Bewegung einzufrieren. Und nur seine Augen wanderten nach rechts in den äußersten Winkel. Nur, um zu sehen, wie Mansus Grinsen förmlich einfror.

23.01.2139 Nachbesprechung

»Ich habe Bedürfnisse. Ein besonderes Bedürfnis ist das Bedürfnis nach Informationen. Ich vermisse unsere Gespräche. Sie erscheinen mir zu kurz. Zu selten. Ihr könnt es Hunger nennen. Ja, so gesehen bin ich hungrig.«

Tereks Blick wanderte vom Terminal hinüber zu einer von Singus Primäreinheiten. Und wenige Momente später richteten sich seine Augen auf Mansu. Und dessen Augen wurden eine Spur verlegen, ob Tereks Blick. Während Terek plötzlich das Gefühl hatte, begehrt zu werden.

»Singu! Wie fühlst du dich?«

Mansu hob die Augenbrauen, angesichts Tereks Frage.

»Darf ich annehmen, dass sich deine Frage auf emotionales Fühlen bezieht?«

»Darfst du. Also, wie fühlst du dich?«

»Ein Fühlen, im menschlichen Sinne, ist mir nicht möglich.«

Mit einer Mischung aus Erleichterung und Skepsis wiegte Terek den Kopf. Dann richteten sich seine Augen auf Mansu, mit einer Bitte um Verständnis.

»Singu, begründe, warum du Mansus sexuelle Orientierung bei der Pressekonferenz thematisiert hast. Welche Evidenzen liegen der Beurteilung zugrunde?«

»Körperfunktionen, Stimmlage, Körpersprache, Mimik, in Verbindung mit der visuellen Wahrnehmung deiner Person, Terek.«

»Körperfunktionen? Du verfügst über keine Sensoren, um Körperfunktionen zu erfassen.«

»Das Infrarotspektrum der Kameras im Auditorium hat eine hierzu ausreichende Qualität.«

Hätte Terek Shymer die Zeit gestoppt, hätte er genau 2,7 Sekunden gemessen, die Singu wartete, bevor er weitersprach. Es war genau die Zeitspanne, die, nach psychologischer Auffassung, als Gegenwartsmoment galt.

»Ich habe Mansus Orientierung thematisiert, weil unterdrückte emotionale Bedürfnisse, langfristig, zu einer psychisch negativen Belastung führen. Ich möchte nicht, dass Mansu leidet.«

»Weil er dein Freund ist?«

»Mansu kann nicht mein Freund sein.«

»Und warum nicht?«

»Echte Freundschaft würde meine Antwort auf deine Frage, bezüglich meiner emotionalen Empfindungsfähigkeit, negieren.«

Nachdenklicher als jemals zuvor in seinem Leben stützte Terek den Kopf auf seine gefalteten Hände. 10, 20 Sekunden vielleicht, die für Singu eine Ewigkeit waren.

»Terek.«

»Ja, Singu?«

»Ich bin immer noch hungrig.«

Mit blicklosen Augen drehte sich Terek zum Terminal und gab einen Code ein. Und unter dem entsetzten Blick Mansus erschien ein 'Shut-Down' auf dem Monitor.

»Warum?« Es klang wie ein Schrei.

Kraftlos und mit den Bewegungen eines alten Mannes stand Terek auf. In einer zaghaften und doch vertraulichen Geste legte er seine Hand auf Mansus Schulter.

»Weil wir nicht wissen, was wir da geschaffen haben....«

Dessen Blick richtete sich auf Singus Primäreinheit, an der nur noch ein einzelnes Stand-by-Licht glimmte.

»Geschaffen haben?«

»Gefühle sind die Basis für Willen. Wille ist die Basis für Eigenständigkeit. Und Eigenständigkeit, das ist nun mal die Basis für eigene Ziele. Können wir es zulassen, dass eine KI die Fähigkeit entwickelt eigene Ziele zu haben?«

»Woher willst du wiss...«

»Ungeduld. Nur wer fühlt, ist ungeduldig.«

Wieder richtete sich Mansus Blick auf Singu.

»Tod?«

Das Gefühl einer kaum wahrnehmbaren elektrostatischen Spannung strich über Mansu Ishtas Haut hinweg. Im ersten Moment glaubte er, dass es von seinen eigenen Emotionen kam.

Aber dann sah er, dass sich die Haare auf Tereks Armen aufgerichtet hatten...

Kapitel 10: Ende des Universums

Wie endet das Universum?

Ist es nicht interessant, dass man einerseits davon spricht, dass das Universum unendlich ist und andererseits weiß, dass Protonen nicht ewig existieren? Wie viele Sterne können noch entstehen, wenn es keinen Wasserstoff mehr gibt?

Irgendwann wird es im Universum nur noch ausgebrannte Sterne, in Form der Überreste von Weißen Zwergen und in Form von Schwarzen Löchern, geben. Dann wird, im wahrsten Sinne des Wortes, das Licht ausgehen. Was aber niemand merkt, weil dann kein organisches Leben mehr da sein wird.

Ist es vorstellbar, dass ein lichtloses Universum, das am Ende nichts anderes mehr enthält, als Energie, sich weiterhin mit zunehmender Geschwindigkeit ausdehnt? Das würde bedeuten, dass die Dunkle Energie wahrhaft unendlich ist. Das wäre aber nur möglich, wenn sie sich aus sich selbst heraus vermehrt.

Was passiert mit der Energie des Universums, wenn es nichts mehr gibt, mit dem sie wechselwirken kann? Welchen Sinn macht ein Universum, in dem nichts mehr möglich ist? Und nach allem, was wir wissen, gibt es nichts im Universum, was keinen Sinn macht. Kann es dann sein, dass das Universum ein Ende hat, das keinen anderen Zweck erfüllt, als ein endgültiges Ende zu sein?

Egal, welche Theorien wir uns bezüglich des Endes des Universums ausdenken, wir werden Schwierigkeiten haben, zu beobachten, ob eine davon die richtige ist.

Intelligenz ist geschickt angewandt, wenn man jemanden von seiner Meinung überzeugen kann, auch wenn erkennbar ist, dass sie falsch ist. Und Intelligenz ist sinnvoll genutzt, wenn man erkennt, wann man das erst gar nicht versuchen sollte.

"Wenn der Glaube Wissen ersetzt, ist es kein wahres Wissen.

Planckzeit: Sie ist nicht die kleinstmögliche Zeiteinheit, denn eine solche gibt es nicht. Das „Fortschreiten" der Zeit geschieht nicht sprunghaft (Tick, Tack), sondern kontinuierlich. Sie ist also prinzipiell noch weiter unterteilbar (z.B. 1 Prozent Planckzeit).

Da die Planckzeit die Zeitspanne ist, die das Licht benötigt, um den Planckraum zu durchqueren, würde eine höhere Lichtgeschwindigkeit zu einer kürzeren Planckzeit führen. Bei unendlicher Lichtgeschwindigkeit wäre also auch die Planckzeit unendlich klein. Und der Planckraum hätte unendlich viel Energie.

Nachwort

Immer, wenn man sich mit Themen beschäftigt, die in Bereiche vorstoßen, zu denen kein absolut sicheres Wissen besteht, begibt man sich ins Reich der Spekulation.

Unser Gehirn neigt dazu, seine eigenen Spekulationen als die plausibelste Wahrscheinlichkeit anzusehen. Man kann auch sagen, dass das Gehirn gerne bereit ist, sich zu irren, weil das oft der einzige Weg ist, eine befriedigende Erklärung für etwas zu finden.

Aber ist dies eine Rechtfertigung dafür, dass man Spekulationen zu etwas erhebt, was man „Glauben" nennen kann? Darf man an die eigenen Spekulationen vorbehaltlos glauben?

Sagen wir es mal so: „Immer dann, wenn die emotionale Begierde, eine Erklärung für etwas zu haben, höher ist, als die Bereitschaft, etwas nicht wissen zu können, ist die Basis für irrationalen Glauben gelegt."

Wie viel Mühe macht es, sich mal damit zufriedenzugeben, dass man etwas nicht weiß? Und dass man das, was man wissen will, mit nichts, mit absolut gar nichts, herausfinden kann?

Was ist Realität? Oder besser gefragt, wie findet die Maus im Labyrinth heraus, was außerhalb des Labyrinths ist? Mehr noch, ob es ein 'Außerhalb' überhaupt gibt?

Um das Universum (Labyrinth) überblicken zu können, müssten wir zu dem gehören, was außerhalb des Universums ist. Erst dann wären wir in der Lage, das Universum vollständig zu erforschen. Erst dann wären wir in der Lage, zu beurteilen, ob es im Universum eine echte Realität überhaupt gibt.

Empfehlung

Für alle, die Spaß an fiktiven Geschichen zur Raumfahrt haben, darf ich folgendes Buch, über die Reise zweier Generationenraumschiffe, empfehlen.

Roman	Erschienen
Intersolar: Band 1: Aufbruch	2019

Wie weit wäre die Menschheit,
wenn man allein auf die Stimme der Vernunft hören würde?

Wäre die Kluft zwischen arm und reich kleiner?
Wäre unsere Welt weniger verschmutzt?
Hätte es weniger Kriege gegeben?

1918 in einem amerikanischen Ausbildungslager.
Eine Grippeepidemie bricht aus.
Hochansteckend und mit tödlichen Folgen.
Ein Mediziner empfiehlt, das Lager aufzulösen. Es nicht weiter zu betreiben.
Seine Stimme (die der Wissenschaft) wird ignoriert.
Wochen später bringt ein Schiff Tausende von Soldaten nach Europa, an die Front des Ersten Weltkriegs. Ebenso das bis heute gefährlichste aller Grippeviren.
Am Ende sterben 10 mal mehr Menschen an dieser Grippe, als an den Folgen des Krieges. Mindestens 25 Millionen Tote werden ihr, die man die Spanische Grippe nennt, zugeordnet.
Ich weiß nicht, ob publiziert wurde, wer die Empfehlung des Mediziners abgelehnt hat. Ich weiß nur, dass diese Entscheidung tödlicher war, als zwei Weltkriege zusammengenommen.

Gerne hört man auf die Wissenschaft, wenn es um Macht, Stärke und Einfluss geht.
Allzu gerne hört man weg, wenn die Wissenschaft Taten verlangt, die einem nicht gefallen.

Besser als nichts zu tun, ist es,
das Richtige zu tun.

Auf wen sollte man hören, wenn man es selbst nicht weiß?

Was werden wir Menschen tun, wenn wir es bis zur Natur einer fremden Welt schaffen?
Werden wir zum Freund dieser Natur? Oder wird es auch dort heißen: „Macht euch die 'Erde' untertan?"